한국 경제
미래 담론

한국 경제 미래 담론

초판 1쇄 인쇄 2021년 4월 25일
초판 1쇄 발행 2021년 4월 30일

지은이 이철환
펴낸이 전익균, 전형주

이 사 김영진, 김기충
기 획 조양제, 백현서
실 장 허태훈
편 집 김 정
관 리 김희선, 박건서
개 발 신두인
교 육 민선아
마케팅 팀메이츠

펴낸곳 도서출판 새빛북스, (주)아미푸드앤미디어
전 화 (02) 2203-1996, 031)427-4399 **팩스** (050) 4328-4393
출판문의 및 원고투고 이메일 svedu@daum.net
등록번호 제215-92-61832호 **등록일자** 2010. 7. 12

값 18,000원
ISBN 979-11-91517-03-3(03320)

코로나 팬데믹 이후
한국 경제를 바라보는 안목

한국 경제
미래 담론

저자 **이철환**

도서출판 새빛
AEVIT

머리말

인간의 생존에 있어 가장 기본적이고 중요한 과제는 무엇일까? 다름 아닌 먹고 사는 것이라 할 것이다. 이런 의미에서 인간을 '호모 에코노미쿠스(Homo economicus)', 즉 경제적 동물이라고도 한다. 그리고 이 먹고 사는 문제를 해결하기 위해 가장 효율적인 방안을 강구하는 행위가 바로 경제행위이다. 다시 말해 합리적 판단을 통해 최소한의 비용을 투입하여 최대한의 성과를 달성하는 이론이 바로 경제학인 것이다.

그러나 현실 세계에서는 여러 가지 사유로 인해 불합리적이거나 비효율적인 의사결정이 이루어지는 경우가 셀 수 없이 많다. 한마디로 경제이론의 배신이 일어나고 있는 것이다. 더욱이 아직도 경제학이란 매우 이해하기 어려울 뿐만 아니라 알아보았자 별로 인생살이에 도움이 되지 않는다는 생각을 지닌 사람들도 적지 않다. 그래서 경제관련 서적을 외면하는 경향이 심화되고 있는 것이다. 나는 이런 사람들을 위하여 한 권의 책을 만들어 보고 싶었다.

우리나라는 지난 반세기 동안 경제성장을 최우선 목표로 삼고 이에 진력하여 왔다. 그 결과 세계에서 가장 빠르게, 성공적으로 경제성장을 일궈낸 국가로 기록되었다. 이제는 1인당 국민소득 3만 달러 시대를 열면서 선진국의 문턱에도 도달하였다. 더욱이 인구가 5천만 명을 넘는 국가로는 세계에서 7번째로 그 위업을 달성했다고 한다.

그러나 이러한 경제적 성과에도 불구하고, 국민들이 행복하지 못하다면 이는 목표와 수단이 바뀐 격이라 할 것이다. 우리가 경제활동을 하는 이유는 기본적으로 행복한 삶 즉 복지수준을 높이는 데 있기 때문이다. 실제로 우리나라의 행복지수는 매우 낮은 수준을 보이고 있다. 유엔(UN)이 발표한 '2021 세계행복보고서'에 따르면 우리나라 행복지수는 조사를 실시한 95개 국가 중 50위에 불과하였다.

그러면 우리나라의 행복지수가 이렇게 낮게 나타나는 이유는 무엇일까? 이는 치열한 경쟁 속에서 감내해야 하는 각종 스트레스, 갈수록 벌어지는 빈부격차에서 느끼는 상대적 박탈감, 높아만 가는 청년 실업률, 고령화 사회로 접어들면서 겪는 노후불안 등 얽히고설킨 문제들이 우리 주변에 널려있기 때문일 것이다.

여기에다 경제성장마저도 최근 들어서는 한계를 보이고 있다. 한때 10%를 넘어섰던 잠재성장률이 지금은 2%대로 급격히 하락해 있고, 조만간 1%대로 추락할 것이라는 전망까지 나오고 있다. 아울러 미국의 트럼프 행정부 이후 훼손된 자유무역질서는 대외의존도가 큰 한국경제를 한층 더 어렵게 만들고 있다. 더욱이 코로나 사태는 기름을 부었다. 2020년의 경제성장률은 세계 대부분의 나라들처럼 마이너스를 기록할 것으로 예상된다.

나는 우리 경제가 처한 이와 같은 어려움을 슬기롭게 극복하고 나아가 국민들이 행복감을 느끼며 살아갈 수 있을지에 대해 진지하게 고민해 보았다. 아울러 일반적으로 어렵고 딱딱한 분야로 인식되고 있는 경제문제를 좀 편하게, 그리고 힐링시켜 주는 방식으로 접근할 수는 없는지에 대해서도 생각해 보았다. 이러한 생각과 고민 끝에 문화와 행복, 기술혁신 등에서 그 해답을 찾아내었다. 그 결과 만들어진 이 책은 크게 4파트로 구성되어 있다.

첫째 장은 우리 현실경제가 처해 있는 여러 가지 어려움들에 대해 알아보았다. 이는 무기력, 탐욕, 갈등, 투기, 선심, 차입, 지하, 양극화, 고령화 경제의 모습들이다. 한마디로 우리 경제의 현실과 미래는 위기적 상황에 처해있다는 것이다. 이에 만약 새로운 성장동력을 발굴하지 못한다면, 우리 경제는 선진국문턱에서 좌절하게 될 것이며, '기술굴기(技術崛起)'를 앞세워 빠르게 추격중인 중국에도 뒤처지면서 나락으로 빠지게 될 것이다.

둘째 장인 문화경제 장에서는 문화가 어떻게 사람을 힐링해 주고 있으며, 아울러 경제에는 어떤 영향을 미치는지에 대해 알아보았다. 지금 우리가 겪고 있는 경제성장의 정체와 낮은 행복감 등과 같은 문제들의 근저에는 우리의 피폐해진 인간성과 문화적 후진성이 자리하고 있다.

따라서 지속적인 경제사회의 발전을 기하기 위해서는 문화적 감수성을 높여나가야만 할 것이다. 문화가 지니는 가치는 매우 다양하다. 그중에서도 그동안 경제발전 과정에서 무너진 인간성을 회복시키는 문화적 감수성이 특별히 중요한 역할을 한다. 또한 문화가 경제에 미치는 효과도 지대하다. 한류가 일으킨 동남아국가들의 한국관광 특수는 하나의 사례가 될 것이다.

셋째 장인 행복경제 장에서는 행복의 본질, 그리고 우리 모두가 행복해지기 위한 방법과 과제 등을 알아보았다. 다수의 사람들이 생각하는 바와 같이 돈이 행복을 위한 중요한 전제요건이 되는 것은 틀림없다. 그러나 돈이 많다고 해서 꼭 행복한 것은 아니다. 행복이란 결과가 아니고 살아가는 과정에서 만들어진다. 그래서 스스로 처해 있는 현실을 어떻게 받아들이느냐에 따라 행복해지기도 또 불행해지기도 한다.

그러면 우리 사회가 행복해지기 위해서는 어떻게 해야 할까? 모든 사회구성원들이 불필요한 갈등 없이 서로 배려하고 협동적인 인간관계를 형성해 나가야 한다. 그리고 우리 사회에 만연한 물질만능의 세태와 인명경시 풍조를 종식시켜야 한다. 이를 위해 교육을 바로 세우고 인성교육을 강화해 나가야 한다. 경제발전 모델도 기존의 불균형성장 전략에서 벗어나 친환경적이고 지속가능하도록 변경해 나가야 한다. 그리고 중산층을 육성해야 한다.

마지막 넷째 장은 미래경제의 장이다. 여기서는 미래사회가 변해나가는 모습은 어떠할지, 그리고 이런 시대를 보다 슬기롭게 살아가는 방법은 무엇인지 등을 알아보았다. 흔히 4차 산업혁명의 시대로 불리는 미래의 경제사회는 정보와 기술이 가장 중요한 경쟁력이 될 것으로 예상된다. 그중에서도 인공지능 기술은 21세기 변화의 가장 큰 동인이 될 것이다.

인공지능은 라이프 스타일을 바꾸고 소통 방식과 문화도 변화시킬 것이다. 모든 산업 부문에 인공지능 기술이 연결되어 산업의 지형도 바뀌게 될 것이다. 물론 예상되는 부작용도 작지 않다. 지금보다 더 큰 사회적 불평등, 빈부격차, 고용불안문제 등을 야기할 것으로 예상된다. 더욱이 인간이 기계에 지배당할 우려마저 없지 않다. 그런데 중요한 것은 기계란 인간의 삶을 보다 풍성케 하는 수단에 불과하다는 점을 기억해야 한다는 점이다.

이와 같이 4부로 구성된 이 책은 기본적으로는 경제에 관한 교양서이다. 그런데 저자로서 나의 커다란 소망은 이 책이 일상적인 경제활동을 해나가는 가운데 지치고 상처받은 독자들에게 따뜻한 위로와 희망의 메시지를 전해주는 가이드북이 되었으면 하는 것이다. 다시 말해 이 책이 독자들에게 조금이나마 힐링이 되고, 나아가 경제문제에 대한 서로의 견해를 나누는 소통수단이 되었으면 하는 바람을 가지고 있다. 나의 이런 생각이 어느 정도 실현될지 궁금하기만 하다.

끝으로 인류가 한시바삐 코로나 사태를 극복하여 일상생활을 되찾고, 경제 또한 정상을 회복하기를 기대해 본다.

2021년 봄을 맞으며, 명동의 연구실에서

목차

1

병든 경제

시장경제의 후유증과 제대로
작동되지 않는 시장원리

자본주의 체제의 근간이 되고 있는 시장경제는 그 기본원리를 경쟁, 그리고 자율과 창의에 두고 있다. 그러나 현실경제에서는 이 원리가 제대로 작동하지 않고 있다. 이와 함께 시장경제 자체에서 비롯된 후유증도 나타나고 있다. 이에 경기가 곤두박질치고 있으며 거시경제 운용에 많은 어려움을 겪고 있다.

그러면 우리 현실경제에서 경쟁의 원리가 제대로 실현되지 않거나 오작동 되고 있는 실태, 그리고 이에 따라 야기되는 문제들은 어떤 것인지를 보다 구체적으로 살펴본다.

우선, 경쟁의 원리에 내재된 불합리한 모순점이다. 원래 시장은 기업의 규모나 능력의 차이를 전혀 고려하지 않은 채 무차별적인 경쟁을 강요하고 있다. 이는 쉽게 말해 체급이나 중량이 다른 대기업과 중소기업이 동일한 조건 아래 경쟁을 하라는 것을 뜻한다. 이 경우 결과는 뻔하다. 물론 정부가 공정거래 제도를 마련하여 이를 중재하고는 있으나 한계가 있을 수밖에 없다.

또한 과다 출혈경쟁이란 것도 있다. 이는 말 그대로 너무 많은 경쟁자들이 나타나 손실을 보면서까지 과도한 경쟁을 하는 현상을 뜻한다. 특히 해외수주를 놓고 이런 사태가 벌어지게 되면 문제는 더욱 심각해진다. 즉 우리 기업끼리의 과도한 가격인하 경쟁으로 인해 큰 손해를 보는 일도 생기고 있다.

둘째, 현실 시장에서 실질적인 경쟁을 제한하는 행위가 다양한 형태로 광범위하게 이뤄지고 있다는 점이다. 물론, 정부가 인허가 규제를 통해 진입장벽을 침에 따라 원천적으로 경쟁이 제한되는 경우도 있다. 그러나 이 경우는 시장의 혼란을 사전에 방지하기 위해 불가피한 측면이 인정될 수가 있을 것이다. 진짜 문제는 다른 데 있다.

예를 들어 시장에서 경쟁관계에 있는 사업자가 많더라도 이들이 서로 담합해 공동행위를 하게 되면 가격이나 품질 경쟁 없이 시장을 지배할 수 있다. 이는 한 사업자가 시장을 지배하는 즉 독점하는 결과를 불러온다. 이 경우 제품이나 서비스의 질이 떨어질 수밖에 없다. 결과적으로 소비자가 피해를 입게 되며 나아가 국가 경쟁력도 추락하게 될 것이다.

담합행위뿐만 아니라 시장지배적 지위 남용, 경쟁제한적 기업결합, 부당지원 행위 등도 마찬가지다. 이런 행위에 대해서는 「독점규제 및 공정거래에 대한 법률(공정거래법)」로 규제하고 있지만 한계가 있다.

셋째, 시장경제 운용 과정에서 여러 가지 부작용과 후유증이 발생하고 있다는 점이다. 우리는 과거 개발연대 시절 단기간 내 고속성장을 이룩하기 위해 특혜성 지원과 불공정 경쟁 체제의 인정 등 여러 가지 무리수를 둔 측면이 없지 않았다. 이에 따라 소득계층 간, 산업 간, 기업규모별 간 격차 등 양극화현상의 심화는 물론이고 기업의 정부의존적인 경영관행을 초래하는 문제점까지 낳았다.

그리고 두 차례의 경제위기를 극복하는 과정에서 비정상적인 조치들이 적지 아니하게 활용되면서 경제주체들의 도덕적 해이를 부추겼다. 대표적인 사례가 법정관리 제도의 남용이라 할 것이다. '법정관리(法定管理)'란 재정적 궁핍으로 파탄에 직면했으나 갱생의 가망이 있는 주식회사에 관하여 채권자, 주주 기타 이해관계인의 이해를 조정하며, 그 사업의 정리재건을 도모함을 목적으로 하는 절차이다. 따라서 제대로 잘 활용되면 곤경에 처한 기업이 다시 정상을 회복하게 되어 국가경제에 도움이 될 것이다. 그러나 이 제도가 도입된 이후 실제로는 갚을 능력이 있으면서도 빚을 탕감받기 위해 이 제도를 악용하는 기업과 개인이 늘고 있어 문제가 되고 있다.

넷째, 우리 사회에 광범위하게 깔려있는 반(反)기업 정서와 '고비용/저효율' 구조의 문제이다. 이는 기업의 잘못된 경영관행에서도 비롯되고 있지만 정치사회적인 요인 또한 매우 심각하다. 노조가 정치세력화 되어 기업경영에 지나치게 간여하거나, 노조가 생산성을 초과하는 과다한 임금인상을 요구하는 경우는 하나의 사례가 될 것이다. 이 경우 기업이 지불해야 하는 비용이 경쟁국에 비해 높아지게 되고 결국 기업은 사업장을 해외로 이전하게 된다.

이와 함께 경쟁에 뒤처진 기업들은 마땅히 시장에서 퇴출되어야 하나 실제로는 그렇지 않고 연명을 해나감에 따라 시장질서를 어지럽히는 경우가 많다는 것도 큰 문제이다. 이는 '대마불사(大馬不死)'의 배짱심리가 아직도 작용하기 때문일 것이다.

끝으로 경쟁과 함께 시장경제의 또 다른 원칙인 '자율과 창의'가 오늘날 기업가정신의 쇠퇴와 함께 크게 위축된 것도 큰 문제다. 시장경제를 주도해나가는 핵심 경제주체는 기업이며, 이 기업의 가치를 높이는 가장 주요한 경제활동이 투자행위이다. 그런데 현실 경제사회에는 이 투자를 저해하는 각종 요소들이 널려있어 경제가 침체를 면하지 못하고 있다.

그 대표적인 투자저해 요소가 바로 규제이다. 따라서 시장 메

커니즘이 제대로 작동될 수 있도록 하기 위해서는 규제개선 노력을 지속적으로 추진해 나가야 할 것이다. 적어도 불합리한 규제로 인해 기업투자에 지장이 초래되는 사례는 발생하지 않도록 해야 한다. 특히 규제가 서로 얽혀있어 실마리조차 찾기 어려운 덩어리 규제를 풀어나가는 데 주력해야 한다.

우리는 흐트러진 시장경제 원리와 질서를 한시바삐 정상화시키는 한편, 시장경제의 함정을 착실히 시정하는 노력도 병행해나가야 한다. 각종 제도와 관행의 투명성과 공정성을 제고하기 위한 노력도 한층 더 강화해 나가야 한다. 특히 기업경영 측면에서 그러하다. 사실 그동안 이와 관련한 많은 노력이 있어왔음에도 불구하고 아직까지 지하경제 규모가 GDP의 14~18%에 이르고 있다. 이는 아직도 투명성과 공정성 관련 제도와 관행을 개선할 여지가 크다는 점을 뒷받침하는 것이다.

그런데 시장경제질서의 복원을 위해서는 무엇보다도 포퓰리즘(populism)에 입각한 선심성 행위, 즉 정치논리에 의한 경제운용을 지양해 나가야 한다. 포퓰리즘에 근거한 왜곡된 경제운용은 재정의 건전성을 해치고 결국은 국가부도사태를 초래할 우려마저 있기 때문이다. 우리는 이미 그리스·이탈리아·스페인 같은 나라들이 과도한 복지지출로 인해 결국 국가부도사태까지 맞닥뜨렸던 사례를 보았다.

무기력경제,
고용 없는 성장의 딜레마

지금 우리 경제는 매우 어려운 상황에 처해 있으며. 이런 상태가 앞으로도 상당기간 지속될 것으로 전망된다. 한마디로 경제가 활력을 잃고 무기력증에 빠져 있다고 할 수 있을 것이다. 그 실상을 구체적으로 알아보자.

우선 무엇보다도 성장잠재력의 약화현상을 들 수 있다. 우리의 잠재성장률은 1970년대 초에는 약 10%, 1970년대 중반부터 1990년대 초까지는 8~9%를 유지하였다. 외환위기 기간인 1998년에는 4%로 하락했다가 1999년 이후에는 IT산업이 호조세를 보임에 따라 5%까지 상승했다. 그러나 2004년 이후 잠재성장률은 다시 하락추세를 보이고 있으며, 2008년 글로벌 금융위기 이후에는 약 3%까지 하락했다.

더욱이 하락세가 멈추지 않아 2010년대 후반부터는 2%대로 떨어졌고, 얼마 안가서 1%대까지로 추락할 것으로 예견되고 있다. 여기에 2020년에 덮친 코로나 사태는 이런 추세를 한층 더 가속화시키고 있다. 경제성장의 단계를 보면 초기에는 성장률이 가파르지만 어느 정도 궤도에 이르면 성장속도가 느려지는 것이 일반적이다. 그러나 문제는 우리의 경우 성장 둔화속도가 너무 가파르다는 것이다. 이에 한국이 2017년 1인당 국민소득 3만 달러를 달성하여 선진국 문턱에 들어섰다고 하나, 이를 계속 유지하기가 쉽지 않게 되었다. 여기에 코로나 사태는 이런 분위기를 한층 더 악화시키고 있다.

이와 같이 잠재성장률이 하락한 것은 총투자를 결정하는 요소들인 물적자본투자(생산설비), 인적자본투자(인재양성), 연구개발투자(과학기술개발)들 모두가 축소된 데 기인한다. 즉 저출산·고령화 현상이 심화됨에 따라 생산가능인구와 경제활동인구가 감소하고 있다. 생산가능인구란 15~64세 인구를 가리키며 경제활동인구는 생산가능인구 중 생산활동에 참여할 의사가 있는 사람을 말한다. 여기에 인적자원의 질적 향상을 위한 투자부진까지 가세되어 노동생산성이 약화되었다.

또 자본수익률의 하락, 저축률의 하락 등에 따라 자본투입이 감소되었다. 그리고 연구개발투자의 효율성, 제조업을 뒷받침하는 서비스산업의 질적 수준은 경쟁상대국에 비해 현저히 낮은 실정이다. 이와 함께 계층 간 및 산업 간 격차확대로 인한 갈등구조의 심화도 산업전반의 생산성과 경쟁력을 약화시키는 요인이 되고 있다.

더욱이 우리 경제는 특정 품목과 시장에 대한 의존도가 너무 높은 구조적 취약성을 지니고 있다. 미국과 중국 시장에 대한 수출의존도가 40%에 달한다. 또 반도체가 전체 수출에서 차지하는 비중이 20%를 넘어서고 있다. 한국경제연구원에 따르면 우리나라 수출품목 집중도는 홍콩을 제외한 10대 수출국 중 가장 높으며, 이들 국가의 평균치보다 1.8배 더 높은 것으로 나타났다. 이에 따라 이들 품목과 시장의 경기상황이 좋지 않으면 우리 경제는 바로 곤두박질치게 된다. 실제로 반도체 경기가 꺾이면서 이러한 우려가 현실로 나타나기도 했다.

이런 상황에서 우리는 미래를 담보해줄 마땅한 새로운 성장동력을 찾지 못하고 있다. 지금 세계 주요국들은 4차 산업혁명 시대의 핵심 먹거리로 인공지능(Artificial Intelligence), 바이오(Bio), 빅데이터(Big Data) 등의 신기술과 산업을 꼽고 있다. 그래서 이들 분야에 대한 선두경쟁이 치열하다. 특히 미국과 중국이 가장 적극적이다. 양국 간 무역분쟁이 사실상 이에서 비롯되었다고 해도 과언이 아니다. 반면 우리의 준비상태는 이제 막 걸음마를 뗀 수준에 불과하다. 특히, 4차 산업혁명 시대의 가장 기반이 되는 빅 데이터 산업은 개인정보 보호라는 규제에 묶여 한 발짝도 앞으로 나아가지 못하고 있는 실정이다.

이러한 첨단기술들은 선점하는 것이 매우 중요하다. '빠른 추격자(fast follower)'가 아니라 '선도자(first mover)'가 되어야 한다. 그런데 이미 우리는 선두주자인 미국에 비해 기술력이 2년 이상 뒤처져 있다. 또 우리가 앞서간다고 평가되는 분야가 전혀 눈에 띄지 않고 있다. 이러다가는 자칫 4차 산업혁명시대의 후진국으로 전락하기 십상이다.

여기에 우리와 여러 면에서 경쟁관계에 있는 중국이 '기술굴기(技術崛起)'를 앞세워 5G 이동통신과 반도체 등 우리의 텃밭을 빠르게 추격하고 있다. 이러한 구상은 중국이 2025년에는 세계 선진국 반열에 진입한다는 '중국 제조(中國製造) 2025'에 잘 반영되어 있다. 특히, 우리가 중국에 대해 초격차(超格差)를 지니고 있다고 자부하는 반도체 기술마저도 중국이 우리의 고급기술진을 매수해 빼내가는 등 극단적인 수단까지 불사하고 있는 점을 감안 할 때 사정이 녹록치가 않다.

한편, 우리는 대외의존도가 높다보니 세계경제 상황에 민감하지 않을 수 없다. 그런데 세계경제 여건이 그다지 좋지 않다. 우선, 미국과 일본 그리고 유럽 등 선진국들의 경기가 침체국면에서 벗어나지 못하고 있다. 미국 경기는 2008년의 심각한 위기에서 벗어나 어느 정도 회복세를 보여 왔지만, 중국과의 무역마찰 심화 등 불안요인이 잠복해 있다. 또 유로존 경제는 '브렉시트

(Brexit)' 여파 등으로 성장률 1%가 채 되지 않는 침체국면이 이어지고 있다. 신흥 개발도상국들도 선진국 경기 후퇴와 유가 불안 등으로 부진한 모습을 보이고 있다. 코로나 사태는 이런 불안감을 한층 더 증폭시키고 있다.

더욱이 우리 경제의 의존도가 가장 큰 중국경제 또한 저성장 국면으로 접어들고 있다. 중국경제는 지난 1979년부터 2012년 동안 연간 9.8%의 고속성장을 유지하면서 세계경제에 대한 기여도가 매년 20%를 초과하였다. 그러나 최근 몇 년 사이 성장곡선이 급 하강하고 있다. 2012년부터는 7%대, 그리고 2015년부터는 6%대로 추락하였다. 조만간 6% 아래로 추락하고 5% 조차 달성하기 어려워질 가능성마저 크다는 전망도 나온다. 문제는 중국의 경기부진은 곧바로 우리에게 타격을 준다는데 있다. 중국의 경제성장률이 1%p 하락 시 우리나라 성장률은 0.35~0.5%p 하락하는 것으로 알려져 있다.

다음으로 우리경제가 안고 있는 심각한 문제점은 '고용 없는 성장' 현상이다. 갈수록 경제 활동에 따른 고용창출 효과가 점차 떨어지고 있다. 이에 실업자 수가 100만 명을 넘어서고 있다. 특히 청년실업이 심각해 취업시즌의 청년실업률은 12~13%에 이르고 있다. 이러한 추세는 로봇과 일자리를 경쟁해야 하는 4차 산업혁명 시대로 접어들면서 더욱 심화될 것으로 보인다.

2018년의 고용 탄성치는 0.136로 글로벌 금융위기 직후인

2009년 이후 9년 만에 최저치를 기록했다. 고용탄성치란 경제성장에 따른 고용 변동을 나타내는 지표이다. 이 고용탄성치가 낮아졌다는 것은 경제성장이 일자리 창출로 이어지는 연계 고리가 약해졌다는 의미다. 우리나라의 고용 탄성치는 2014년 0.707에서 2015년 0.388, 2016년 0.302, 2017년 0.390등으로 하락추세가 완연하다.또 외국과 비교하더라도 우리 고용 탄성치는 매우 낮은 편이다. 2017년 기준 이탈리아의 고용 탄성치는 0.80, 영국은 0.61, 미국은 0.57, 독일은 0.45였다.

이러한 고용 없는 성장의 원인은 무엇보다도 기술발전에 따른 기계화와 장치시설의 확대에서 찾을 수 있겠지만, 대기업과 수출 중심의 성장전략 또한 큰 요인이 되고 있다. 대기업과 수출기업은 중소기업과 내수기업에 비해 상대적으로 고용흡수력이 작다. 또 이들은 비용절감을 통한 생산성향상을 중시함에 따라 고용창출에 소극적이다. 더욱이 신규 고용을 하더라도 인건비 절감을 위해 비정규직 채용에 방점을 두는 성향을 보이고 있다.

이와 함께 많은 기업들이 인건비 절감 등을 이유로 생산시설을 해외로 이전하는 현상도 고용을 위축시키고 있다. 초기에는 주로 중국으로의 공장이전이 이루어지다가 최근에는 베트남·인도네시아 등 동남아지역으로 이전하는 추세를 보이고 있다. 다만, 일본과의 무역분쟁과 코로나 사태로 빚어진 글로벌 공급망 붕괴현상에 대응하는 과정에서 이런 현상을 다소 완화시킬 수 있을 것으로 예상된다. 이는 반도체 장비 등 주요 핵심 원자재와 부품의 안정적 공급을 위하여, 이들의 생산기지를 자국으로 U-Turn 시키는 '리쇼어링(reshoring)' 전략을 조심스레 추진하고 있기 때문이다.

탐욕경제,
이기심과 도덕적해이의 만연

우리 사회를 포함한 자본주의 사회에서는 돈이 되면 무엇이든지 할 수 있다는 의식이 팽배해 있다. 특히 자발적인 질서 유지에 익숙하지 못한 기업과 개인은 법률을 위반하면서까지 자신의 이익을 추구하고 있으며, 이로 인해 사회구성원 간 신뢰를 저해하고 공정경쟁을 방해하고 있다.

기업이란 일반적으로 이윤을 목적으로 일정한 제품과 서비스를 생산하여 소비자에게 판다. 이 과정에서 기업은 근로자에게 일자리를 제공하고 또 세금을 납부하여 국가를 유지하는 데 기여한다. 국가경제를 운영하는 데 있어서나 개인의 가계활동을 영위해 나가는 데 있어 없어서는 안 될 중요한 조직이다. 이에 따라 기업의 경쟁력은 곧바로 국가경쟁력으로 연결된다.

이와 같이 중요한 역할과 기능을 하는 기업에 대해 비판적인 목소리가 없지 않다. 오히려 날이 갈수록 더 커지는 양상을 보이고 있다. 왜 그럴까? 이는 우리나라 다수의 대기업들이 정부로부터 많은 특혜를 받아 성장했음에도 불구하고, 기업의 사회적 책임은 망각한 채 지나치게 과다한 이윤을 추구하거나 정당하지 않은 방법으로 부를 축적하는 경향이 있기 때문이다.

사회적 책임을 망각한 기업들은 돈만 되면 업종을 불문하고 뛰어들고, 법규를 어기는 것도 크게 괘념치 않는다. 공정거래 질서를 해치고 우월적인 지위 남용도 예사로 행한다. 이에 중소기업과 하청기업은 망하기 직전에까지 내몰리고 골목상권이 무너지고 있다. 직원들에 대한 임금착취도 불사하며 때로는 불량제품을 만들어 국민들의 건강을 해치기도 한다. 또 부실공사로 대형 사고를 일으켜 국가사회에 재앙을 불러오기도 한다.

여기에 기업인들의 소득은 일반 근로자의 소득에 비해 월등히 높다. 그럼에도 불구하고 이들은 장부조작, 다운계약서 작성 등을 통하여 의도적으로 신고누락과 탈세를 자행하고 있다. 특히 일부 재벌기업과 부유층들은 상속대상인 주식의 가격을 헐값으로 조작함으로써 손쉽게 2세에게 기업을 승계할 뿐만 아니라 상속세도 포탈하고 있다. 그만큼 부를 축적하는 과정의 정당성과 합리성에 대해 의문이 간다는 것이다.

우리사회에서 '대마불사(too big to fail)'란 말이 통용되어 왔다. 원래는 바둑용어인데, 어느 쪽 돌이 큰 형세를 이루면서 연결되어 있으면 그 돌은 쉽사리 죽지 않는다는 뜻이다. 기업이나 금융회사가 정상적인 기준으로 볼 때는 도산하는 것이 마땅함에도 불구하고 도산할 경우 경제사회에 미치는 부작용이 막대하기 때문에 정부에서 구제금융 등을 통해 존치시키는 것을 말한다. 그동안 기업과 금융회사들은 수익성과 관계없이 무작정 외형을 키우는 경향이 있었다. 여기에는 경쟁상대를 제압해서 시장을 차지하겠다는 의도가 깔려있었다. 또한 덩치가 커지면 정부가 감히 어쩌지 못할 거라는 배짱심리도 작용했다.

또한 기업은 망해도 기업가는 망하지 않는다는 좋지 않은 관행도 만연되어있다. 이는 기업가가 기업활동에 전념하기보다는 자신의 사리사욕을 채우는 데 더 열을 올렸다는 것을 방증한다. 회사의 자산을 자신의 몫으로 별도로 챙겨두기도 한다. 잘못한 기업주나 경영주가 회사가 망하게 되었는데도 자기만 챙길 것 다 챙기는 것은 분명 심각한 도덕적 해이(moral hazard)를 넘어서는 범죄행위라고 할 수 있다. 그런데 현실에는 이러한 관행이 버젓이 존재한다.

개인들 또한 돈이 되면 무엇이든 다 할 수 있다는 심리가 팽배해 있다. 부동산투기와 '묻지 마' 식의 파생금융상품 투자, 암호화폐에 대한 투기열풍과 추락 등은 대표적인 사례들이다. 암호화폐에 대한 투기수요가 불붙어 2010년 0.003달러에 불과하던 비트코인 한 개의 가격이 2017년이 되면서 무려 2만 달러에 달하였다. 그러나 가격급등이 비정상적인 투기에서 비롯된 것이라는 인식이 확산되면서 최고점의 1/5 수준으로 급락하기도 했다. 다만, 코로나 사태 이후 실물화폐의 공급이 크게 늘어나자 반작용으로 가격이 상승하여 2021년 3월 현재 6만 달러 수준을 유지하고 있다.

이러한 행태들은 잘만하면 투자액의 수십 배 수백 배에 달하는 불로소득을 챙길 수 있다는 탐욕에서 비롯되었다. 더욱이 이 과정에서 법망을 피하기 위한 탈법과 위법행위가 자행되고 있다. 이러한 투기로 인해 불로소득을 챙기는 사람들이 많아지면 성실하게 살아가는 많은 사람들이 상대적 박탈감을 갖게 되고 일할 의욕을 잃게 된다. 이는 건전한 사회활동을 통해서는 경제적 부를 축적할 수가 없다는 상대적 상실감을 증폭시켜 사회의 건강성을 해치게 된다.

이와 같이 인간의 탐욕은 비리와 부정을 초래하고 이는 결국 사회적 문제를 불러일으킨다. 더욱이 이러한 불법적이며 몰인간적인 행위들이 사회생활을 해나가는 데 오히려 유리하다는 생각이 알게 모르게 우리들 의식구조를 지배하게 될 것이다.

그동안 우리 사회에는 엄청난 대형 참사가 끊이지 않고 일어났다. 이들 사고의 원인으로 우선 일차적으로는 관련자들의 탐욕과 비리, 도덕적 해이와 무책임, 그리고 정부의 감독 부실과 재난 대처능력 부족 등이 지적되고 있다. 그러나 보다 근원적으로는 우리 사회 전반에 똬리를 틀고 있는 도덕불감증과 적당주의, 부정과 비리 등에 기인한다.

특히, 남의 눈을 피해 뒤에서 하는 정당하지 않은 거래, 즉 검은 뒷거래 관행은 아직도 우리사회 곳곳에서 광범위하게 이루어지고 있다. 이 뒷거래는 촌지, 리베이트, 비자금, 이면계약, 급행료 등 여러 가지 다양한 형태로 일어나고 있다. 이는 우리사회가 여전히 비리와 부패에서 자유롭지 못하다는 것을 의미한다. 이 과정에서 부실한 원자재가 사용되었고 결국은 날림공사와 불량제품들이 양산되었던 것이다.

물론 이 탐욕경제는 비단 우리만의 문제는 아니며 전 세계적인 현상이다. 사실 탐욕은 인간의 속성이며 자본주의 체제 또한 인간의 이기심을 전제로 형성된 것이기는 하지만, 인간의 이기심이 극대화된 탐욕으로 인해 아이러니하게도 자본주의 체제가 심각한 도전을 받고 있기도 하다.

〈프로테스탄트 윤리와 자본주의 정신〉의 저자 막스 베버는 자본주의가 발전하기 위한 근원적인 동력은 근면과 성실, 시간을 헛되이 보내지 않는 청교도적 사상에 있다고 강조하였다. 그는 또 자본가든 노동자든 일할 수 있는 신성함에 감사하고, 탐욕을 버리고 근면과 성실함을 더해 자본주의의 가치를 높여 나가야 한다고 말했다. 그런데 지금의 현실은 막스 베버가 꿈꾸던 그 자본주의 정신이 점차 퇴조하고 있는 것 같다. 우리 주변에 돈이 되면 무엇이든 불사한다는 이기심과 탐욕이 가득하고, 근면과 성실 대신 요행과 재산의 대물림, 그리고 정부 지원에 기대어 살려는 나태함이 거세게 밀어 닥치고 있다. 이러다가 정말 자본주의가 위기에 봉착하고 끝내는 몰락하지 않을까 하는 두려움이 엄습한다.

갈등경제,
경제와 사회균열의 징후들

현실 경제사회에는 여러 가지 갈등관계가 존재하고 실제로 그 폐해가 나타나고 있다. 대기업과 중소기업 간, 부유층과 저소득층 간, 기업주와 종업원 간, 지역 간 등 곳곳에서 갈등이 분출하고 있다. 그중에서도 가장 대표적인 갈등관계가 바로 노사갈등이다. 이는 노와 사가 서로 자기들의 몫을 조금이라도 더 키우려는 욕심에서 비롯된다 할 것이다.

노사 간의 갈등은 노사분규로 비화되고 지나칠 경우 회사가 문을 닫게 되며 근로자도 일자리를 잃게 된다. 파업으로 인한 우리 경제사회의 피해는 실로 엄청나다. 먼저 수십조 원 규모에 이르는 생산 및 수출차질이다. 이로 인해 가장 큰 득을 보는 나라는 제조업 강국인 이웃 중국과 일본일 것이다. 더욱이 파업을 거치면서 해이해진 근로기강은 불량품을 양산하는 결과마저 초래한다. 그로인해 우리 상품에 대한 국내외 소비자들의 평판이 나빠지게 된다.

　이는 결국 당사자인 기업과 근로자 모두의 공멸을 초래한다. 생산차질과 제조원가 상승, 그리고 평판까지 나빠진 기업은 얼마 가지 않아 문을 닫을 수도 있다. 그렇게 되면 근로자들 또한 직장을 잃게 되는 것은 자명한 일이다. 모기업이 문을 닫으면 협력업체들도 덩달아 문을 닫게 되는 연쇄반응이 이어진다. 반대의 경우, 즉 협력업체가 파업을 할 경우에도 모기업이 부품공급 상의 애로를 겪게 되어 결국은 모기업의 생산라인이 멈추게 된다. 노조원들의 임금을 올려주기 위해서 하청업체들의 숨통을 더 조이는 경우도 생길 수가 있다.

　다음으로 소비자와 일반국민들이 경제적 손실과 큰 불편을 겪게 된다는 점이다. 노조원들에게 들어가는 임금은 결국 상품의 가격에 반영되고 소비자가 그 비용을 부담한다. 근로자들이 수고한 만큼 보상을 받는 것은 너무도 당연한 일이다. 그러나 합리적인 선을 넘어서는 과도한 수준이라고 느껴질 때 국민들은 노조에 대해 반감을 갖게 될 것이다. 그리고 파업기간 동안은 제품을 구매하거나 서비스를 받기가 어려워져서 소비자들이 일상생활에 불편을 겪게 된다. 특히 철도, 항공, 화물, 의료 등 국민들의 일상생활과 밀접한 분야의 파업은 엄청난 피해와 불편을 끼치게 된다.

　불법파업 대처 과정에서 사회적 갈등구조가 심화된다는 점도 큰 문제이다. 불법파업을 해산시키는 과정에서 종종 노조원과 경찰의 물리적 충돌이 벌어진다. 이로 인해 노사정 상호간의 반목과 불신의 골은 점차 더 깊어지게 된다. 그리고 그 파장과 후유증은 우리사회 전반으로 전이되고 있다.

　이러한 노사 간의 갈등 못지않게 근로자들 상호간 또는 노조 상호간의 반목과 질시, 이른바 '노노갈등'도 갈수록 심화되고 있다는 점 또한 큰 문제이다. 이 사안의 핵심은 비정규직 문제라 할 것이다. 비정규직이란 일정한 기간의 노무급부를 목적으로 사용자와 근로자가 한시적으로 근로관계를 맺는 고용형태를 말한다. 이 비정규직 근로자 수는 2018년 정부가 발표한 통계에 의하면 무려 658만 명에 이른다. 이는 전체 임금근로자의 33%에 달하는 숫자이다.

　귀족노조의 불법파업도 문제이다. 귀족노조란 이미 고임금과 좋은 근로조건을 제공 받는 근로자들이 보다 나은 근로조건 및 지위와 처우의 향상을 목적으로 조직한 노동조합을 말한다. 금융, 공기업 등 대부분의 화이트칼라 업종에 종사하는 노조와 대기업에 속한 노조들이 이에 해당한다고 볼 수 있을 것이다. 이들 귀족노조의 불법파업은 열악한 환경과 박봉에 시달리는 대다수 근로자들에게 상대적 박탈감을 더 하고 있다. 결국 근로자들 상호간, 또는 노조 상호간의 반목과 질시, 이른바 '노노갈등'을 유발하게 된다.

우리사회에 '갑을관계'라는 용어가 널리 통용되고 있다. 원래 갑과 을은 계약서상에서 계약 당사자를 순서대로 지칭하는 법률용어다. 그러나 현실에서는 보통 권력적 우위인 쪽을 '갑', 그렇지 않은 쪽을 '을'이라 부르고 있다. 그리고 여기서 "갑을관계를 맺는다"는 표현이 생겼으며, 지위의 높고 낮음을 의미하게 되었다. 지금은 대기업과 협력업체, 업주와 종업원, 상사와 부하직원, 고객과 서비스업체 사이에까지 이 표현이 폭넓게 사용되고 있다.

이러한 갑의 횡포현상은 우리 경제가 압축성장하는 과정에서 생겨난 졸부근성과 전근대적인 계층의식에서 비롯된다고 볼 수 있다. 즉 돈이나 권력이 있는 사람들이 합리적이고 수평적이며 상식적인 사고를 하지 못하고, 약자에게 함부로 대하면서 빚어지는 몰상식적인 현상인 것이다.

이 갑을관계가 우리사회에 광범위하게 작동하고 있지만 가장 두드러지게 나타나는 현장은 경제계라 할 것이다. 즉 제조업체와 건설업체에서의 원청업자와 하청업자 간의 관계에서 전형적으로 나타난다. 대기업은 협력관계 내지 하청관계에 있는 중소기업에 대해 우월적 지위를 가지고 있다. 소위 '갑과 을'의 관계가 형성되어 있다. 자연히 중소기업은 대기업의 눈치를 보지 않을 수 없다.

그렇지 않다가는 그 중소기업은 문을 닫을 수도 있다.

　유통업체에서의 갑을 관계는 한층 더 명료하다. 대표적인 예가 본사와 가맹업체 간의 프랜차이즈(franchise) 시스템이다. 이는 상호, 특허 상표, 기술 등을 보유한 프랜차이저(franchisor, 본사)가 프랜차이지(franchisee, 가맹점)와 계약을 통해 상표의 사용권, 제품의 판매권, 기술 등을 제공하고 대가를 받는 시스템이다. 이 과정에서 갑의 위치에 있는 본사는 을의 위치에 있는 가맹점에게 각종 횡포를 부리는 것으로 알려지고 있다.

　오래 전부터 우리 사회에서 문제점으로 지적되어 온 대기업의 중소기업에 대한 갑질사례들을 모아 보면 대략 다음과 같은 것들이다.

　첫째, 대기업들의 하청업체에 대한 대표적인 갑질은 '납품가격 후려치기'이다. 게다가 납품업체들의 제조원가가 인상되더라도 그것을 납품가격에 제대로 반영해주지 않는다. 이런 현상은 대규모 제조업체에 부품이나 자재를 납품하는 중소기업, 대기업이 운영하는 백화점이나 할인마트에 납품하는 중소제조업체, 대형 건설회사와 하청을 받은 중소 건설사들이 주로 겪고 있다.

　둘째, 충분히 현금으로 결제할 능력이 되는데도 3~6개월 만기의 어음으로 끊어주기도 한다. 이 경우 현찰이 급한 하청기업은 어음을 사채업자나 금융기관들로부터 수수료를 떼고 현금으로 바꾸게 되는데 그만큼 손해를 보게 된다. 대신에 대기업인 원청기업은 그 기간만큼의 이자를 고스란히 따먹고 있다.

셋째, 특허권 침해 문제이다. 중소기업이 대박 아이템을 출시하면 대기업이 그것을 모방해서 만든 유사제품 또는 기술로 중소기업의 목을 죈다. 그리고 중소기업이 원천기술을 싸게 넘기지 않을 수 없도록 손을 쓴다. 만약 중소기업이 소송이라도 걸려는 낌새가 포착되면 엄청난 자금력으로 중소기업을 굴복시킨다. 중소기업이 어렵게 개발해낸 기술을 교묘한 방식으로 탈취하는 사례도 있었다.

넷째, 부당내부거래 문제이다. 하도급납품 거래를 특정 계열사에 집중시킴으로써 시장의 가격구조를 왜곡시키거나, 비계열사의 사업기회를 박탈하는 것은 1차적 폐해이다. 더 심각한 문제는 재벌 총수의 친인척이 대주주로 있는 계열사에 물량을 몰아주거나 가격조작을 통해, 단시간 안에 경영권 승계에 필요한 종자돈을 챙기도록 하는 데 활용되는 것이다.

이러한 부당내부거래 행위의 전형은 일감몰아주기 방식이다. 공정거래법이 개정되기 전 오랫동안 대기업 계열회사는 동일 기업집단에 속한 다른 계열회사에 일감을 몰아주고, 그 일감을 수주 받은 계열회사는 별다른 역할 없이 중소기업 등에 일감을 위탁하여 중간에서 이익을 취하는 거래관행이 폭넓게 이루어지고 있었다.

　다섯째, 대기업이 아예 스스로 제빵, 장갑, 순대 장사와 같은 소규모 영세상인의 영역까지 침범하는 경우이다. 이를 방지하기 위해 정부에서는 중소기업 적합업종제도를 만들었지만, 이를 거스르는 대기업도 종종 나타나 사회적 비난을 받기도 한다.

　정부는 경제적 약자인 '을' 보호하기 위해 「독점규제 및 공정거래에 대한 법률(공정거래법)」과 「하도급거래 공정화에 관한 법률(하도급법)」 등을 운용하고 있다. 그러나 현실은, 을의 위치에 있는 개인과 기업들은 갑의 사후보복이 두려워 법에 호소를 제대로 하지 못하고 있는 실정이다. 하청업체들은 대기업들에 목을 매고 있는 상황이기 때문에, 억울하고 화가 나지만 울며 겨자 먹기 식으로 대기업의 횡포를 감내해야 한다. 이런 구조에서 중소기업이 성장하는 것은 불가능하다.

　중소기업의 경쟁력 약화는 대기업에게도 부메랑이 된다. 대기업과 하청업체가 정상적인 관계를 유지하지 못할 경우 그런 과정에서 정상적인 제품이 생산되기를 기대하기가 어렵다. 이는 2019년 일본이 우리나라를 상대로 반도체 핵심부품의 수출중단, 수출 우대 국가(white list)에서 제외하는 등 무역전쟁을 선포할 때 익히 경험한 바 있다. 물론 지금은 오히려 약이 되어 부품·소재 산업을 육성하는 계기가 되었지만, 이로 인해 반도체 업계 등 우리나라 대기업들이 상당기간 커다란 어려움을 겪은 게 사실이다.

또 이런 구조 속에서 부실공사와 불량제품이 양산되어 소비자에게 커다란 피해를 주거나 또는 대형 사고를 유발하기도 한다. 그동안 우리 사회에는 엄청난 대형 참사가 끊이지 않고 일어났다. 그리고 불량·유해 제품들이 소비자들의 안전을 위협하고 있다. 이는 하청기업들이 대기업이 후려친 낮은 가격으로 제품을 만들거나 공사를 하다 보니 부실하고 유해한 원자재를 사용하거나 날림공사를 할 수밖에 없는 구조적 문제에 기인한 것이다. 대기업의 탐욕에서 비롯된 이러한 부정과 비리는 결국 커다란 사회적 문제를 불러일으키게 된다.

투기경제,
리스크를 키우는 망국병 바이러스

사람이 경제생활을 영위해나가는 데 있어 투자행위는 불가피하다. 투자를 하는 이유는 안정되고 윤택한 가정생활과 사회활동을 해나가기 위해서라는 공통분모를 가지고 있다. 더욱이 갈수록 미래에 대한 불확실성이 커지면서 노후생활을 좀 더 안락하게 보내려는 목적에서 사람들은 이런저런 종류의 투자를 하게 된다. 이제 우리는 투자행위를 전혀 하지 않거나 혹은 잘못된 투자를 할 경우 커다란 낭패를 보는 그러한 시대를 살고 있다.

그런데 간혹 이 투자가 도를 넘어 투기로 변해 말썽을 낳고 있다. 날이 갈수록 그 정도가 심해지고 있다. 역사상 유명한 투기의 사례로는 17세기 네덜란드에서 있었던 튤립투기와 1990년대 중반에서 21세기 초반까지 미국에서 일어난 '닷컴 버블(dot-com bubble)'이 있다.

자본주의 시장경제에서는 투자와 투기 둘 다 시장조성을 위해서 반드시 필요하다. 투자나 투기 모두 이익을 추구하는 관점에서 보면 다를 게 없으며, 시장이 굴러가는데 필요한 행위들이다. 그러나 이 양자 사이에 다음과 같은 분명한 차이점은 존재한다.

첫째, 자금을 운용하는 목적에서 차이가 있다. 일반적인 투자는 실제 경제활동의 필요성에 의하여 이루어지는 반면, 투기는 가격이 오르내리는 차이에서 오는 이득을 챙기는 것을 목적으로 한다. 따라서 부동산을 구입할 때 그곳에 공장을 지어 상품을 생산할 목적을 지닌 경우는 투자가 될 수 있지만, 부동산 가격의 인상만을 노려 일정 기간 후에 이익을 남기고 다시 팔려는 목적을 가진 경우에는 부동산투기 행위가 된다고 볼 수 있다.

둘째, 이익을 추구하는 방법에 있어서도 차이가 있다. 투자는 생산활동을 통한 이익을 추구하지만 투기는 생산활동과 관계없는 이익을 추구한다. 즉 투자를 통해서는 재화나 서비스가 생산되고 고용이 창출되는 등 경제활동이 이루어지면서 다양한 부가가치가 만들어진다. 시간이 지나면서 애초 투자의 가치가 커져 자본이익도 함께 발생한다. 하지만 투기는 생산활동과는 관계없이 가격변동에 따른 이득추구만이 목적이기 때문에 부가가치가 거의 발생하지 않는다.

셋째, 투자와 투기는 제공되는 정보의 질에 현저한 차이가 있다. 투자는 전문지식을 기반으로 다양하고 합리적인 정보들이 제공되지만, 투기는 질적으로 낮은 정보에 의존하는 경우가 많다. 투자는 정확한 데이터를 기반으로 미래를 예측하고 효용을 이끌어내는 활동이다. 이에 비해 투기는 구체적이고 신뢰할 만한 데이터가 아닌 소위 '카더라'성 추측성 정보에 의존하는 것이 대부분이기 때문에 특히 주의를 기울여야 한다.

넷째, 투자는 리스크(risk) 관리가 가능하지만, 투기는 리스크 관리가 잘되지 않는 경우가 많다. 투자는 어떤 목적 달성을 목표로 합리적 판단을 위한 정보수집과 분석 등을 통해 위험을 줄이는 것이 가능하다. 하지만 투기는 쉽게 한 방을 노리는 마음으로 운에 맡기는 경우가 일반적이기 때문에 큰 불확실성이 따르게 된다. 결국 누군가는 마지막에 손해를 볼 수밖에 없는 구조를 갖는 경우가 대부분이다.

그런데 여러 가지 투기행위들 중에서도 우리 경제사회에 가장 커다란 문제를 일으키고 있는 것은 어쩌면 부동산 투기가 아닐까 여겨진다. 우리나라 부동산투기의 역사는 1963년 강남지역 개발에서 시작되었다. 당시 이재(理財)에 밝은 강남아줌마 부대들이 전국을 누비면서 부동산가격을 천정부지로 뛰게 만들고, 그 와중에 자신들은 엄청난 불로소득을 챙긴다. 옆에서 이를 보고 부럽기도 하고 배 아프기도 한 이웃동네 아줌마들도 부동산투기에 동참한다.

그 사이에 대한민국 사람들은 아줌마뿐만 아니라 너나 할 것 없이 모두 투기꾼이 되어 가고 있었다. 또한 전 국토는 투기장화 되어 버리고 말았다. 그리고 땅 투기에서 시작된 부동산투기는 점차 아파트 등 건물투기로까지 확산되어갔다. 지금도 여전히 부동산 투기광풍은 휘몰아치고 있다. 이제는 대도시·중소도시 가릴 것 없이 이 광풍이 휩쓸고 있다.

정부가 발표한 '2019년 주택소유통계'에 의하면 주택을 2건 이상을 소유하고 있는 가구는 317만 가구로 전체 주택소유 가구의 27.7%를 차지하였다. 또 51채 이상 소유한 집 부자도 약 2천명에 달하는 것으로 집계됐다. 반면, 전체 가구 수 2,034만 가구 중 약 44%가 무주택 가구인 것으로 밝혀졌다. 그러니까 889만 가구가 무주택 가구인 것이다.

부동산 투기꾼들은 위장전입, 위장증여, 미등기 전매, 허위명의신탁 전매 등의 교묘한 수법을 동원하여 법망을 피하고 탈세를 한다. 양도소득세를 덜 내려고 실거래가격을 속이고 훨씬 낮은 가격으로 거래한 것처럼 위장하는 소위 '다운계약서' 작성 행태도 그중의 하나이다. 우리나라에는 겉으로는 제조업을 하는 중소기업이라고 신고해 놓고 땅 투기를 하는 전문 부동산 투기꾼들도 상당수에 달하는 것으로 알려져 있다. 이는 투기에 따른 세금을 회피하기 위한 것이다. 그런데 더욱 충격적인 사실은 이들 투기꾼들이 불법적 투기를 하다 법망에 걸리면 대부분이 '운이 없어서 걸렸다'고 생각한다는 것이다.

이 부동산투기 광풍으로 우리 경제사회는 깊이 병들어 가고 있었다. 그 실상을 살펴보자.

첫째, 경제를 위축시키고 물가불안요인이 되었다. 생산적인 부문에 투자되어야 할 돈이 땅에 묶여버리게 되면 기업생산 활동에 필요한 돈은 그만큼 줄어들게 되고 생산 활동이 위축된다. 더욱이 자금이 부족한 중소기업들은 생산 활동에 필요한 돈을 못 구해서 도산을 할 수밖에 없다. 그리고 기업들은 투기로 인해 비싸진 땅값을 지불하고 공장용지를 확보해야 하므로 상품의 원가 상승요인이 된다. 따라서 물가도 자연적으로 상승하게 되는 것이다. 현재의 부동산가격은 부동산 투기의 역사가 시작되던 1960년대 당시에 비하면 수백 배 이상 뛰었다.

둘째, 땅값과 집값을 상승시켜 서민들의 부담을 가중시켜 놓았다. 만약 건설업자가 비싸진 땅값을 지불하고 아파트를 짓는다면, 아파트 분양가격이 상승하게 된다. 소비자들은 그만큼 비싼 대가를 치루고 아파트를 살 수 밖에 없다. 그리고 집 없는 서민들은 전세 집과 월세 집을 전전하며 집 없는 설움을 겪어야 한다. 이 경우 세를 놓는 주인은 자신도 비싼 대가를 치렀기에, 자연히 전세 값과 월세 값을 올리게 될 것이다. 이리하여 결국에는 집 없는 가난한 서민들이 가장 큰 피해자가 되는 것이다.

셋째, 근로의욕 상실과 소득격차 심화 등 사회불안을 증폭시켰다. 부동산 투기로 인해 불로소득을 챙기는 사람들이 많아지게 되면 성실하게 살아가는 많은 사람들이 상대적 박탈감을 갖게 되고 일할 의욕을 잃게 된다. 노조의 과다한 임금인상 요구도 부동산투기와 관련이 있다. 이는 건전한 사회활동을 통해서는 경제적 부를 축적 할 수가 없다는 상대적 상실감에서 비롯되기 때문이다.

보통 일반 근로자나 직장인들은 성실하게 일해서 벌어들인 빠듯한 급여로 생활도하고 저축도 하게 된다. 또 10년 · 20년을 목표로 내 집을 장만하는 것이 작은 소망인 사람들이 많다. 그러나 이러한 무주택 서민들의 내 집 마련이라는 소박한 꿈은 아무리 열심히 일해도 평생 이루어질 수 없는 것이 되어가고 있다.

넷째, 경제운용에도 커다란 충격을 주고 걸림돌이 되어왔다. 이는 특히 부동산 거품이 꺼지기 시작할 때 더 심각해진다. 거품 상태의 부동산 가격을 기준으로 대출해 줬던 돈들이 거품이 꺼지면서 한 순간에 사라지게 되고, 수많은 부실채권들을 양산하게 됨으로써 금융 또한 덩달아 부실해지게 된다. 결국 나라경제 전체가 위축될 수밖에 없게 된다.

이와 같이 부동산투기는 한마디로 우리 경제사회를 병들게 하는 암적인 존재이며, 나라를 망치는 망국병인 것이다. 따라서 더 이상 부동산 투기가 일어나지 않도록 강력한 제도적 장치를 확보하고 이를 일관성 있게 유지해 나가야 한다.

한편, 금융시장에서도 은행이자 1%대의 초저금리 시대를 맞아 '묻지마' 투기현상이 빚어지고 있다. 은행 예금 이자가 높던 시절에는 은행이자에 의존해 생계를 꾸려나가는 것이 가능했지만 이제는 그것이 불가능한 시대가 되었다. 사람들은 자연히 금리가 높은 상품을 찾아 나설 수밖에 없게 되었고, 이에 따라 주식투자에 눈을 돌리는 사람들이 늘어나고 있다. 그러나 주식시장은 복잡하고 다양한 정보와 변수들이 존재하기에 일반 대중들은 시장의 흐름을 파악하고 대응하기가 쉽지 않다. 더욱이 작전세력이 등장해 시장을 혼탁하게 만들기도 한다.

특히, 금융공학이 크게 발전하면서 등장한 파생금융상품에 대한 투기현상도 심화되고 있다. 파생금융상품이란 외환, 예금, 채권, 주식 등 기초금융자산의 미래가치를 예측해 파생적으로 만들어진 금융상품을 총칭하는 개념이다. 이 파생금융상품을 거래함에 있어서는 실제 투자금액의 몇 배에 달하는 거래를 할 수 있는 '레버리지(leverage)' 효과를 거둘 수가 있다. 그 결과 이 레버리지 효과에 현혹되어 많은 사람들이 이 파생금융상품 시장에 뛰어들고 있다.

그러나 파생금융상품의 시장구조는 복잡할 뿐만 아니라, 모든 투자주체가 이익을 볼 수 있는 현물시장과는 달리 '제로섬 게임(zero-sum game)' 구조이다. 따라서 기관이나 외국인에 비해 정보와 투자기법의 전문성 면에서 훨씬 열세에 놓여 있는 개인투자가들에게 피해가 집중될 가능성이 크다. 여기에 이제는 비트코인을 대장주로 한 암호화폐에 대한 투기광풍까지 휘몰아치고 있다.

투자와 투기의 차이란 결국 욕심과 리스크 관리가 되느냐 안 되느냐의 차이라 볼 수 있다. 쉽게 더 많이 벌고 싶은 욕심에 눈이 멀게 되면 무리를 하거나 불법도 하게 되며 사기유혹에도 쉽게 넘어가게 된다. 또 평소에는 하지 않던 이상한 유형의 투자도 시도하게 되면서 투기가 된다. 그리하여 돌이킬 수 없는 탐욕의 강을 건너게 되는 것이다.

아무리 합법적이고 좋은 투자라 하더라도 리스크 관리가 되지 않고 욕심에 눈이 멀어 무리수를 두게 된다면 투기가 될 수밖에 없을 것이다. 이런 투기는 투자자 자신을 파괴할 뿐만 아니라 우리 사회에도 결코 도움이 되지 않는다. 따라서 탐욕의 노예가 되어 스스로를 파괴하는 투기보다는 합법적이고 안전하며 건전한 투자 습관을 가지도록 노력해야 할 것이다.

지하경제,
탈세와 자금세탁의 온상

2008년 미국 발 글로벌 금융위기가 일어나자, 그리스·포르투갈·스페인·이탈리아 등 남유럽 국가들은 그 여파로 재정위기를 맞아 커다란 홍역을 치렀다. 이후 이들은 다급한 상황에서는 어느 정도 벗어났으나, 그 후유증은 여전히 지속되고 있는 상황이다. 그런데 이들이 위기를 맞게 된 결정적 요인 중의 하나로 지하경제 규모가 크다는 점이 지적되고 있다.

우리의 경우 그동안 지하경제를 줄이기 위해 부단한 노력을 기울여왔다. 1990년대 금융실명제와 부동산실명제, 2000년대 신용카드와 현금영수증 사용 확대가 중요한 역할을 했다. 최근에는 국세청이 해외의 조세회피 지역들과 조세협약을 맺는 등 역외탈세 방지에도 노력하고 있다. 이에 지하경제 규모는 줄어 들어들고 있는 추세이기는 하다. 그러나 아직도 여전히 그 규모는 국내총생산 GDP의 14~18% 수준인 것으로 파악되고 있다. 더욱이 우리사회에는 아직도 뇌물 수수 등 검은 뒷거래가 광범위하게 자행되고 있다. 그 결과 2019년 국제투명성기구의 부패인식지수(CPI: Corruption Perceptions Index)에 따르면 대한민국은 180개 국가 중 39위를 차지했다.

대표적인 지하경제의 형태는 탈세로 나타난다. 기업탈세는 해당 기업에 대한 불신을 심화시키는 것은 물론이고, 일반국민들에게 큰 박탈감을 주게 된다. 더욱이 탈세는 국가재정의 기본수입원인 세수부족을 초래한다는 원초적인 문제점을 지니고 있다. 지하경제 규모에서도 나타나듯이 우리 기업들의 탈세는 지금도 여전히 광범위하게 이루어지고 있다. 더욱이 특별한 죄의식 없이, 아니 오히려 의도적으로 탈세를 한다는 데 문제의 심각성이 있다.

기업들의 탈세 목적과 방식은 다양하다. 세금을 덜 내려는 단순한 목적 외에도, 기업경영권 방어와 승계를 위해 혹은 정경유착을 위한 비자금조성을 위해서도 탈세를 한다. 그중에서도 일부 재력가들의 변칙적인 상속세와 증여세 포탈행위는 더욱 염치가 없어 보인다. 이들은 아무런 세금부담 없이 자녀들에게 재산 대물림을 시도하고 있다. 이 과정에서 차명주식, 재산 해외반출, 회계장부 조작, 그리고 여기에 더해 그룹 자회사에 일감 몰아주기 방식까지도 동원되고 있다. 일감 몰아주기가 문제가 되는 것은 재벌들의 재산상속 수단으로 악용된다는 것뿐 아니라 공정한 시장경쟁 질서를 무너뜨리기 때문이다.

탈세의 기법도 날이 갈수록 고도화되고 전문화되어가고 있다. 특히 금융과 IT기술의 발달은 이를 촉진하고 있다. 주요 신종 탈세 유형으로는 세법 해석의 불명확성을 이용한 파생금융상품 활용, 사모펀드를 이용한 편법증여, IT분야의 비약적 발전에 따른 새로운 거래형태 창출, 글로벌시장을 이용한 판매자 신고누락 등이다.

이 중에서도 대표적인 예가 역외탈세라 하겠다. FTA 확산과 기업의 세계화 전략 등으로 국제거래가 급증하면서 역외탈세가 기승을 부리고 있다. '역외탈세(域外脫稅, offshore tax evasion)'란 조세회피 지역, 즉 조세피난처에 유령회사를 차려 세금을 내지 않거나 축소하는 행위를 이른다. 조세피난처는 금융거래의 익명성이 철저하게 보장되기 때문에 탈세나 돈세탁 등 자금거래의 온상이 되기도 하는데, 바하마·버뮤다제도 등의 카리브해 연안과 중남미의 국가들이 대표적인 조세피난처다.

구체적인 역외탈세 기법은 해외에 페이퍼컴퍼니(paper company)나 위장계열사 등을 차려두고 위장·가공거래 등을 통해 세금을 탈루, 거액의 비자금을 조성하는 것이다. 그리고 허위 또는 과다경비 계상도 역외탈세자들이 주로 활용하는 수법 중 하나다. 이는 국내 회사가 조세회피처의 페이퍼컴퍼니와 거래가 있는 것처럼 위장해 대금을 지급하거나, 실제보다 과다하게 대금을 지급해 자금을 해외로 유출하는 방식이다.

기업 비자금도 지하경제의 하나이다. 보통 비자금은 탈세를 통해서 또는 회사재산을 빼돌려서 조성한다. 이는 기업 자체와 주주들에게 피해를 입히는 전형적인 횡령과 배임행위라 할 것이다. 이렇게 조성한 비자금을 정치권이나 감독관청에 로비자금으로 뿌리고 다니기도 하고, 개인의 사사로운 용도에 유용하기도 한다. 이런 과정 속에서 기업은 기업대로 거덜나고, 또 수많은 투자자와 회사종업원들이 피해를 입게 된다. 그리고 우리 사회를 온통 비리로 얼룩지게 만든다.

또 다른 지하경제의 요인으로 광범위하게 이루어진 차명거래에 의한 금융거래가 있다. 우리나라는 1993년 8월 12일 20시를 기하여 '대통령 긴급재정경제명령' 형식으로 금융실명제를 도입·시행하고 있다. 또 1997년에는 「금융실명거래 및 비밀보장에 관한 법률(금융실명법)」을 제정하였다.
그러나 이 '금융실명법'은 금융기관이 거래당사자가 본인임을 확인할 의무를 부과하고 있을 뿐, 금융실명제에 위반하여 계좌를 개설한 사람은 따로 처벌하지는 않았다. 다만 계좌개설자가 타인의 명의와 신분증을 도용해서 계좌를 개설한 경우라면 사문서 위

조죄에 의해 처벌 할 수가 있다. 이처럼 차명거래에 대한 처벌이 미온적이어서 그동안 차명에 의한 거래가 광범위하게 이루어져 왔으며, 이로 인한 사회적 문제 또한 심각한 수준이었다.

대표적인 사례가 대포통장이다. '대포통장'이란 제3자 명의를 불법 도용하여 실제 사용자와 명의자가 다른 통장이다. 명의를 도용해 제3자가 통장을 개설한 행위는 금융실명법 위반이지만, 발급된 통장 자체는 사용에 아무런 문제가 없는 상태이다. 이 때문에 대포통장인지 아닌지 여부를 사전에 확인할 방법은 없다. 명의도용 사실이나 통장을 이용한 범죄 사실이 발각되어 해당통장이 '대포통장'이라는 사실이 드러나기 전까지는 알기 어려웠다. 이러한 불법적인 차명거래행위를 규제하기 위해 개정된 금융실명법이 2014년 12월부터 시행되게 된 것은 그나마 다행이라 할 것이다.

이와 함께 자금세탁 행위도 지하경제의 온상이 되고 있다. '자금세탁(Money Laundering)'이란 용어는 1920~30년대에 마피아가 불법적인 도박이나 마약 거래 등으로 얻은 수입을 주로 세탁소의 합법적인 수입처럼 위장하면서 등장했다. 이 자금세탁의 개념은 나중에 '자금의 위법한 출처를 숨겨 적법한 것처럼 위장하는 과정'이라는 의미로 일반화되었다.

자금세탁 방법의 예를 들어보자. 특정인 A가 불법자금을 가명으로 만든 계좌를 통해 은행에 입금시킨 뒤, 엄격한 금융비밀제도를 갖춘 국가에 송금했다가 해외자금인 것처럼 가장해서 다시 국내로 들여오는 것이다. 이렇게 세탁을 마친 돈은 마치 합법적인 돈처럼 국내에서 사용되기 때문에 그 실체를 밝히는 것은 쉽지가 않다. 자금세탁의 대부분은 불법 비자금을 조성·은닉하거나 탈세를 위한 목적으로 쓰이고 있다. 외국에서는 최근 이런 돈이 테러자금으로 활용되기도 해서 세계 각국이 신경을 곤두세우고 있기도 하다.

자금세탁의 수법도 날이 갈수록 교묘해지고 있는데, 최근에는 익명성이 강한 암호화폐를 적극 활용하기도 한다. 암호화폐의 중요 특성중의 하나는 익명성이 보장된다는 점이다. 암호화폐를 얻으려면 우선 전자 지갑(wallet)을 인터넷상에서 개설해야 하는데, 개설 과정에 거래자의 개인정보를 제시하지 않는다. 또 암호화폐를 주고받는 거래는 단지 거래자가 생성한 주소(address)를 통해 이루어지기 때문에 익명성이 보장된다. 더욱이 최근에는 익명성이 한층 더 강화된 대시(Dash), 모네로(Monero), 제트캐시(Zcash) 등의 암호화폐도 등장했다. 국제 테러단체와 범죄단체에서는 이들을 돈세탁과 마약구매 등 불법적인 검은 뒷거래수단으로 활용해 왔다.

이런 문제를 시정하기 위해 국제자금세탁방지 기구 FATA는 2019년 6월, 암호화폐 자금방지 대책을 마련하였다. 즉 그동안 아무런 법적 규정이 없어 범죄의 온상이 되어온 암호화폐를 가상자산으로, 암호화폐 거래소를 가상자산 취급업소로 규정하였다. 그리고 가상자산 취급업소를 운영하기 위해서는 반드시 당국의 사전허가를 받도록 했다. 아울러 가상자산 취급업소에 대해서는 금융기관에 준하는 자금세탁 방지의무를 부여하기로 했다.

선심경제,
국가부도로 내모는 포퓰리즘

    우리사회에 복지수요와 지출이 갈수록 확대되고 있다. 복지수요가 증대하면서부터 표를 얻기 위한 정치권의 선심성 정책들이 쏟아져 나오기 시작했다. 반값등록금과 반값주택 등의 반값시리즈뿐만 아니라, 무상급식과 무상의료, 무상보육 등 무상복지 시리즈까지 등장하였다. 선심경제와 포퓰리즘의 전형적인 모습이다.

    실제 복지지출 또한 크게 늘어나고 있다. 2020년 우리나라 예산구조를 보면 복지예산의 규모는 180조원으로 전체 정부 예산 512조원의 35%를 상회하고 있다. 이에 비해 경제분야 예산규모는 R&D 24조원, SOC 23조원, 산업 · 중소기업 · 에너지 분야 예산 24조원 등이다. 이를 다 합해도 복지예산 규모의 약 1/3에 불과하다. 더욱이 코로나 사태의 충격을 해소한다는 취지로 3차례의 추가경정 예산을 편성하였는데, 이들 대부분이 재난복구자금 등 복지지출로 사용되고 있다.

그런데 이와 같은 복지 포퓰리즘이 확산될 수 있게 된 이면에는 우리네 보통사람들의 공짜심리도 크게 기여를 했다. 우리는 대책 없는 무상복지 시리즈를 좋다고 환호하면서 기꺼이 표를 던진다. 은근히 좀 더 화끈한 무상시리즈를 부추기기까지 한다. 그러나 이는 결국 그 부담이 자신에게 돌아오게 된다. 지금은 공짜복지들이 달콤할지 몰라도 나중에 돌아올 부담은 엄청난 파괴력을 지닌다. 복지만능주의는 중장기적으로 사회의 활력을 저상시키고 국가의 재정위기를 초래할 가능성이 있다. 더욱이 한번 달콤한 공짜 혜택에 맛들이면 다시 이를 줄이거나 없애는 것은 거의 불가능하다.

우리 경제사회 구조를 건전하고 지속발전이 가능하도록 만들기 위해서는, 다른 OECD 국가들에 비해 열악한 사회안전망과 복지 인프라를 확충하는 작업이 필수적 과제임은 틀림없다. 갈수록 계층 간의 소득격차는 더 벌어지고 서민들의 삶은 어려워지고 있다. 이러다가는 지속적 성장이 불가능한 것은 물론이고 당장 우리사회가 커다란 혼란에 빠질 우려도 없지 않다. 선제적으로 이같은 예방적 복지 인프라를 구축하지 않으면 향후 복지지출 비용은 훨씬 더 커질 수 있다. 특히, 저 출산·고령화 충격이 본격화되기 전에 전략적으로 복지 인프라를 구축해가는 작업을 서둘러야 한다.

그러나 결코 공짜점심은 없다는 점을 기억해야 한다. 증대하는 복지수요를 감당하기 위해 들어간 돈은 누군가는 갚아야 할 빚이다. 결국은 우리가 갚아야 하는 빚이고, 우리세대가 감당하지 못하면 우리의 후손들이 짊어져야 할 빚인 것이다. 이런 현상을 막기 위해 재원조달 문제와 복지 인프라 확충의 방법론에 대한 심각한 고민이 전제되어야 한다. 예를 들어 어떤 법안을 제정할 때, 재원을 먼저 확보하라는 '페이 고(Pay-Go)'원칙을 엄격히 준수해야 할 것이다.

복지재정을 늘리려면 다른 부문의 재정을 줄이거나, 아니면 빚을 내어 충당할 수밖에 없을 것이다. 그런데 다른 부문의 재정을 줄인다는 것은 결국 재정의 우선순위를 조정하는 문제로 연결된다. 물론 이를 통해 상당부분은 해결이 가능하겠지만, 현실적으로는 어려움이 많고 한계가 있다.

결국에는 국채를 발행하여 재원을 충당하는 방법을 택하게 될 것이다. 이 경우 자칫하면 나라를 온통 빚더미에 올려놓게 될지도 모른다. 그리고 그 빚더미를 고스란히 후손들에게 떠넘겨 그들이 무책임한 아버지 세대와 할아버지 세대를 욕하게 만들 것이다. 만약 그 규모가 지나치게 클 경우 당장 국가 채무불이행 즉 디폴트(default)사태가 일어날 수도 있다.

전시성 행정도 선심경제의 대표적인 하나의 예로 꼽을 수 있겠다. 이 역시 재정을 파탄 내는 주범 중의 하나이다. 지방자치제 시행 이후 대다수 지방정부에서는 경쟁적으로 도로, 스포츠시설, 그리고 공항시설을 유치해 왔다. 그러나 다수가 제대로 활용되지 못한 채 방치되거나 흉물로 전락할 위기에 놓여있다. 이는 지자체들이 제대로 된 사전 수요조사 없이 무턱대고 지역주민들의 환심을 사려는 심산에서 건설에 나선 데 기인한다.

지방정부의 호화청사 또한 국민적 비난의 대상이 되고 있다. 이 청사들은 건축비용도 천문학적인 수치이지만, 청사를 유지 관리하는 데에도 에너지 비용 등 엄청난 비용이 들어가고 있다. 더욱이 여기에 들어가는 비용은 모두 주민들이 부담하게 되지만, 정작 이 호화청사가 주민들의 삶에는 전혀 도움을 주고 있지 않다는 데 문제의 심각성이 있다.

재정지출뿐만 아니라 재정수입 측면에서도 선심정책이 남용되고 있는데, 다름 아닌 조세감면이다. 물론 조세감면이 필요한 경우도 있다. 수입기반이 취약한 중소기업과 서민 등 경제적 약자들이 그 대상자이다. 그러나 이 제도가 너무 남용되는 측면이 없지 않다는 것은 문제이다. 세출예산을 늘리는 것도 모자라 세금감면으로 재정악화를 부추기고 있다는 것이다.

각종 비과세·감면 제도로 깎아주는 세금이 2019년 47조원을 웃돌면서 현행법이 정해 놓은 감면 한도를 넘어서게 된다. 근로장려금(EITC) 같이 복지분야 조세지출을 한꺼번에 급격하게 늘린 영향이 크다. 반면 연구개발(R&D), 투자 촉진 분야 조세지출은 줄인 것으로 나타났다.

한편, 우리가 지향하던 복지국가 모델인 유럽 국가들의 최근 사정은 어떠한가? 2008년의 미국 발 금융위기의 여파는 유럽 국가들에게도 휘몰아쳤다. 이는 그동안 복지천국을 구가하던 이들 다수의 유럽 국가들의 재정이 악화되면서 발생하였다. 특히 포르투갈·아일랜드·그리스·스페인 등 소위 PIGS국가들의 상황은 심각했으며, 그리스는 국가부도 사태까지 경험했다.

결국 이들은 구제금융을 받기에 이른다. 그 과정에서 경제적 주권을 훼손당하게 되었고, 국민들은 심각한 불황과 고실업으로 커다란 고통을 겪게 되었다. 구제금융 덕분에 가까스로 위기를 벗어난 이들은 이제 방만했던 복지수준을 줄여나가려 노력하고 있다. 또 재정의 건전성을 높이기 위한 논의도 활발히 진행 중에 있다.

차입경제,
빚으로 부풀어 오른 거품

우리의 삶속에는 빚의 함정이 곳곳에 도사리고 있다. 세상살이를 함에 있어 빚 없이 살아가기란 거의 불가능하기 때문이다. 살아가다 보면 원하지 않지만 어쩔 수 없이 빚을 지는 경우가 생긴다는 것이다. 사실 빚은 경제생활을 해 나가는데 윤활유 구실을 하기도 한다. 돈을 빌려 투자할 자금을 만들고, 이를 기반으로 더 큰 수익을 가져 오는 '레버리지(leverage)' 효과도 거둘 수도 있게 되는 것이다. 가령, 자기자본 5억 원을 투자한 주식의 가치가 어느 시점에서 5배로 뛰었다면 이 투자자는 총 20억 원의 수익을 거두게 된다. 그런데 이 경우 자기자본 5억 원에 추가로 5억 원의 빚을 내어 총 10억 원을 투자했다면, 그 투자자의 수익은 총 40억 원이 된다. 수익의 규모가 2배나 크게 되는 셈이다.

그러나 여전히 빚은 경계의 대상이라 하겠다. 우리 옛 속담에도 "외상이면 황소도 잡아먹는다."라는 말이 있다. 이는 빚을 내서 소비하는 행위에 대해서 경각심을 일깨우기 위한 것으로, 빚의 문제점을 아주 잘 나타내주는 말이다. 특히 반드시 필요하지도 않고 상환능력이 없는데도 불구하고 일단 쓰고 보자는 식으로 빚을 내는 것은 금물이다. 또 신용카드로 내지르는 '묻지 마 쇼핑'은 사람들을 신용불량자로 만들기 십상이다.

2008년에 시작된 미국의 금융위기와 유럽의 재정위기는 성격과 내용은 다르지만 발생 원인을 따져보면 한 가지 중요한 공통점이 발견된다. 두 위기 모두 '빚이 만든 재앙'이란 사실이다. 미국의 경우 탐욕에 빠진 투기꾼들이 과도한 '차입투자'를 하다 거품이 터지게 된 것이고, 남유럽 국가들은 분에 넘치는 '차입복지'를 즐기다 문제가 발생하게 된 것이다.

미국 금융위기와 유럽 재정위기는 거품을 만들어낸 인간들에 대한 일종의 심판이었다. 그나마 다행인 것은 우리나라는 이 시기에 일어난 커다란 재앙을 비켜갈 수가 있었다. 이는 지난 1997년의 경제위기 때 많은 것을 이미 터득했으며 또한 재정상태가 비교적 양호했던 덕분이었다. 그러나 앞으로 언제 어느 시점에서 이와 유사한 재앙에 휘말릴지는 모를 일이다. 결코 우리도 안심할 수 없다는 것이다.

한국은 정부의 재정건전성이 세계적으로 양호한 수준이라고 평가받고 있다. 2019년 말 기준 한국의 국가채무는 GDP 대비 40%를 밑돈다. 이 비율이 200%를 웃도는 일본과 100% 안팎인 미국 유럽 등에 비해 훨씬 낮은 수준이다. 하지만 가계부채와 기업부채를 함께 고려한 총부채로 보면 상황이 달라진다. 더욱이 코로나 사태로 가계와 기업 활동이 현저히 위축되면서 가계부채와 기업부채 중 상당부분이 정부부채로 전이될 수도 있다.

국제결제은행(BIS)이 내놓은 국가별 부채 자료에서도 이런 점이 분명히 나타난다. 2019년 말 기준 정부, 가계, 기업 등 3대 부문을 합산한 한국의 총부채는 4,540조원에 이른다. 부문별 부채 규모를 보면 비영리기관을 포함한 정부 759조원, 가계 1,827조원, 금융회사를 제외한 기업 1,954조원이다. 이에 한국의 GDP 대비 총부채 비율은 237%로 조사 대상 43개국 중 22위였다. 총부채가 많은 미국(254%), 유럽 평균(262%), 중국(259%) 등보다 약간 낮은 수준이다.

더 큰 문제는 총부채의 증가 속도다. 한국의 총부채는 2019년 한해에만 290조원 증가했다. 그리고 2017년 말 GDP 대비 총부채 비율은 세계 평균이 244%, 한국이 218%로, 격차는 26%p였다. 하지만 2년이 지난 2019년 말에는 세계 243%, 한국이 237%로 6%p로 좁혀졌다. 우리보다 부채증가 속도가 빠른 국가는 싱가포르, 칠레, 홍콩뿐이었다.

부문별로는 가계부채가 가장 심각한 상태인 것으로 나타났다. 2019년 국제결제은행이 집계한 한국의 가계부채는 1,827조원으로 GDP 대비 95.5%였다. 국제결제은행 기준 가계부채는 소규모 개인사업자 등 비영리단체를 포함한 것이어서 한국은행 통계 1,600조원보다 크게 나타났다. GDP 대비 부채비율은 세계 43개국 중 7위였다. 2019년에만 3.6%p 증가했으며, 한국보다 가계부채 증가 속도가 빠른 나라는 홍콩, 노르웨이, 중국뿐이었다. 설상가상으로 코로나 사태가 몰고 온 경제위기로 가계소득 여건이 나빠지고 있다. 그만큼 가계의 빚 상환 능력은 약화하고 있는 것이다.

그러면 이처럼 가계부채의 대종을 이루는 가계대출이 급속히 늘어나게 된 원인은 무엇일까? 우선 전반적인 저금리 기조가 주요한 요인으로 작용한 것은 물론이다. 금리가 낮다보니 이자지불에 대한 커다란 부담 없이 빚을 끌어다 쓸 수가 있었다. 이런 사실은 금리가 인하되기 시작한 2014년 3/4분기 이후 가계부채 증가세가 눈에 띄게 확대됐다는 점에서 잘 나타나고 있다.

금융기관들의 영업행태도 가계 빚이 늘어나는 데 가세했다. 그동안 우리나라의 주된 금융대출방식은 거치식(据置式)이었다. 이 방식은 빚을 낸 뒤 수년 동안은 원금상환에 대한 부담이 없고 이자만 상환하는 구조였기에 빚을 부추기는 유인으로 작용하였다. 여기에 금융기관들은 최근 금리가 낮아지면서 예대마진이 축소되고 수익도 줄어들게 되자, 이를 만회하기 위해 부동산 담보대출을 적극 장려하게 되었다. 이에 따라 금융대출규모는 부동산 담보대출을 중심으로 크게 늘어나게 된 것이다.

이와 함께 내수활성화를 위한 부동산경기 띄우기정책 또한 커다란 영향을 끼쳤다. 정부는 부동산 경기활성화 차원에서 그동안 부동산 투기억제를 위해 만들어졌던 각종 조치들을 완화하거나 철폐하고 아울러 주택구입 자금지원시책까지 만들어 시행하였다. 이에 부동산 경기가 꿈틀거리자 그동안 잠복되어있던 부동산 투기심리가 곧장 되살아났다. 과거 부동산불패의 신화에 취해 있던 많은 사람들은 이 기회를 틈타 빚을 내어서라도 부동산 구입에 나섰다. 더욱이 금리가 낮아 빚을 내기도 수월했다. 그 결과 일부 신규주택 분양시장에서는 과열조짐까지 보이고 있다.

기업부채는 2019년 기준 1,954조원으로 GDP 대비 비율은 102.1%였다. 세계 17위 수준으로 가계부채보다는 양호했다. 하지만 빚 증가 속도는 가계부채 못지않았다. 부채비율이 2019년에만 6.4%p 올라 세계 4위를 기록했다. 기업의 이익창출 능력이 약해지니 부채비율이 오르고 재무구조가 나빠지고 있는 것이다. 이 때문에 대기업들의 신용등급도 하향조정 압박을 받고 있다.

사실 우리나라 기업들의 빚 상태는 많이 개선된 상황이다. 이는 1997년 외환위기 이후 기업들의 체질개선을 위한 강력한 구조조정이 이루어진 덕분이라 하겠다. 당시 우리 기업들의 부채비율은 500~600% 수준에 달했다. 그때만 해도 기업이 은행으로부터 대출을 받는 것이 하나의 특혜로 간주되었다. '정책금융'이란 이름으로 대기업들에게 낮은 금리로 대출을 해주었기 때문이다.

은행대출을 받은 기업들은 투자에도 일부 자금을 활용했지만 적지 않은 금액이 로비자금으로 흘러들어갔다. 자연히 기업의 부채비율은 커지게 되었고 부실운영으로 적자가 늘어나게 되었다. 그러다 외환위기라는 외부충격을 받게 되자 기업들은 추풍낙엽처럼 줄줄이 도산을 하게 된 것이다. 이후 혹독한 구조조정을 거쳐 외형 키우기 경쟁에서 탈피하고 수익성 위주의 내실경영에 역점을 두고 경영을 해온 결과 대기업들의 부채비율은 100% 이하로까지 떨어져 있다.

그러나 부실기업 내지 한계기업을 뜻하는 소위 좀비기업의 수는 오히려 늘어나고 있다. 한국은행에 따르면 2019년의 좀비기업은 34.8%로 2018년 31.3%에서 3.5%p 늘었다. 기업 100곳 중 35곳이 금융권에 내야 할 이자만큼의 돈도 벌지 못한 좀비기업인 셈이다. 같은 기간 영업적자를 내 이자보상비율이 0%인 기업도 21.6%에서 23.4%로 1.8% 포인트 늘었다. 이자보상비율은 영업활동에 따른 수익으로 금융비용을 부담할 수 있는 능력을 보여준다. 따라서 이자보상비율이 100% 미만인 기업은 영업이익으로 이자비용조차 감당하지 못하는 좀비기업에 해당한다. 이처럼 좀비기업이 늘어나고 있는 상황에서 코로나 사태까지 겹쳐 자칫 대규모 기업부도까지 발생할 수 있다는 우려가 나온다.

국제결제은행이 발표한 2019년 우리나라 정부부채 규모는 759조 원이었다. 이는 비영리기관 채무를 포함한 관계로 정부발표 국가채무 729조원에 비해 소폭 큰 규모이다. GDP 대비 비율은 39.6%로 세계 평균 87.0%보다는 상당히 낮았지만 안심할 상황은 아니라는 지적이 나온다. 증가속도가 세계 최상위권이어서다. 2019년에만도 부채비율은 2.8%p 상승했는데, 이는 세계에서 여섯 번째로 큰 폭이었다. 이처럼 2019년의 증가속도가 가팔랐던 요인은 정부가 재정지출을 11.7%나 늘려, 54조 4천억 원이라는 역대 최대 규모의 재정적자를 보인 탓이다.

여기에 코로나 사태는 정부부채를 눈덩이처럼 불리는 커다란 계기가 되고 있다. 정부는 고용안정과 민생안정, 기업지원을 위해 막대한 자금을 쏟아 붓고 있다. 그런데 경기부진으로 재정수입은 오히려 줄어드니 자연히 국채를 발행해 재원을 조달할 수밖에 없다. 네 차례에 걸친 추가경정예산 편성으로 2020년 국가채무는 전년보다 120조원 이상 늘어난 847조원 규모에 달하였다. GDP 대비 국가채무 비율도 44%수준으로 껑충 뛰었다.

더욱이 날이 갈수록 복지확대로 재정지출 수요는 급증하고 있는 데 반해, 재정수입은 고령화로 인해 둔화될 것이 뻔해 국가채무가 급속히 증가할 것이다. 여기에다 연금적자 보전과 같은 미확정채무와 남북통일 비용 같은 불확실성이 더해지면 국가채무는 감당하기 힘든 수준까지 치솟게 된다. 이렇게 볼 때 향후 우리의 재정상황도 결코 녹록치 않다.

우리가 경제생활을 영위해 나가는 동안 가능한 한 빚을 내지 않는 것이 최선일 것이다. 그러나 불가피하게 빚을 내어야 할 상황이 닥칠 경우에는 현명하게 돈을 빌려 쓰는 기술이 필요하다. 빚을 내는 이유가 기존의 자산가치를 높이기 위한 사업투자이거나 현재보다 나은 미래를 준비하는 데 쓰이는 등 발전적인 목적을 위한 것이라야 한다. 한마디로 투기가 아닌 투자의 용도가 되어야 한다는 것이다. 또 빚을 꾸준히 갚아나갈 수 있는 능력이 있는 경우에만 돈을 빌려야 할 것이다.

패권경제,
무역전쟁과 에너지 패권전쟁

　1990년대 초반 소련과 공산주의가 붕괴되면서 냉전이 끝나자 미국은 세계의 패권국가가 되었다. 즉 세계는 미국의 리더십 아래 평화를 유지하는 '팍스아메리카나(Pax Americana)' 체제로 접어들었다. 이를 미국의 정치경제학자인 프랜시스 후쿠야마(Francis Fukuyama)는 〈역사의 종말(The End of History)〉이란 논문을 통해 자유주의와 공산주의로 대변되는 이데올로기 대결에서 자유주의의 승리로 평가하였다.

　그러나 중국의 부상은 이런 생각을 완전히 바꾸어 놓게 되었다. 특히 2012년 시진핑 집권 이후 중국은 종합국력에서 미국을 추월하겠다는 21세기 사회주의 초강대국 실현의 꿈을 좇고 있다. 이에 중국이 장차 경제력을 바탕으로 군사대국이 되어 미국 주도의 국제사회 질서에 변화를 부르거나 해를 끼칠 수 있는 패권국가로 부상할 것이라는 이른바 '중국 위협론'마저 나오게 되었다. 이러한 중국의 거침없는 행보에 위기를 느낀 미국은 대대적인 반격에 나서면서 본격적인 패권다툼이 벌어지고 있다. 이 패권다툼의 전형적인 모습이 바로 2018년부터 벌어지고 있는 미국과 중국 간의 무역전쟁이다.

미국은 대중국 무역수지 적자가 지속되고 있을 뿐더러 양국의 산업구조도 경쟁관계로 전환되면서, 중국에 대한 견제의식이 팽배해지게 되었다. 특히 트럼프 행정부가 출범하면서 미중 간의 무역갈등은 한층 더 고조되었다. 2018년 3월, 트럼프 대통령은 500억 달러 규모의 중국산 제품에 25%의 관세를 부과하는 행정명령에 서명하였다. 그리고 중국이 지적재산권 침해 및 인허가 부당행위를 하고 있다며 이를 WTO에 제소하는 한편, 중국의 대미 투자제한 및 관리·감독규정도 신설하였다. 관세부과 대상도 점차 확대하여 나갔다. 더욱이 2019년 8월에는 중국을 환율조작국으로 지정하면서 무역전쟁은 환율과 통화전쟁으로 확전되는 양상마저 보였다.

중국 또한 미국의 조치에 맞서 곧바로 보복관세를 부과하였다. 아울러 인민일보 등 관영신문들은 미국의 조치를 크게 비판하였고, 주미 대사는 미중 무역분쟁에 대비해 중국이 보유하고 있는 미국 국채의 매도 가능성까지 언급하였다. 연이어 주요 원자재인 희토류(稀土類) 수출규제 카드도 활용하겠다고 선언하였다.

　미래의 먹거리인 AI반도체와 5G 이동통신을 두고서도 양국 간의 경제전쟁이 치열하게 벌어지고 있다. 미국은 국가안보를 빌미로 세계 유수의 통신장비업체인 중국의 ZTE와 화웨이(華為, Huawei)에 대한 거래제한 조치를 취하였다. 특히 화웨이에 대해서는 호주 · 뉴질랜드 · 영국 · 이스라엘 · 일본 등 주요 동맹국에 대해서도 보이콧 하도록 강력히 요청하였다.

　미국이 이처럼 5G 기술 지키기에 필사적인 것은 향후 글로벌 기술패권 경쟁에서 우위를 계속 유지하려는 국가전략과 맞닿아 있기 때문이다. 5G는 4차 산업혁명의 필수 기반기술이란 점에서 첨단산업의 심장으로 불린다. 또 시진핑 중국 국가주석 집권 2기의 역점 전략인 '중국제조 2025'의 핵심 산업이기도 하다. 이에 미국 정부는 5G 기술 확보를 향한 중국의 질주가 자국의 국익에 대한 심각한 위협으로 간주하고 있는 것이다.

　다행히 확전일로를 보이던 양국 간의 무역분쟁이 2019년 12월부터 부분적이나마 휴전상태에 들어갔다. 그러나 양국 간 무역전쟁의 완전 타결은 기대하기 어려우며 언제라도 재연될 개연성이 크다. 그런데 미중 무역전쟁은 양국 모두에 커다란 어려움을 초래할 것이 자명하다. 나아가 양국의 경제규모가 세계 GDP의 약 40%를 차지하고 있는 만큼 세계경제에도 악영향을 끼치고 있다.

그동안 자유무역의 수호자이던 미국은 트럼프 대통령 취임 이후 자국우선주의를 내걸고 보호무역을 강화해 나가고 있다. 이에 세상은 극심한 혼돈과 무질서의 격랑에 휩싸여 있다. 국제사회에서는 더 이상 관용과 협조의 정신과 자세를 찾아보기 어렵고, 평화와 공존번영이라는 숭고한 정신과 이념은 와해되어 가고 있다. 또 경제사회를 발전시키는데 크게 기여했던 기존의 시스템이 제대로 작동하지 못하고 있다. 즉 자유무역 질서가 손상되면서 무역분쟁이 격화되고 있으며, 양극화의 심화로 자본주의 체제가 커다란 도전을 받고 있는 실정이다. 그 결과 세상은 점차 약육강식과 힘의 논리가 지배하는 원초적 동물사회로 회귀하는 모습을 보이고 있다.

미국이 금융을 통해 세계를 지배하려는 전략은 또 다른 패권경제의 형태이다. 이는 세계경제의 주도권은 돈의 흐름, 즉 금융에 있다는 것을 뜻한다. 흔히들 금융을 경제의 혈맥이라고 부른다. 금융이 원활하지 못하면 경제가 동맥경화증에 걸리기 마련이다. 다시 말해 제조업이 아무리 강력한 경쟁력을 가지고 있다고 하더라도 금융이 제대로 받쳐주지 않으면 경제가 원활히 돌아가지 않는다는 뜻이다.

이 전략은 미국의 달러가 기축통화인데 기반하고 있다. '기축통화(key currency)'란 국제 간 결제나 금융거래의 기본이 되며, 금과 동격으로 국제사회에서 널리 사용되고 있는 통화를 뜻한다. 기축

한국 경제 미래 담론

통화가 되면 대외균형에 얽매이지 않고 국내의 경제정책 목표를 추구할 수 있다. 쉽게 말해 환위험에 노출되지 않기에 아무리 무역적자가 나더라도 우리나라가 IMF 외환위기를 겪었던 것과 같은 외환부도를 걱정할 필요가 없다는 것이다. 미국은 세계 최대의 무역수지 적자국가이다. 또한 세계최대의 재정적자 국가이기도 하다. 경제이론에 따른다면 미국은 만성적인 외환위기에 시달리거나 달러가치의 폭락으로 이어지게 될 것이다. 그러나 현실은 정반대의 모습을 보였다.

미국은 2008년 금융위기를 겪게 되자 이에서 벗어나기 위해 양적완화(Quantitative Easing)란 이름아래 약 4조 달러이상의 달러를 살포했다. 경제논리에 따른다면 달러의 증발은 달러가치 하락으로 연결되어야 하나, 현실은 그렇지 않았다. 오히려 위기의 순간에는 안전자산을 선호하는 심리가 확산되어 달러가치가 안정되거나 오르기까지 했다. 이 또한 달러가 세계의 기축통화이기 때문이다.

에너지와 자원 패권은 또 다른 하나의 패권경제이다. 에너지는 경제성장의 동력원으로서 없어서는 안 되는 중요한 투입요소이다. 에너지 공급이 어려움에 처하면 일부 경제활동이 중단되거나, 심할 경우 국가경제 전체가 마비되는 상태에 이를 수도 있다. 앞으로도 세계경제의 성장이 지속된다면 에너지수요 또한 계속 늘어날 것이다. 특히, 우리나라는 에너지 다소비국가이면서도 대부분의 에너지를 해외에서 들여오고 있다.

이미 세계는 두 차례에 걸쳐 에너지 파동을 겪었다. 앞으로도 에너지 수요는 지속적으로 늘어날 것으로 예상되는 반면, 공급 상황은 중동 및 북아프리카 정정불안, 이란 제재강화 조치 등에 따라 출렁이며 불안정한 모습을 보이고 있다. 여기에 자원보유국들은 에너지를 국제사회에서의 자국위상강화를 위한 지렛대로 활용하는 경향을 강화해 나가고 있다. 자원보유국이 자원개발을 할 때 외국인 합작기업의 지분참여 제한, 로열티 인상 또는 높은 보너스 요구, 심지어 외국인기업에 대해서는 더 이상 신규 자원개발을 허용하지 않는 나라까지 나타나고 있다.

이에 자원 확보를 위한 국가 간의 경쟁은 한층 더 가열되고 있다. 다만, 최근 북아메리카 지역에서 다량의 셰일가스가 발견됨에 따라 에너지 패권이 기존의 중동에서 아메리카 대륙으로 넘어갈 것으로 전망된다. 셰일가스(shale gas)란 모래·진흙이 굳어 만들어진 암석층에서 발견되는 천연가스를 말한다. 이러한 분위기 속에서 이제 에너지문제는 세계안보와 국가 간 패권다툼의 문제로까지 비화되고 있는 실정이다.

희토류(稀土類, rare earth metal)도 이와 유사한 문제를 안고 있는 자원이다. 희토류란 희유금속의 한 종류인데, 말 그대로 '희귀한 흙'이라는 뜻이다. 희토류는 하나의 광물이 아니고, 란타넘(La), 세륨(Ce), 프라세오디뮴(Pr), 네오디뮴(Nd), 프로메튬(Pm) 등 17개 원소를 합쳐서 가리키는 용어이다. 이들은 전자제품, 스마트폰, 전기 자동차, 풍력발전 모터, 액정표시장치(LCD), 군사장비 등의 핵심 부품으로 활용되고 있다. 그러나 매장량이 매우 적을 뿐만 아니라 특정 지역에 매장량이 편중되어 있어, 사용량의 90% 이상을 중국이 공급하고 있는 상황이다.

이런 환경 덕에 희토류는 중국의 산업과 외교에 유용한 자원이 됐다. 단순 조립형 제조업 구조에서 벗어나겠다는 이유를 들어 2006년부터 희토류 수출을 줄이기 시작한 것이다. 중국은 2010년 센카쿠 열도 문제로 일본과 분쟁을 겪었을 때 희토류 수출 중단 카드를 꺼내들었다. 당시 일본은 억류했던 중국어선 선장을 석방하며 백기를 들었다. 2018년에도 미국이 관세인상과 통신장비업체인 화웨이 제재 등 무역전쟁을 일으키자 중국은 희토류 보복 카드를 만지작거리기 시작했다. 각종 첨단제품의 필수 원료인 희토류를 수출 중단할 경우 미국은 커다란 타격을 입게 되기 때문이다.

양극화경제, 소득분배 악화와
경제력 집중현상의 심화

인간을 비롯한 모든 동물의 사회는 '20대 80의 법칙'으로 움직인다고 한다. 사회의 상위 20%가 나머지 80%를 리드한다는 것이다. 이는 실험을 통해 밝혀진 자연의 법칙이다. 이 '20대 80' 법칙은 소득분포에도 적용되고 있다. 전체 인구 중 20%가 전체 부의 80%를 차지하고 있다는 이론이다. 이탈리아 경제학자 빌프레도 파레토(Vilfredo Pareto)가 19세기 영국의 부와 소득유형을 연구하던 중에 발견한 부의 불균형 현상이다.

사실 경쟁을 기본원리로 하는 자본주의 사회에서는 빈부격차가 생겨나기 마련이다. 그러나 우리의 경우 그 정도가 매우 심한 편이다. 특히 1997년 경제위기를 겪는 과정에서 중산층이 무너지고 서민계층의 삶은 더욱 피폐화되어 갔다. 그 결과 소득의 양극화 현상과 빈부격차는 한층 더 심화되어 갔다.

　이런 현상을 두고, 오늘날 우리 경제사회가 '20대 80'의 사회를 넘어 '1대 99'의 사회로 변해가고 있다는 탄식이 나오기도 한다. '20대 80'의 사회에서는 그래도 하위그룹이 희망을 가질 수가 있었다. 하위 그룹이 노력하면 그나마 상위 그룹으로 치고 올라올 수 있기 때문이다. 그러나 1대 99의 사회에서 하위 그룹이 상위 그룹으로 진입할 가능성은 거의 없다.

　우리 사회에는 한번 흙수저로 태어나면 은수저나 금수저로 신분이 상승하는 것은 불가능하다는 좌절감과 패배의식이 팽배해 있다. 금수저는 영원한 금수저이고, 흙수저는 영원한 흙수저로 살아 갈 수밖에 없다는 것이다. 실제로 우리 사회의 계층 이동성은 갈수록 떨어지고 있다. 그 결과 자칭 흙수저들은 이런 사회에 배신감과 염증을 느끼고 여기서 탈출하고 싶어 한다. '헬조선(Hell 朝鮮)'이란 용어가 나온 배경이다.

　통계청이 발간한 '한국의 사회동향' 보고서에 따르면, 일생 동안 노력을 해서 개인의 사회경제적 지위가 높아질 가능성, 즉 계층 사다리를 타고 한 계단 더 오를 수 있는 계층 상승 가능성에 대한 질문에 비관론자가 10명중 6명 이상에 달했다. 20년 전에는 낙관론자가 10명중 6명이었지만 이제는 비관론자가 10명 중 6명이고, 특히 30~40대는 10명 중 7명이 비관적이라고 답했다. 결국 진입장벽은 더욱 높아만 가고 '개천에서 용 나는 사회'는 더 이상 존재하지 않는다는 것이다.

우리나라의 소득분배 상황을 경제지표를 통해 알아보자. 우선, 지니계수가 불평등하다고 평가되는 수치인 0.35에 이르고 있다. 지니계수란 0과 1사이의 수치로 숫자가 높아질수록 소득불평등도가 높다는 것을 의미하며, 0.3을 상회하면 불평등, 0.4를 넘으면 매우 불평등하다고 간주된다. 지니계수 기준으로 우리나라의 소득불평등도는 OECD 35개 회원국 가운데 31위 수준이다. 우리나라보다 소득불평등도가 높은 국가는 멕시코, 칠레, 터키, 미국밖에 없다.

소득 상위 20%(5분위)와 하위 20%(1분위)의 소득격차를 보여주는 5분위배율도 2020년 4/4분기 4.72를 나타내었다. 이는 최상위 20% 계층의 소득이 최하위 20% 계층에 비해 5배 정도 소득이 많다는 것을 뜻한다. 물론 5분위배율 지표는 정부의 지원금보조 등으로 다소의 등락을 보이지만, 계속 5수준을 보이고 있다. 여기에 코로나 사태와 같은 위기가 닥치면 중하위 계층부터 먼저 경제적 어려움을 겪으면서, 분배지표가 오히려 더 악화되는 모습을 보인다.

또 중산층지표에서도 소득분배의 불평등 상태는 여실히 드러난다. 중산층이란 전체 국민을 연간소득 순으로 한 줄로 세웠을 때 딱 중간에 있는 사람의 소득, 즉 중위소득의 일정 범위 내 있는 계층을 의미한다. 이를 우리는 그동안 중위소득 50~150%

한국 경제 미래 담론

에 해당하는 계층으로 파악해 왔으나, OECD에서는 중위소득의 75~200%까지의 소득을 가진 집단을 의미하고 있다. 어느 기준에 의하던 우리나라의 중산층 비중은 60%가 채 되지 않는 것으로 나타나고 있다.

더욱이 이러한 공식지표들과 달리 현실적으로 느끼는 양극화에 대한 체감지표는 한층 더 심각한 상황이다. 그동안 정부를 비롯해 다수의 설문조사 결과에 의하면 스스로를 중산층으로 여기는 비율, 즉 체감 중산층 비중이 50% 수준에 그친 것으로 나타났다. 그 이유로는 여러 가지가 있겠지만 가장 중요한 것은 이러한 중산층 지표들이 단지 소득만을 기준으로 삼고 있기 때문이다. 즉 중산층 지표를 구할 때 한 가구의 소득 이외에 부동산·금융상품 등 자산은 제외된다. 그 결과 자산의 보유 상황이 제대로 반영되지 못하고 있다.

이는 우리나라의 부자들은 대부분 부동산 위주로 재산을 형성하고 있다는 점을 감안하면 쉽게 이해가 될 것이다. 예를 들어, 자산은 전혀 없고 매달 갚아야 할 빚이 잔뜩 있는데 일정한 급여가 있는 직장인의 경우 소득분배 지표에 따르면 중산층에 속하지만, 실제로는 중산층으로 보기 힘들다. 이를 바꾸어 말하면 우리나라는 중산층 비중이 매우 취약하다는 뜻이 된다.

그런데 문제는 이 중산층이 부실하면 국민 전체가 부실하게 되는 결과를 초래하게 된다는 것이다. 이들 중산층은 국가경제의 원동력이자 조세납부의 중추이다. 중산층의 삶이 팍팍해져 소비가 위축된다면 전체 경기가 부진해지고 조세수입도 떨어져 재정의 건전성도 부실해지는 악순환에 빠지게 되는 것이다. 따라서 경제의 안정적이고 지속 가능한 발전을 위해서는 두터운 중산층의 확보가 필수적이다.

또 체제안정을 위해서도 중산층 육성은 중요하다. 만약 사회계층이 중간을 중심으로 안정적으로 분포하지 않고 심하게 양극화 현상을 보일 경우에는 사회적 갈등이 심화될 것이다. 이는 중간에서 중재해주고 의견을 조율해줄 중간입장이 줄어들기 때문이다. 그 결과 사회의 중심적 가치와 문화도 올바로 정립되지 못하게 된다. 이는 결국 우리 사회체제의 붕괴로 이어질 수밖에 없다.

이런 관점에서 중산층의 붕괴는 희망의 붕괴와 같다고 할 것이다. 저소득층은 계층상승의 사다리가 끊기게 되면서, 아무리 열심히 일해도 소용이 없을 것이라는 좌절감에 빠지게 된다. 도전의욕을 잃게 된다. 도전이 없는 사회는 활력이 생길 리 없다. 이는 결국 우리 경제사회의 붕괴로 이어질 수밖에 없다. 중산층을 육성해야 하는 이유가 바로 여기에 있는 것이다.

앞으로 다가올 4차 산업혁명 시대에는 소득불평등과 양극화 현상이 한층 더 심화될 것으로 예상되면서 문제의 심각성을 더하고 있다. 1990년대부터 시작된 인터넷과 정보기술 혁명 당시 이

기술을 제대로 활용한 계층은 소득이 늘어난 반면, 디지털 문맹은 그렇지 못했다. 이를 두고 우리는 '디지털 디바이드(digital divide)' 현상이라고 불렀다. 그런데 이제는 로봇 활용도에 따라 빈부격차가 심화되는 '로보틱스 디바이드(robotics divide)' 현상이 나타날 것이라는 주장이 제기되고 있다.

이에 의하면 향후의 세계는 로봇공학의 발달로 소득계층은 상위 10%와 하위 90%로 양분될 것이다. 그리고 로봇의 발전을 주도할 수 있는 상위 10%는 고임금을 누리지만, 하위 90%는 로봇에 일자리를 빼앗겨 저임금 일자리로 내몰리게 된다. 처음에는 비교적 단순한 직종들에서 로봇에게 일자리를 빼앗기겠지만, 시간이 가면서 점점 더 복잡한 작업들을 기계가 대체하게 될 것이다. 그 때가 되면 인간이 기계보다 더 잘 할 수 있는 일은 몇 개나 남아 있을지 예측할 수 없다는 것이다.

이와 함께 앞으로 인공지능의 발전에 따라 직무 내용이 극적으로 변하는 과정에서 기계와의 협업에 성공하는 사람들과 그렇지 못한 사람들이 나뉘면서 직종 내 양극화 문제가 나타날 수도 있다. 또한 인공지능은 일종의 자산이므로 로봇, 인공지능을 보유하거나 능수능란하게 부릴 수 있는 사람과 기업은 높은 자본소득을 거둘 수 있다. 결국 인공지능의 보급 확대는 일자리 감소뿐만 아니라 계층 간의 소득격차를 더욱 확대시킬 수 있다.

한편, 이러한 소득 양극화 못지않게 기업에 의한 경제력집중

현상 또한 갈수록 심화되고 있다. 특히 우리나라는 수많은 계열 기업들이 단일경영체제로 형성되어있는 대기업집단, 즉 재벌이 존재함에 따라 이러한 현상이 더욱 심각하다. 이 재벌은 개발연대의 대기업 위주의 성장전략, 기업들의 외형 키우기 경쟁, 그리고 돈이 돈을 버는 자본의 속성 등이 결합되어 이루어진 것이다.

우리나라 경제력집중 현상을 살펴보자. 공정거래위원회가 지정한 '2020년 공시대상 기업집단' 64개의 총자산은 2,176조원으로, 우리나라 GDP 규모 약 2,000조원을 상회하고 있다. 1개 기업집단의 평균 자산규모는 34.0조원이었다. 더욱이 이들의 자산규모는 매년 빠르게 커지고 있다. 2016년 이들 기업집단의 총자산 규모가 1,754조 원이었으니 불과 4년 만에 422조원 증가하였다. 이들 64개 기업집단의 매출액은 1,402조원이었다.

계열기업의 수도 지속적으로 늘어나 64개 2020년 공시대상 기업집단의 총 계열회사 수는 2,284개에 달했다. 그중에는 125개의 계열기업을 거느린 기업집단도 있었다. 대기업집단별 평균 계열회사 수는 35.7개에 달했다. 재벌들이 이같이 수많은 계열기업들을 거느릴 수 있게 된 데는 관계인들이 상호출자 등 실타래같이 엉킨 지분교환 등을 통해 정작 재벌총수 자신이 가진 지분은 얼마 되지 않더라도 실질적인 기업지배가 가능했기 때문이다.

이와 같이 소수의 재벌에 의한 경제력집중이 문제가 되고 있는 가운데, 더 심각한 문제는 상위 5대 재벌에 50% 이상의 경제력이 집중되어 있다는 점이다. 2020년 전체 64개 재벌 중에서 상위

5대 재벌이 차지하는 비중은 총자산이 52.6%, 총매출액 55.7%에 달하였고, 당기순이익은 무려 68.5%를 차지하였다. 반면, 하위 30대 재벌의 비중은 총자산 10.6%, 매출액 9.0%, 당기순이익 12.0%에 불과하였다.

우리가 당면하고 있는 심각한 부의 양극화 현상은 경제의 건전성을 해치고 지속가능 발전의 발목을 잡게 된다. 또한 부의 축적과 지출 행태가 정당성과 합리성을 결여할 경우 사회적 갈등과 대립을 한층 더 심화시키게 된다. 더욱이 우리사회를 제대로 굴러가지 못하게 하고 체제마저 위협할 소지가 크다. 이 문제가 근본적으로 시정되기 위해서는 경제활동 참여자들이 인간의 탐욕을 다스리고, 아울러 다 같이 잘사는 사회를 구현하겠다는 정신을 가지고 경제활동을 해나가야 한다. 그러지 못한다면 이는 영원한 숙제로 남게 될 것이다.

저출산·고령화 경제,
활력을 잃어가는 경제사회

　우리나라는 낮은 출산율과 함께 고령화 현상이 급속하게 진행되고 있다. 한 세대 전까지만 해도 지속적인 인구증가가 초래할 식량위기, 인구폭발, 환경위협 등의 문제에 대비해 인구억제 정책을 펼쳐 왔다. 그러나 얼마 안 되어 심각한 저출산·고령화 문제에 직면하게 된 것이다. 이로 인해 인구절벽(Demographic Cliff) 현상이 눈앞에 다가왔으며 성장잠재력의 약화가 우려되고 있다. 특히 우리나라에서 이 문제가 심각한 이유는 그 진행속도가 상대적으로 매우 빠르고, 두 문제가 매우 깊게 연결되어 있다는 것이다.

　우리나라의 출산율은 2012년 1.30명, 2015년 1.24명, 2016년 1.17명, 2017년 1.05명으로 계속 하락하다가 2018년에는 급기야

1명 이하로 떨어져 0.98명을 기록하였다. 이어 2019년에도 0.92명을 기록한 출산율은 2020년에는 더 하락하여 0.84명으로 역대 최저치를 기록하였다. 합계출산율이란 출산 가능한 여성의 나이인 15세부터 49세까지를 기준으로, 여성한 명이 평생 낳을 수 있는 자녀의 수를 나타내는 지표이다.

경제협력개발기구(OECD) 35개 회원국의 합계출산율 평균은 지난 2016년 기준 1.68명이며, 합계출산율이 1명 미만인 나라는 한 곳도 없다. 참고로 현재의 인구 유지를 위해 필요한 합계출산율은 2.1명이다. 이와 같이 출산 기피에서 비롯되는 출산율의 급격한 하락으로 인해 우리나라는 인구감소와 함께 인구구조도 바람직하지 못한 형태로 바뀌게 된다. 이를 2019년 통계청이 발표한 〈장래인구특별추계: 2017~2067년〉을 통해 알아본다.

첫째, 총 인구는 2028년 5,194만 명까지 증가한 뒤 2029년부터 감소한다. 그리고 80년 후에는 인구가 현재의 절반으로 감소하고, 인구감소로 인해 지방이 소멸하게 될 뿐 아니라 결국 지구상에서 한국인이 소멸하게 될지도 모른다는 암울한 예측까지 나오고 있다. 2006년 데이빗 콜먼(David Robert Coleman) 영국 옥스퍼드대 교수는 저출산으로 인한 '인구 소멸 국가 1호'로 한국을 지목했다. 즉 지금의 출산율이 그대로 이어진다면 2100년에는 인구가 현재의 절반도 안 되는 2천만 명으로 줄어들게 되고, 2300년이 되면 소멸 단계에 들어서게 된다는 것이다.

둘째, 출산율 저하로 인해 0~14세 사이 유소년 인구의 급격한 감소세가 예상된다. 2017년 672만 명 수준이었던 유소년 인구는, 50년 후인 2067년에는 47% 수준인 318만 명을 기록할 것으로 예상된다. 전체 인구에서 차지하는 비중은 같은 기간 13.1%에서 8.1%로 떨어질 전망이다.

셋째, 생산가능 인구 또한 줄어들고 있다. 우리나라 15~64세 생산가능 인구는 지난 2017년 3,757만 명으로 정점을 찍은 이후 감소하고 있다. 특히 1955~1963년 사이에 태어난 베이비 붐 세대가 고령 인구로 진입하는 2020년대에 들어서면 생산가능 인구가 연평균 33만 명씩 급감할 것으로 예견되고 있다. 나아가 2030년대에는 감소폭이 52만 명으로 더욱 불어날 전망이다. 이에 생산가능 인구의 총인구에서 차지하는 비율은 지속적으로 감소하여, 2017년 73.2%에서 2056년 49.9%를 기록하며 50% 아래로 내려설 것으로 예상된다.

한편, 전체인구에서 65세 이상 노인인구의 비율이 7%를 넘으면 '고령화 사회'(aging society)라 하며, 14%를 넘으면 '고령사회'(aged society), 그리고 20%를 넘으면 '초 고령사회' 또는 '후기 고령사회'(post-aged society)라 한다. 우리나라의 노인인구는 2000년에 7.2%를 넘어서서 고령화 사회에 진입하였다. 이후 18년 만인 지난 2018년 고령인구 비중이 14.3%로, 14%를 넘겨 고령사회에 진입

했다. 오는 2025년에는 이 비율이 20.3%를 기록하며 초 고령사회가 될 것으로 예측된다.

이처럼 우리는 세계적으로 그 유례를 찾을 수 없을 정도로 짧은 기간인 18년 만에 고령화 사회에서 고령사회가 되고, 또 7~8년 만에 초 고령사회로 진입할 것으로 관측되고 있다. 따라서 오랜 기간에 걸쳐 인구고령화에 대처해 온 선진국에 비해 우리가 받게 될 충격은 훨씬 더 클 수밖에 없다. 특히 1955년에서 1963년 사이의 810만 정도의 베이비부머(baby boomer)들이 노령자 층에 접어들기 시작하는 2020년부터 2028년 사이에는 고령화인구가 급증할 것으로 예상된다.

이 고령화 추세는 앞으로 더욱 가속화되어 65세 이상 노인인구 비율이 2036년에는 30%를, 2051년에는 40%를 차례로 넘겨 2067년에는 46.5%에 달할 것으로 전망되고 있다. 더욱이 2017년 60만 명 수준에 불과했던 85세 이상 초 고령인구는 50년이 지나면 8.6배 수준인 512만 명까지 불어날 것으로 예측된다. 이 기간 초 고령인구의 구성비는 1.2%에서 13.0%까지 높아진다.

그러면 이와 같이 날로 심화되는 저출산·고령화 현상이 우리 경제사회에 미치는 문제점은 무엇일까?

첫째, 생산가능 인구의 감소이다. 저출산 현상이 지속되면 신규로 노동시장에 진입하는 인구가 감소하여 전체 노동력이 감소할 것이다. 이에 따라 노동력 공급부족 현상이 초래될 것이다. 이는 노동이동성을 줄여 직종 간, 산업 간, 지역 간 노동력 수급의 불균형을 초래하게 된다. 나아가 노동비용이 상승하고 노동생산성은 하락하게 된다.

둘째, 국가경쟁력의 약화이다. 노동공급의 감소, 소비와 투자 위축에 따른 자본스톡 증가율 둔화 등으로 인하여 경제성장은 크게 둔화될 전망이다. 또 저축률이 감소하고 사회보장 확대로 인한 공공지출이 증가함에 따라 기업투자를 위한 자금의 공급은 상대적으로 줄어들 것이다. 또 재정수지도 악화되어 성장기반을 잠식하게 된다. 이는 노인인구 급증으로 노인진료비 등 사회보장 재정지출이 크게 증가하는데 반해, 세입기반은 잠식되기 때문이다.

셋째, 사회부담의 증가와 경제사회 활력의 저하를 초래한다. 노인인구가 늘어나면 노년부양비를 증가시키게 된다. 노년부양비란 15~64세 생산연령인구 100명이 부담해야 할 65세 이상 피부양 노인연령 인구를 뜻한다. 우리나라의 경우 1975년의 노인부양비는 6.0명이었지만, 2005년 12.5명, 2015년 17.5명, 2020년에는 21.7명으로 늘어났다. 노인부양비는 앞으로 더 늘어나 2067년에는 102.4명으로 2020년의 약 5배로 확대된다. 이는 1975년에는 젊은 사람 16.7명이 노인 한사람을 부양했지만, 2015년에는 5.7명이, 2067년에는 거의 젊은 사람 1명이 노인 1명을 부양해야한다는 것을 의미한다.

넷째, 연금고갈 문제를 초래하게 된다. 노인인구 증가로 연금수급자가 급격히 증가하는 반면, 저출산의 영향으로 연금가입자의 증가율은 상대적으로 낮아지고 있다. 이에 따라 향후 연금지출액이 연금수입액을 초과하면서 연금고갈 문제가 초래될 우려가 커지고 있다. 사실 국민연금은 지금과 같은 수입지출 구조를 상정하더라도 2050년대 중반쯤에는 국민연금은 완전히 고갈되는 것으로 다수의 연구기관들은 전망하고 있다. 여기에 인간의 수명이 갈수록 늘어나고 있는 현실을 감안한다면, 연금지출 수요는 앞으로 무한정 늘어나게 된다.

그렇다고 늘어나는 지출수요를 충족시키기 위해 보험요율을 대폭 인상하는 등 연금수입 구조를 개편하는 것은 현실적으로 매우 어렵다. 더욱이 보험요율을 지금보다 2배 이상 인상하더라도 증가하는 지출수요를 감당하기는 역부족이다. 그렇다면 기존의 연금제도는 얼마가지 않아 의미를 지니지 못한 채 결국 파산하게 되고 말 것이다.

이런 문제점들을 해소하기 위해서는 무엇보다 출산 친화적인 경제사회 환경을 조성해 나가는 것이 중요하다. 노인 정책이 아무리 완벽하게 준비되어 실행된다 하더라도 인구구조 개선의 열쇠는 결국 출산율 제고에 있다. 그런데 출산율을 높이기 위해서는 출산과 양육이 부모들에게 큰 부담이 되지 않아야 한다. 다시 말해 우리 경제사회를 출산과 양육이 동시에 가능한 그런 구조로 만들어 나가야 한다는 것이다.

한국 경제 미래 담론

2

문화 경제

문화와 경제의
행복한 만남

　우리가 살아가는 사회가 선진화되기 위해서는 경제적 발전만으로 충분하지 않고 반드시 문화적 성숙이 수반되어야 한다. 또한 문화적 발전을 동반하지 않은 경제발전은 그 자체로도 한계가 있다. 우리는 '한강의 기적'이라고 불릴 만큼 괄목할 경제성장을 달성해 온 것이 사실이다. 그러나 문화적으로나 정치적인 면에서는 아직도 많이 낙후되어 있는 것이 현실이다. 더욱이 최근 들어서는 경제성장마저도 정체되는 상황에 처해있다.

　어떤 사람들은 최근 우리 경제가 당면하고 있는 문제들의 근저에는 우리의 피폐해진 인간성과 문화적 후진성이 자리하고 있다는 주장을 펴기도 한다. 따라서 지속적인 경제사회의 발전을 기하기 위해서는 문화적 감수성을 높여나가야만 할 것이다. 프랑스의 세계적인 문명 비평가 기 소르망(Guy Sorman)은 "한국이 직면한 위기의 본질은 경제문제가 아니라 세계에 내세울 만한 한국적 이미지 상품이 없는 문화의 위기다"라고 말했다.

경제와 문화는 서로 강한 의존관계를 지닌다. 우선 문화가 경제를 선순환시킨다. 우리는 생활수준이 나아지면서 문화생활을 향유하고 또 주변환경을 쾌적하게 가꾸는 데 많은 신경을 쓰고 있다. 또 상품을 고를 때도 상품의 가격이나 성능뿐만 아니라 디자인 등 외관에도 큰 관심을 갖는다. 예를 들면, 커피전문점들은 정작 커피 맛보다도 젊은 층 고객들을 유치하기 위해 인터리어 등 그들이 좋아하는 분위기를 만드는 데 더 많은 비용을 투자하고 있다. 또 자동차업계에서도 새로운 차종을 선보일 때 가장 신경을 많이 쓰는 부분이 바로 외관 디자인을 어떻게 우아하고 세련되게 하느냐에 있다고 한다.

이처럼 경제가 발전하여 기본적인 의식주 문제가 해결되고 나면 물질적 풍요 못지않게 정신적 풍요를 추구하게 된다. 이에 따라 소비행태 또한 획일화와 대량화에서 벗어나 개성화·다양화·고급화의 추세를 보이고 있다. 이러한 소비행태의 변화는 생산 측면에서도 인간의 감성적 측면을 중요시하는 소위 '산업의 감성화'를 촉진시키고 있다. 이는 상품의 가치가 종래와 같이 단순히 그 기능에 의해서만 평가되는 것이 아니라 상품에 내재된 문화적 가치가 더 중요해진다는 것을 뜻한다.

또 문화는 경제발전의 핵심요소인 기술혁신과도 불가분의 관계를 지닌다. 이는 문화의 의미가 원래 자연 상태의 것을 변화시키거나 새롭게 창조해 낸 것을 뜻하기 때문이다. 더욱이 앞으로의 4차 산업혁명 시대에서는 문화적 기반 없이는 기술발전이나 경제성장을 기대하기 어렵다. 4차 산업혁명 시대에서는 창의적 아이디어가 중요한 자원이고 생산요소가 되며, 이 창의적 아이디어는 튼튼하고 풍부한 문화적 기반에서만 기대할 수가 있기 때문이다. 이처럼 현대사회에서는 문화적 감수성이 기업활동에 그리고 국민경제 발전에 지대한 영향을 미치고 있는 것이다.

　역사적으로도 세계의 경제강국들은 대부분 문화대국이었다. 고대사의 주인공이었던 이집트와 그리스, 근대사를 이끌어 왔던 이탈리아와 프랑스, 그리고 영국은 모두 문화적 자존심이 강한 국가들이다. 그들은 삶의 가치의 최우선 순위를 종교와 문화에 두었다. 즉 종교관과 문화생활이 바르게 정립되면 경제는 자연스레 번성해진다고 믿어왔다. 실제로도 그들의 경제활동은 종교와 문화를 확산시켜나가는 과정에서 활발하게 이루어져 왔다. 또 그들은 주변국을 정복하고 나면 그들의 언어와 종교를 비롯한 문화까지도 피지배국에 전파시키는 통치체제를 구축해왔다.

　한편, 현대사의 주인공인 미국은 건국의 역사가 짧다 보니 경제적으로는 부강하지만 다른 서구국가들에 비해 문화적 유산이

상대적으로 취약한 편이었다. 그러나 미국이 세계경제를 제패한 뒤로는 문화적 신분상승을 위해 몸부림치고 있다. 그 탈출구로 영화를 활용했다. 영화는 사람의 정신세계를 지배하는 대단한 영향력을 가진 종합 문화예술 작품이다. 미국은 세계최대의 영화산업을 장악하고 있다. 소위 할리우드(Hollywood) 영화를 통해 세계 최대의 경제대국 미국은 세계의 문화까지도 점차 지배해나가는 과정에 있다.

중국 또한 점차 경제대국으로 발돋움하자 자신의 찬란한 과거 문화유산들을 들추어내면서 오래전부터 문화강국이었던 사실을 세계에 알리기 시작하고 있다. '동북공정(東北工程)'도 이런 취지에서 추진되었다.

이와 같이 문화가 경제융성과 국가발전의 기반이 되는 역할을 수행하지만 거꾸로 경제발전도 문화발전에 적극 이바지하고 있다. 과거 문화강국이었던 이집트와 그리스의 경우, 그들의 문화유산이 다른 나라에 수탈당하거나 오늘날 폐허가 되어 흔적만이 남아 있음을 보게 된다. 이는 경제발전이 뒤따르지 않아 문화보전이 제대로 이루어지지 않았기 때문이다.

세계를 다니다보면 경제선진국인 프랑스 · 영국 · 미국 등의 대도시 중앙광장에 버젓이 서 있는 오벨리스크(obelisk) 들을 보게 되는데, 이것들은 이집트에서 찬탈해 와서 세워놓은 것들이다. 그리고 그리스의 파르테논 신전이나 올림포스 신전이 볼품없이 초라한 모습을 하고 있음에 놀라기도 한다. 이처럼 경제가 어려움에 처하게 되면 아울러 문화유산의 보전도 힘들어지게 되는 것이다.

관련된 또 다른 예를 들어보자. 오늘날 우리는 흔히 프랑스를 이 시대 최고의 문화대국이라고들 부른다. 그런데 이에 대해 가장 가슴 아파할 나라는 어쩌면 이탈리아일 것이다. 사실 문화강국 내지 문화대국의 원조는 이탈리아다. 진정한 유럽문화의 시발점이자 문예부흥 운동인 르네상스는 이탈리아에서 시작되고 꽃이 피었다. 당시 수많은 천재 이탈리아 장인들에 의해 걸출한 예술작품들이 만들어졌다. '메디치'라는 든든한 후원자도 있었다.

문예부흥의 어원인 '부흥'의 이탈리아어는 'Rinascenza', 또는 'Rinascimento'이다. 그러나 오늘날 르네상스는 이탈리아어가 아닌 프랑스어 'Renaissance'로 통용되고 있다. 왜 그럴까? 한마디로 근세에 들어서면서 경제력이나 국제적 영향력 면에서 이탈리아가 프랑스보다 못했기 때문이다. 14세기부터 시작된 르네상스는 이탈리아를 거쳐 프랑스와 북부유럽으로 퍼져 나갔다. 특히 프랑스는 문화예술을 육성하는 데 많은 힘을 기울였다. 프랑스의 문화혁명은 프랑수아 1세 국왕 때 절정을 이루어 이탈리아의 예술가들을 궁전에 초빙하였고, 학교를 세워 인문학을 전수받기도 했다.

이후 프랑스는 점차 문화강국으로 두각을 나타내게 된다. 또한 정치적으로나 경제적으로 힘을 가지게 된 프랑스는 세계 각국에 자신의 문화를 전파해 나갔다. 반면 이탈리아는 통일이 되지 못한 채 도시국가로 분할되어 통치되고 있었다. 자연히 국제무대에서의 영향력이 줄어들게 되었다. 경제력도 점차 약화되어 갔으며 문화에 대한 지원 또한 신통치가 못했다. 결국 그 엄청난 문화자산을 제대로 보전하지 못했고 또 이를 다른 곳으로 잘 전파하지도 못했다. 자연히 이탈리아는 문화대국의 권좌를 프랑스에게 고스란히 넘겨주고 말았다.

한편, 문화는 그 자체로도 커다란 경제적 가치를 지니고 있다. 한 사회가 누리고 있는 문화의 가치나 문화의 생성−발전−확산의 과정에 관한 연구는 전통적으로는 경제학의 범주에 속하지 않았다. 그러나 경제가 발전할수록 서비스 부문이 차지하는 비중이 점차 커지고 또 문학·출판·예술 등을 포괄한 이른바 문화산업이 경제에서 차지하는 비중이 커짐에 따라 이에 대한 경제학의 관심도 커지고 있는 것이다.

사실 한 사회에서 소비되고 향유되는 문화의 가치를 경제적 효용성을 기준으로 측정한다는 것은 매우 어려운 일이거나 거의 불가능한 일인지 모른다. 설령 그것이 가능하다고 하더라도 별로 의미 없는 일일 수도 있다. 그러나 문화가 생성−확산−소비−발전되어가는 과정을 살펴보면 이들이 시장을 통해서 경제적 가치를 만들어내는 경우가 많은 것을 알 수 있다. 그리고 경제가 발전하여 여유가 생기면서, 또 다른 한편으로는 경제발전이 정체되면서 문화나 예술이 가지는 경제적 가치에 대한 관심이 한층 제고되어가고 있다.

그러면 도대체 문화의 경제적 가치는 어느 정도일까? 이러한 질문에 대한 답변은 영화 '타이타닉'이나 '해리포터'와 같은 출판물 등 여러 가지 문화적 콘텐츠가 벌어들인 수익의 규모가 천문학적 수치에 이르고 있다는 사실을 알면 쉽게 나올 것이다. 콘텐츠산업은 노동집약적 산업으로 고용흡수력이 큰 편이다. 부가가치 또한 매우 높다. 예를 들면 같은 IT산업에 종사하는 기업이라도 콘텐츠가 강한 애플사의 영업이익률은 삼성전자보다 상대적으로 높다.

이와 같이 출판·미술·음악·영화·캐릭터 등 문화콘텐츠 산업의 규모가 커지고 있음은 물론이고, 콘텐츠산업이 서비스 및 제조업 등 다른 산업에 미치는 전후방 파급효과 또한 매우 크다. 특히 관광산업에 미치는 효과는 지대하다. 나아가 이 콘텐츠를 기반으로 발전시킨 부가산업인 공연산업의 규모 또한 국민 삶의 질과 복지수준이 향상되고 여가문화가 중시되면서 빠르게 증대되고 있다. 부가산업인 공연산업의 규모가 기본사업인 콘텐츠산업을 오히려 능가하기도 한다.

한류를 통해 문화의 경제적 효과를 보다 구체적으로 알아보자.

우리나라의 문화 아이콘인 한류는 경제적인 측면에서 새로운 하나의 성장동력이 되고 있다. 기업에서 만들어 수출하는 상품 하나하나가 한류의 한 부분을 차지하고 있다. 즉 한류라는 이름 아래 K-POP 음반과 드라마 CD, 스마트폰, TV 등의 가전제품, 자동차, 의류, 김치와 막걸리 등의 음식까지도 외국으로 수출되고 있다.

관광시장에서도 한류가 커다란 영향력을 발휘하고 있음은 물론이다. K-POP 스타를 보기 위해, 그리고 국내 유명 드라마 촬영지를 돌아보기 위해 한국을 찾는 외국관광객이 늘어나고 있다. 중국과 일본에서 시작된 한류 붐은 이제 아시아를 넘어 중동, 유럽, 아메리카 대륙 등 전 세계로 번져나가고 있다. 의료분야와 화장품산업 역시 한류열풍의 한 주역으로 자리 잡기 시작했다. TV화면에 비친 한류스타들의 용모가 한류 팬들의 마음을 사로잡았다. 이들을 닮고 싶은 욕망에 우리나라 성형외과에 외국인들이 몰리고 우리나라 화장품이 불티나게 팔리는 현상이 벌어지고 있다.

그리고 한류열풍은 우리나라의 국가브랜드 이미지를 제고하고 외국인들의 한국에 대한 호감도를 높이는 데도 결정적인 역할을 했다. 다시 말해 한국에 대한 인식을 크게 향상시켰다는 점이다. 이러한 점에서 한류열풍은 수십, 수백 명의 외교관 못지않다는 이야기도 나온다.

한국 드라마를 보면서 한국에 대해 궁금증을 가지게 되었고, K-POP을 이해하기위해 한국어를 배우기 시작했다는 외국 사람들이 늘고 있다. 한류의 높은 인기와 함께 그동안 주변부 학문에 머물러 있던 한국학도 중심부 문화로 급성장했다. 한국어가 미국의 국책 외국어로 지정되는가 하면, 저 멀리 우리와 교류가 많지 않았던 동구의 불가리아에서도 한국영화·드라마 등이 퍼지면서 '한국문화의 날' 행사가 열리기도 했다.

문화는 힐링이자
비즈니스다

　문화가 지니는 가치는 매우 다양하다. 그중에서도 현대 경제사회에서는 문화적 감수성이 그동안 경제발전 과정에서 무너진 인간성을 회복시키는 중요한 역할을 하고 있다. 우리는 흔히 마음이 착잡하거나 우울할 때, 또는 치열한 경쟁사회에서 살아남기 위해 몸부림치는 과정에서 쌓이게 된 스트레스를 해소하고 싶을 때, 좋아하는 음악을 듣거나 영화 혹은 그림을 보러 가기도 한다. 이러한 예술작품들이 갖는 힐링(healing) 기능을 통해 우리는 위로받고 어느 정도 치유를 받게 되는 걸 경험한다.

　미술이 지니고 있는 힐링(healing) 기능은 대단히 크다. 구겐하임 미술관의 리처드 암스트롱 관장은 "이상적인 미술관이란 기억을 만들어 주는 곳, 그리고 상상력을 불어넣어 주는 곳이다. 나는 미술관에 다니면서 세상을 흡수하고(absorbing), 분발하고(inspiring), 너그러이 포용하는(forgiving) 법을 배웠다"고 말했다. 그는 또 "새로운 도시에 계속 분관을 세우는 이유는 더 많은 사람들에게 문화예술을 접하도록 하고, 그 도시들은 역으로 구겐하임에게 예술을 보는 다양한 시각을 알려주기 때문이다. 우리 목표는 문화예술을 통해 사람들의 행동을 바꾸는 것이다."라고 말했다.

음악 역시 사람의 감정을 순화시켜주기도 하고 자신의 감정을 대변해주기도 하며, 다양한 분위기를 연출해 주기도 한다. 또 음악은 부교감신경을 자극하여 편안하고 안정된 상태를 만들어주고 있다. 이에 착안해 최근에는 음악치료법이란 것이 나타났다. 이는 음악치료자가 치료적인 상황에서 체계적으로 환자에게 음악을 듣게 하거나 적절한 연주 행동을 하게 함으로써 개인의 신체적, 심리적, 정서적 통합과 바람직한 행동 변화를 가져오게 하는 특수한 심리 치료법이다.

한편, 문학과 영화를 통해서는 여러 가지 다양한 삶의 스토리를 간접적으로 체험할 수가 있고 인생의 문제해결에도 도움을 주고 있다. 일반적으로 문학은 독자에게 삶의 의미를 깨닫게 하는 교훈적인 기능과 아울러 정신적 즐거움을 선사하는 쾌락적 기능도 지니고 있다. 그리고 우리가 직접 가보지 못한 다른 세상의 모습을 볼 수 있게 하고, 또 살아보지 못한 시대로의 시간여행을 할 수 있는 기회도 제공하고 있다.

영화 또한 정도의 차이가 있겠지만 문학과 비슷한 기능을 하고 있다. 여기에 영화는 극 전체의 분위기를 클라이맥스로 끌고 가는 음악과 영상이 있기에 마음을 카타르시스(catharsis)시켜주는 강도가 한층 더 강할 수가 있을 것이다. 카타르시스란 우리 마음속에 존재하는 불안, 공포, 한과 슬픔 등이 눈물을 동반한 감동에 말끔히 씻겨나가는 것을 말한다. 한마디로 힐링이 된다는 것이다.

우리는 이와 같은 문화생활을 통해 치열한 생존경쟁에서 분출되는 인간의 탐욕과 이기심을 어느 정도 치유받을 수 있게 된다.

이제 문화는 먹고 마시는 음식에서도 중요한 요소이다. 1976년 미국독립 200주년을 기념하여 프랑스 와인과 미국 와인의 비교 시음회가 열렸다. 모두들 당연히 프랑스 와인의 일방적인 우세라고 내다봤다. 그러나 결과는 정반대로 캘리포니아 와인의 완승이었다. 블라인드 테스팅(blind testing)의 진가가 발휘된 순간이었다. 이 내용을 취재한 영국 신문 〈더 타임즈〉의 기자가 기사의 제목을 '파리의 심판(The Judgement of Paris)'이라고 붙여 보도하면서 아주 유명해졌다.

자존심이 상한 프랑스 와인업계는 만회를 위해 10년 후인 1986년 제2차, 30년 후인 2006년에는 제3차 시음회를 열었다. 그러나 그때마다 결과는 또 다시 프랑스의 자존심을 구겨놓았다. 10년이 흐르고 30년이 흐른 후에도 블라인드테스트 결과는 캘리포니아 와인의 승리로 끝났다. 이러한 일련의 사건 이후 신대륙 와인들이 새롭게 인정을 받게 되면서 소비도 늘어나기 시작했다.

그러나 와인 애호가들은 격식을 갖춘 행사가 있을 때면 지금도 여전히 프랑스와인을 찾는다. 그리고 일반인의 인식도 '프랑스와인=고급와인, 신대륙와인=대중와인'이란 등식이 각인되어 있다. 왜 그럴까? 이는 사람들이 와인을 마실 때는 단순히 음료를 마시는 것이 아니라, 와인에 담겨있는 '떼루와(terroir)' 즉 분위기를 생각하고 음미하기 때문이다. 다시 말해 프랑스 와인을 마실 때는 프랑스 와인에 담겨있는 역사와 문화, 그리고 스토리를 즐기는 것이다. 이것이 바로 문화인 것이다.

문화가 지닌 또 다른 중요한 가치는 경제발전에 크게 기여한다는 점이다. 전통적으로 경제발전을 기하기 위한 투입요소는 자본과 노동, 그리고 기술수준이었다. 그중에서도 갈수록 기술수준이 차지하는 비중이 커지고 있다. 그런데 오늘날과 같이 소비행태가 고급화·다양화되고 있는 추세에서는 기술혁신 또한 문화의 영향을 받고 있다.

문화가 기술혁신에 미치는 영향은 그 정도에 따라서 다양하게 나타난다. 우선 가장 적극적인 형태는, 문화가 바로 창조적 발명과 참신한 아이디어의 원천이 된다는 것이다. 창조적인 사고나 새로운 아이디어들은 풍부한 상상력으로부터 나오는 것인데, 이러한 창의적 상상력은 문화를 생산하고, 이해하며, 소비하고, 향유하는 과정에서 길러지게 된다는 것이다. 또 다른 형태는 문화와 기술이 상호 결합되어 상품의 가치를 높이는 요소로 작용하게 된다는 것이다. 이 경우 대개 직접적으로 부가가치를 높이는 것은 문화적 요소이고 기술은 오히려 보조적인 매체가 되는 경우가 더 많다. 끝으로 가장 소극적인 형태로는, 기술력과 기능이 중요한 역할을 하는 상품일 경우에도 문화가 부가됨으로써 상품가치를 한층 더 높이게 된다는 것이다.

비즈니스에서 차지하는 문화의 중요성은 스토리텔링에서 찾아볼 수 있다. '스토리텔링'은 '스토리(story)'와 '텔링(telling)'이 합쳐져 만들어진 것으로 말 그대로 '이야기하다'라는 의미를 지닌다. 즉 상대방에게 알리고자 하는 바를 재미있고 생생한 이야기로 설득력 있게 전달하는 행위이다. 이 스토리텔링은 인류가 등장한 이래 인간끼리의 의사소통에 있어 늘 중심적인 역할을 해왔다. 최근 들어서는 효과적인 커뮤니케이션 방법으로서 한층 더 중요성을 띠고 있을 뿐만 아니라, 교육, 비즈니스, 대인관계 등 다방면에 걸쳐 광범위하게 응용되고 있다. 특히 비즈니스의 세계에서는 이 스토리텔링을 가장 중요한 경쟁력의 원천으로 삼고 있다.

기존의 비즈니스 세계에서는 상대방을 설득할 때 프레젠테이션 자료나 신뢰할만한 수치를 주로 제시하였다. 그러나 과학과 정보가 발달해있는 현대사회에서는 숫자와 데이터는 커다란 차별화 효과를 거두지 못한다. 또한 그들이 제시한 자료나 정보에 의미 있는 '이야기'가 없다면 사람들은 아무것도 기억해내지 못하게 될 우려가 있다. 인간은 의미를 추구하는 존재이기 때문이다. 따라서 스토리텔링, 즉 이야기를 통해 고객과 비즈니스 파트너 마음속으로 메시지를 들여보내는 기능을 해야 한다. 그래야만 무한경쟁의 비즈니스 세계에서 생존이 가능하다.

그런데 이 스토리텔링은 문화의 핵심요소이다. 원래 문화는 종교생활과 깊은 연관이 있으며, 아울러 인간 삶의 과정 속에서 축적된 역사적 배경을 바탕으로 해서 형성되는 산물이다. 따라서 문화는 자연스레 역사와 신화, 종교 등의 재미있는 이야기 소재, 즉 스토리텔링의 요소를 지니게 되는 것이다.

수많은 문학가들은 사람들이 살아가는 다양한 모습과 이야기를 바탕으로 한 작품들을 쏟아내었다. 또한 미술과 음악의 세계에서도 사람의 이야기를 소재로 한 작품들이 끊임없이 만들어져 오고 있으며, 심지어는 와인에 대한 스토리텔링도 많은 사람들의 호기심을 자극하고 있다.

이와 같이 지금 이 시대는 문화와 감성, 스토리 등과 같은 계량화할 수 없는 가치들이 존재하는 세계이며, 이는 21세기 기업경영, 사회경영의 성공인자로 주목받고 있는 것이다. 따라서 비즈니스를 키우고 경제발전을 기하기 위해서는 필연적으로 문화에 대한 이해와 관심을 제고해 나가야만 한다는 것이다.

문학, 다양한 삶의 궤적을
그려내다

우리 인간들이 살아가는 이 세상은 삶과 죽음, 만남과 이별, 사랑과 배신, 전쟁과 평화, 선과 악이라는 대립과 갈등구조를 가지고 있다. 그런데 문학은 이러한 인간과 세상의 내·외면적인 모습을 사실적으로 혹은 은유적으로 그려내고 있다.

문학은 독자에게 교훈을 주고 인생의 진실을 보여주어 삶의 의미를 깨닫게 하는 교시적 기능을 가지고 있다. 또한 문학은 독자에게 정신적 즐거움과 미적 쾌감을 주는 동시에, 자신의 삶과는 다른 삶 그리고 자신이 살고 있는 세상과는 다른 세계를 경험할 수 있게 해준다. 사람들은 살면서 모든 것을 경험하기란 불가능하다. 그러나 책을 통해서라면 우리가 얼마든지 다양한 분야의 일들을 경험하고 느끼고 간접적으로 체험할 수 있기 때문에 당연히 상상력이 더 커지게 될 것이다.

아울러 문학은 독자에게 문제해결, 생존, 사랑과 용기 등의 다양한 경험을 제공하는 역할도 하고 있다. 인생의 어려운 문제를 풀어나가는 데는 여러 가지 방법이 있을 것이다. 그러나 다른 삶의 스토리에 대한 경험이 없으면 자신만의 경험과 스토리, 자신의 사고방식을 뛰어넘지 못한다. 이때 다른 스토리들은 다른 생존경험과 문제해결방식을 제공하게 된다.

한편, 시(詩)는 문학의 한 장르로 인간의 마음과 감정을 토로하는 순화되고 정제된 언어의 결정체이다. 자신의 정신생활이나 자연, 사회의 여러 현상에서 느낀 감동 및 생각을 운율을 지닌 간결한 언어로 표현함으로써 독자의 감각이나 감정에 호소하고 또는 상상력을 자극하여 깊은 감명을 던져 주고 있다.

문학계에서의 셰익스피어의 영향력은 절대적이다. 모든 세대와 모든 장르의 작가와 예술가들이 그의 영향을 받았다. 셰익스피어의 작품들은 분명 수많은 사람들에게 심미적인 즐거움이고 지적인 자극물이다. 셰익스피어는 영국에서 단순한 문학가로만 대우받고 있는 것이 아니다. 그는 살아있는 전설로 숭앙받고 있다.

그는 오늘날 영어가 세계의 공용어로 사용되는 데 결정적인 역할을 하기도 했다. 세계적인 문학작품을 통해 상인들의 비즈니스용 언어로만 치부되던 영어의 품격을 높여놓았다. 셰익스피어가 살았던 당시만 해도 영국에서는 공문서나 학술서를 라틴어로 작성했다. 그러나 셰익스피어는 영어로 작품을 썼다. 그리고 영어의 위상을 높이는 데 크게 기여했다.

셰익스피어와 동시대의 극작가였던 벤 존슨은 '그는 한 시대를 위한 작가가 아니라 온 시대를 위한 작가'라고 격찬했고, 괴테는 자신은 셰익스피어의 소유물이 되었다고 고백했다. 또 빅토르 위고는 '셰익스피어가 곧 연극'이라고 단언했으며, 제임스 조이스는 "무인도에 떨어질 경우에는 단테보다 셰익스피어의 책을 들고 가겠다"고 했다.

토머스 칼라일은 "셰익스피어를 인도와도 바꾸지 않겠다."고 장담했다. 물론 이 말은 인도나 인도인을 폄하하려는 것이 아니라, 영국 식민지인 인도가 가진 경제적 가치보다는 셰익스피어가 가진 정신적 가치가 더 중요하다는 뜻을 강조하려는 것이었다.

셰익스피어의 영향력을 돈의 가치로만 측정하더라도 천문학적인 값이 나올 것이다. 셰익스피어의 작품들은 시대와 공간을 넘어 수많은 책으로 출판되었고 영화와 연극, 뮤지컬로도 만들어졌다. 이와 함께 문학의 내용들이 수많은 미술작품으로 탄생하였으며, 음악으로도 나오고 있다. 그리고 이러한 추세는 앞으로도 지속될 것이다.

영국의 여류 작가 조앤 롤링이 쓴 〈해리 포터(Harry Potter)〉는

1997년부터 2007년까지 나온 시리즈물로 지금까지 4억 부 이상이 팔렸다. 해리포터 책의 판매가 시작되는 날이면, 사람들이 줄을 서서 서점 문이 열리기를 기다리는데 이로 인해 교통이 마비되고 서점은 늦게까지도 문을 닫지 못한다는 것이다.

이처럼 해리포터 시리즈가 큰 성공을 거두면서 전 세계적으로 인기를 얻었으며, 영화를 비롯한 비디오 게임 및 다양한 상품들이 제작되었다. 최근에는 관광 상품용 해리포터 열차가 등장하였다. 스코틀랜드의 황량한 지역을 달리는 이 증기기관차는 해리포터에 나오는 내용을 재현함으로써 인기 있는 관광상품으로 자리잡고 있다.

독일의 문호 괴테 또한 그때까지 짐승의 소리 같다고 힐난을 받아오던 독일어의 품격을 높여 놓았다. 〈젊은 베르테르의 슬픔〉이란 책을 통해 그는 세계 젊은이들의 아이콘이 되었다. 수많은 젊은이들이 그의 작품을 읽고서 자신도 작품에 나오는 주인공처럼 행동하기를 원했고, 극단적으로 주인공처럼 자살을 선택하기도 했다. 독일은 지금도 '괴테 인스티튜트(Goethe Institut)'란 일종의 문화원을 만들어 세계에 독일의 문화를 전파하고 있다.

프랑스의 소설가이자 문화부장관을 지냈던 앙드레 말로는 "이 세상에는 두 종류의 사람이 있다. 하나는 프랑스의 문학 작가 마르셀 프루스트의 작품 〈잃어버린 시간을 찾아서〉를 읽은 사람이며, 다른 하나는 읽지 않은 사람이다."라고 말했다. 이는 그만큼

이 〈잃어버린 시간을 찾아서〉란 책의 위대함을 이야기한 것이다.

푸시킨, 도스토예프스키, 톨스토이 등의 대문호를 배출한 러시아 문학의 세계는 광활한 자연, 음울한 기후, 그리고 자유로운 인간성을 짓누르는 가난과 체제 속에서 만들어졌다. '러시아 국민 문학의 아버지', '위대한 국민시인' 등으로 불리는 푸시킨은 러시아 국민 문학의 창시자이자 러시아 문학어의 창시자이다. 그는 "삶이 그대를 속이더라도 슬퍼하거나 노여워하지 말라"고 노래했다. 도스토예프스키와 톨스토이는 인생의 무게를 비극적으로, 그리고 대서사시적으로 각각 그려내었다. 그 이후 노벨상을 수상한 솔제니친과 파스테르나크의 작품도 이런 세계를 담았다. 이들은 러시아가 여전히 문화대국임을 입증하고 있다.

아일랜드는 세계적인 대 작가들을 배출한 나라로 유명하다. 특히 수도 더블린은 세계 문학의 중심부로 자리 잡고 있는 도시다. 윌리엄 버틀러 예이츠, 조지 버나드 쇼, 사뮈엘 베케트, 셰이머스 히니 등 4명의 노벨 문학상 수상자를 배출했다. 이들 노벨문학상 수상자뿐만 아니라 제임스 조이스, 조너선 스위프트, 오스카 와일드, 브람 스토커 등 기라성 같은 작가들이 아일랜드에서 창작 활동을 했다.

매년 6월 16일은 아일랜드에서 '블룸스데이(Bloomsday)'로 통한다. 6월 16일은 제임스 조이스가 소설 〈율리시스〉를 발표한 날이기도 하고, 작품 속 주인공 블룸이 1904년 6월 16일 아일랜드의 수도 더블린을 하루 종일 돌아다닌 날이기도 하다. 사람들은 이날 블룸이 걸었던 길을 따라 걷기도 하고, 문학 토론회, 독서회 등 다양한 축제를 즐기며 조이스를 기억한다.

일본 문학계도 이미 가와바타 야스나리, 오에 겐자부로 등 두 명의 노벨 문학상 수상자를 배출했다. 그리고 〈1Q84〉, 〈노르웨이의 숲〉 등을 저술한 무라카미 하루키(村上春樹) 또한 노벨문학상 수상 후보자로 거론되고 있다. 그의 작품들은 50개 언어로 번역되고 몇 백만 부가 팔려나가는 국제적인 베스트셀러 작가이다. 이에 비해 아직 우리는 노벨문학상 수상자가 없다.

인간의 지식세계를 탐구하는 분야인 출판시장의 미래는 사실 그렇게 밝지만은 않다. 대다수 사람들은 바쁜 일상에 쫓기다보니 독서할 시간적 여유가 없다고 말한다. 또한 모바일과 동영상 등 디지털 매체를 통해 정보를 얻을 수 있는데 굳이 책을 읽을 필요가 없다는 것이다. 다만 기존의 오프라인 출판시장이 위축되는 대신 전자책 시장은 어느 정도 늘어날 것으로 전망된다. 특히 전자책 앱(application)과 콘텐츠 서비스가 다양해지면서 콘텐츠 쏠림이나 부족 문제가 해소되고 있다는 점도 전자책 시장의 전망을 밝게 하고 있다.

전자책의 등장은 출판문화의 대중화에도 기여를 할 것으로 예상된다. 즉 기존 출판사로부터 소외되었던 아마추어 작가들의 활동영역을 넓혀주고 있다. 그동안 책을 내고 싶어도 복잡한 절차와 비용으로 어려움을 겪던 작가들에게 다양한 유통망을 제공함으로써 책을 쉽게 출판·판매할 수 있게 될 것이다.

한편, 우리나라의 출판시장은 매우 어려운 상황에 놓여있다. 책을 가장 많이 읽는 미국과 일본 사람들은 1년 평균 독서량이 80권에 달하는 데 비해 우리나라 사람의 평균 독서량은 8~9권에 불과하다. 더욱이 이마저도 갈수록 줄어들고 있다고 한다. 이제라도 우리는 독서 인구를 늘리고 책 읽는 분위기를 적극 조성해 나가야 한다. 그리고 저자와 출판사는 독자들의 요구를 충족시킬 수 있는 다양하고 참신한 콘텐츠 개발을 위해 힘써야 한다. 아울러 다른 사람의 저작권을 침해하는 일이라든지 사재기 등을 통해 베스트셀러를 조작하는 일 같은 출판계 질서를 어지럽히는 일을 해서는 안될 것이다.

독서는 책속에서 시간과 공간을 자유롭게 여행할 수 있는 즐거움이 있다. 또한 과거의 축적된 지식을 통해 현재의 문제를 해결할 수 있는 지혜를 가져올 수 있다. 인간은 인류의 기록인 문헌, 정보, 자료로부터 깨달음을 얻고 창의적인 사고를 통해 새로운 역사를 써내려 왔다.

독서를 통해 아니 한권의 책으로 인해 자신의 인생이 바뀌고 나아가 세상을 바꾼 사람들은 수없이 많다. 성공한 사람들의 사고와 생활방식을 이해하기 위해서는 그들의 삶에 관한 책을 읽을 필요가 있다. 성공한 사람들에게는 그들만의 특별함이 있기 때문이다. 그 특별함을 자신의 것으로 만들기 위해서는 그들의 삶에 대한 기록을 정독할 필요가 있을 것이다.

세종대왕은 어릴 적부터 독서를 즐겨 했다고 한다. "책을 읽느라 밤을 지새온 날이 많았다. 궁궐 안에는 내가 읽지 않은 책이 없을 정도이다. 나는 손에서 책을 놓을 수가 없었다." 이처럼 왕성한 독서 습관은 마침내 한글을 만들어내는 원동력이 되었던 것이다.

링컨, 아인슈타인, 헬렌 켈러, 스티브 잡스, 빌게이츠 등도 처음에는 평범한 아이이거나 또는 문제아들이었지만 독서가 그들의 삶을 바꾸었다. 빌게이츠는 "하버드 대학 졸업장보다 독서하는 습관이 더 중요하다"는 말을 남겼다. 발명왕 에디슨 또한 독서광이었다. 그는 12세 무렵에 학교를 그만두고 디트로이트 도서관에 파묻혀 소장되어 있는 책을 모조리 다 읽었다고 한다.

이처럼 인생은 책을 얼마나 읽었느냐에 따라 달라진다. 어떤 이가 한평생을 통해 사색해온 결과물 또는 한평생을 바쳐 연구해온 결과물이 한권의 책에 고스란히 담겨 있는 경우가 많다. 그만큼 책은 지식과 정보의 보고이기도 하다. 그래서 많은 책을 읽은 사람이 한권의 명저를 읽은 사람보다 더 많은 것을 얻게 되고 더 많은 변화를 이루게 될 것임은 자명한 이치다.

음악, 아름다운 선율은
참혹한 전쟁도 멈추게 한다

현대인들은 음악을 감상의 대상으로써 뿐만 아니라 삶에 활력소를 불어넣는 신선한 자극으로 받아들이는 경향이 많다. 즉 음악은 생활 주변에서 환경의 일부로 작용하는, 마치 물이나 공기와 같은 것이라는 뜻이다. 특히 오늘날과 같이 기계문명의 발달로 극심한 스트레스 속에서 살고 있는 우리로서는 음악을 통한 위안마저 없다면 삶은 더욱 피폐해질 것이다.

음악의 기능은 무엇일까? 우선, 음악은 우리 일상생활의 동반자로서 기능한다. 날이 갈수록 하루도 음악 없이는 살 수 없다는 사람들이 늘어나고 있다. 또한 음악은 머리를 식혀주고 긴장을 해소하며 다시 일에 몰두할 수 있게 하는 활력소가 된다. 레오나르도 다 빈치는 작업을 할 때 누군가가 옆에서 음악을 연주하도록 했다고 한다. 알 듯 모를 듯한 미소로 유명한 모나리자를 그릴 때에도 현악기가 연주하는 음악을 들으면서 작업했다고 한다. 오늘날의 직장에서도

음악은 근로자들의 작업능률을 올리는 데 긍정적으로 작용하고 있다.

이와 함께 음악은 인간의 신체적, 정신적 기능을 촉진시킨다. 이것은 음악요법에서 중요시하는 기능으로, 음악이 듣는 사람의 생리작용에 영향을 미친다는 것이다. 음악이 없는 경우에 비해 음악을 틀어놓았을 때 신체를 움직이기가 쉬워진다고 한다. 흔히들 모차르트의 음악은 아기들의 정서면에서의 발육상황에 매우 긍정적인 기능을 한다고 알려져 있다. 아울러 음악에는 듣는 사람에게 신뢰감을 주는 기능도 있다. 배경음악이 깔려있는 공간에서 거래가 이루어지는 경우, 그렇지 않은 공간에서 거래가 이루어지는 경우보다 고객의 신뢰도가 높아진다고 한다.

최근 음악치료법(music therapy)이 확산되고 있다. 음악치료란 치료적인 목적, 즉 정신과 신체 건강을 복원 및 유지하며 향상시키기 위해 음악을 사용하는 것을 말한다. 즉 음악 치료사가 치료적인 환경 속에서 치료 대상자의 행동을 바람직한 방향으로 변화시키기 위한 목적으로 음악을 단계적으로 사용하는 것이다.

음악치료의 목적은 장애나 질환을 갖고 있는 사람들의 증상을 조금이라도 완화시키고, 그 사람들이 당하고 있는 고통이나 번민을 가능한 한 경감시켜 주는 것이다. 충분한 사회적 경험이나 훈련이 쌓이지 않은 상태에서 발병한 정신분열증 환자들은 병세가 어느 정도 호전된 뒤에도 자립을 위한 생활기술이나 대인관계의 구체적인 기능을 체득하지 못하는 경우가 많다. 이 경우 생활기술을 체득시키는 것도 음악요법의 중요한 역할이 된다. 다시 말해 음악치료를 통해 불필요한 걱정이나 불안을 줄일 수 있고, 사회적응이 양호해지게 되어 재발도 예방할 수 있다는 것이다.

끝으로 사람들은 필요에 따른 어떤 분위기를 조성하고 싶을 때도 음악을 사용하고 있다. 음악은 사람의 감정을 순화시켜준다. 또 자신의 감정을 대변해주기도 하며 다양한 분위기를 연출해 주기도 한다. 바흐의 음악은 경건함이, 모차르트는 경쾌함이, 베토벤은 장엄함이, 슈베르트는 감미로움이 특징이다. 그리고 우수에 젖어들고 싶을 때면 차이코프스키의 음악을, 마음 내면으로 깊이 침잠하고 싶을 땐 말러의 음악을 들어보자. 그런데 항상 클래식만 듣는다면 때로는 지루해질 수도 있을 것이다. 그럴 때면 흘러간 올드 팝(old pop)과 가요, 경음악과 영화음악들을 함께 즐기면 좋을 것이다.

제 1차 세계대전이 한창이던 1914년 12월 24일. 크리스마스이

브인 이날 독일군과 프랑스 · 영국 연합군이 서로 대치하고 있던 전선에서 놀라운 일이 벌어졌다. 서로 총부리를 겨누던 군인들이 잠시 전쟁을 멈추고, 세계 전쟁 역사상 전무후무한 평화와 화해의 시간을 가진 것이다.

당시의 전쟁 상황은 그저 참혹할 따름이었다. 1m 이상 되는 참호 속에 물이 고이고, 군화에 물이 가득 찼다. 쥐들이 여기저기 돌아다니고 있다. 당장이라도 참호 밖으로 뛰쳐나가고 싶다. 그러나 참호 위로 머리를 내밀었다가는 여지없이 총탄 세례가 쏟아진다. 이런 상황이 지속되면서 양측의 병사들은 왜 우리가 여기서 이러고 있는지, 무엇을 위해 우리가 전쟁터에 이렇게 목숨을 버려야 하는지에 대한 회의가 생기지 않을 수 없다. 전쟁터의 병사들은 "그저 하루빨리 전쟁이 끝났으면, 이번 크리스마스 때 고향으로 돌아가 가족을 만날 수 있었으면…" 이런 소박하고 인간적인 생각을 할 뿐이었다.

놀랍게도 이 참담한 전쟁 상황을 잠시라도 멈추게 한 것은 음악이었다. 먼저 독일군 참호 쪽에서 크리스마스 캐럴이 울려 퍼졌다. 이에 화답이라도 하듯 반대편 참호에 있던 영국군들은 스코틀랜드 전통악기인 백파이프 반주에 맞추어 '영원한 고향을 꿈꾸네'를 노래했다. 전쟁터에서 가장 그리운 것이 바로 고향일 것이다. 비록 적군이 부르는 노래였지만 상대편 병사들의 마음을 적셨던 것이다.

이렇게 노래를 주고받는 동안, 병사들은 오늘만큼은 서로에게 총부리를 겨눌 생각이 없다는 것을 확신하게 된다. 결국 독일군, 프랑스군, 영국군 지휘관이 모여 크리스마스이브 동안 전투를 중단할 것을 결정한다. 그 후 세 나라 군인들은 음식과 샴페인을 나누어 먹고, 노래를 부르며 즐거운 시간을 보낸다. 서로 주소를 교환하고, 전쟁이 끝나면 한번 만나자고 약속도 한다.

음악을 통해 세계평화를 모색하려고 노력한 사례도 있다. 유태인 출신 지휘자 다니엘 바렌보임이 바로 그 주인공이다. 그는 1999년에 '서동시집 오케스트라(West-Eastern Divan)'를 만들면서, 이 오케스트라를 통해 이스라엘과 중동 지역 사람들이 서로 적대시하지 않고 함께 평화롭게 살아가고, 서로 음악에 대한 열정을 나눌 수 있다는 것을 보여주고 싶다고 말했다.

그리고 2005년 팔레스타인 지역인 라말라에서 공연을 강행했는데, 당시 이스라엘의 극렬 민족주의자들은 그가 조국을 배신하고 모독했다며 맹렬히 비난했다. 그러나 이런 동족의 비난에도 불구하고 음악을 통해 종교적, 문화적, 인종적 편견을 극복하고, 평화와 화합의 메시지를 전하려는 바렌보임의 행보는 거침이 없었다.

그는 음악을 통해 정의롭지 못한 것, 사람과 사람 사이를 가르는 부당한 편견과 폭력에 과감하게 도전한다. 나아가 그는 유태인이면서도 이스라엘이 팔레스타인 영토를 점령하는 것은 옳지 않다고 비판하기도 했다.

이제 음악세계를 경제적 관점에서 살펴보기로 하자. 세계 음반 시장 규모는 2018년 기준 191억 달러였다. 다만, 이는 음반시장에 한정된 것으로, 공연산업인 콘서트시장까지를 포함시킨 전체 음악시장의 규모는 무려 500억 달러에 이르게 된다.

그런데 최근 세계음반 시장의 트렌드가 급속히 바뀌고 있다. 우선, 음원 형태가 기존의 CD, LP 등 물리적 레코드에서 디지털로 급속히 바뀌고 있다. 또한 소비패턴도 기존의 다운로드가 아닌 스트리밍과 액세스 유형으로 변화하고 있다. 날이 갈수록 소유권에 대한 개념이 약해지고 있어서 스트리밍 서비스가 대세인 것은 막을 수 없다. '스트리밍(streaming)'이란 인터넷에서 음성이나 영상, 애니메이션 등을 실시간으로 재생하는 기법을 뜻한다.

다음으로는 '보는 음악'의 확대이다. 1990년대 이후 태어난 밀레니얼 세대(Millennials)는 듣는 것보다 보는 것에 익숙하다. 세대별 유튜브 사용 비율과 이용 시간을 보면 10대와 20대가 다른 세대를 월등히 앞선다. 앞으로 5G 통신기술이 상용화되면 보는 음악이라는 트렌드가 더 공고해지고 공연장을 찾아가 체험하고자 하는 욕구도 커질 것이다. 이와 함께 주요국들은 저작권 보호 기간 연장, 저작권 침해에 대한 처벌 강화, 저작권 범위 확장 등의 수단으로 저작권 보호에 나서고 있다.

음악을 관광산업과 연계시켜 경제적 가치를 창출하기도 한다. 대표적인 사례가 오스트리아의 잘츠부르크이다. 오스트리아 잘츠부르크는 천재 음악가 모차르트가 태어났으며 아직도 〈사운드 오브 뮤직(Sound of Music)〉 투어가 인기를 끌고 있는 곳이다. 잘츠부르크는 한마디로 '모차르트의 도시'이다. 골목 모퉁이마다에서 모차르트의 아리아가 흘러나온다. 잘츠부르크 시는 이곳 태생인 모차르트를 철저하게 상업화해서 활용하고 있다. 시가지 곳곳에 모차르트의 동상과 조형물, 박물관이 세워져 있다. 또 모차르트 초콜릿, 모차르트 향수 등을 만들어 관광객들에게 팔고 있다. 특히 겉포장에 모차르트의 얼굴이 새겨진 '모차르트 쿠겔른(Mozart Kugeln)'초콜릿은 100년의 역사를 넘어서 잘츠부르크의 명물이 되었다.

무엇보다 이곳의 백미는 '잘츠부르크 음악제'라 할 것이다. 1920년 첫 막이 오른 이후 매년 여름 모차르트를 기리기 위해 열리는 이 음악제는 유명 음악가들이 대거 참가하는 세계적인 음악제로 명성이 높다. 잘츠부르크 여름 페스티벌은 대략 7월 말에 시작하여 8월 말까지 보통 5~6주 정도 계속된다.

최근 세계시장에서 인기를 끌고 있는 우리나라의 K-POP 또한 단순한 문화적 현상이 아닌 경제 활성화에 도움을 주는 하나의 경제적 산업으로서도 역할을 하고 있다. 2012년 전 세계를 강타했던 싸이의 '강남스타일'은 K-POP의 영향력을 아시아에서 전 세계로 넓혀주는 시초가 되었다. 이후 K-POP은 전 세계 음악 관계자들의 뜨거운 관심을 받기 시작했고, 최근 방탄소년단의 성공적인 미국 시장 진출로 세계 음악시장의 주류로 자리 잡고 있다. 전문가들은 이 같은 한류 열풍이 가져오는 국가 브랜드 자산 창출 가치가 약 총 1조 원이 넘을 것으로 추산하고 있다.

회화와 건축,
상상력과 창의력 충전소

2018년 10월, 영국의 소더비경매장에서는 미술 역사상 초유의 도발적인 이벤트가 벌어졌다. 경매에서 104만 2천 파운드(약 15억 원)에 팔린 〈풍선과 소녀(Girl With Balloon)〉라는 그림이 낙찰 직후 액자에 설치해 둔 장치에 의해 갈가리 찢겨졌다. 이벤트의 장본인은 얼굴 없는 작가로 알려진 로버트 뱅크시였다. 뱅크시는 사건 하루 뒤 자신이 SNS를 통해 이 소동을 직접 기획했음을 밝혔다. 심지어 그림 전체를 파쇄하려 여러 번 연습까지 했는데, 사건 당일 기계장치에 문제가 생겨 절반밖에 잘리지 않았다고 말했다.

그런데 뱅크시는 돈으로 환산되는 예술을 비판하기 위해 이런 사건을 벌였지만, 그럴수록 작품의 경제적 가치는 올라갔다. 찢어진 그림은 〈쓰레기통 속의 사랑(Love is in the bin)〉이라는 새 작품명을 얻었고, 낙찰 받은 여성은 훼손된 그림을 원래 가격 그대로 인수하기로 했다. 또 이 사건 이후 프랑스 경매장에 등장한 뱅크시의 다른 작품은 소더비 경매사건 전 감정가 대비 4배 더 높은 가격에 낙찰되었다.

뱅크시의 정확한 신상은 베일에 싸여 있다. 그는 원래 건물벽면에 그림을 그리는 그래피티(graffiti) 작가이다. 1990년대부터 영국 거리 곳곳에 스프레이 페인트를 사용한 인상적인 그림을 남기며 알려졌다. 그런데 그래피티가 기본적으로 다른 이의 재산을 훼손하는 범죄행위로 규정되는 탓에 자신의 인적사항을 철저히 숨겨야만 했다.

길거리 화가에서 시작해 설치미술가, 다큐멘터리 영화감독까지 영역을 넓혀가고 있는 뱅크시는 늘 예측 못한 사건으로 사람들을 놀라게 했다. 이에 대한 당혹감과 경의를 표현하는 말로 '뱅크시당하다(Banksy-ed)'라는 말이 생겨나기도 했다. 그러나 그의 작품에 담긴 서정성과 신비로운 그의 존재감은 대중들로부터 갈수록 더 큰 찬사를 받게 되었다. 아울러 그의 벽화가 그려진 마을도 점차 인기 관광지로 변모되어 갔다.

우리나라에도 이처럼 벽화로 인해 피폐해진 마을이 되살아난 곳이 몇몇 군데 있다. 대표적인 사례가 통영에 있는 동피랑 마을이다. 벽화가 그려지기 전 동피랑은 철거 예정지였다. 그러나 2006년 11월 '푸른 통영 21'이라는 시민단체가 "달동네도 가꾸면 아름다워질 수 있다"며 공모전을 연 이후 상황이 바뀌었다. 전국 각지에서 미술학도들이 몰려들었고 골목 곳곳마다 아름다운 벽화를 그렸다. 허름한 달동네는 바닷가의 벽화마을로 새로 태어났다. 독특하고 개성 넘치는 모습이 입소문을 타면서 수많은 사람들이 찾아들기 시작했다.

　미술이란, 대상을 단순히 모방하는 것이 아니라 아름다움을 추구하면서도 대상의 본질을 표현하는 것이다. 즉 자연의 원래 모습을 탐구하여 재해석, 재창조한다는 정신적 의미가 더 강하다. 누군가 그림을 그리고 싶은 강렬한 욕구가 생길 때는 어떤 대상에 대한 강렬한 자극이나 감동을 받았을 때라고 했다. 또 그림을 감상하려는 마음이 생길 때는 상상력을 채우고자 하는 욕구가 생길 때라고 했다. 한마디로 미술은 상상력을 자아내는 예술이라는 것이다.

　그런데 회화는 날이 갈수록 예술의 영역을 넘어 상업적인 요소가 중시되는 경향을 보이고 있다. 미술의 상업화 경향을 가장 잘 표현해내고 있는 작가는 미국의 팝 아티스트인 앤디 워홀이다. 그는 자신의 뉴욕 작업실을 '공장(Factory)'이라고 부르며 작품을 찍어내듯 양산하였으며, 폴라로이드로 찍은 사진에 사인을 하여 판매하는 상업적인 작가였다. 또한 마릴린 먼로 등 세계적인 은막 스타, 엘비스 프레슬리 등 팝송의 대가, 마오쩌둥 등 정치지도자 등을 작품에 끌어들여 미술의 대중성을 확산시켰다.

그는 이렇게 말했다. "돈을 버는 것은 예술이다. 작업을 하는 것도 예술이다. 그리고 이익이 남는 비즈니스는 최고의 예술이다. 나는 상업적인 작가로 시작했지만, 비즈니스 작가로 마무리하고 싶다."

이처럼 미술의 상업화를 가속화시킨 가장 큰 요인 중 하나는 경매시장이라 할 것이다. 미술품 거래는 갤러리(gallery)와 아트딜러(art dealer)를 통해 개인 간 이루어지거나, 혹은 아트페어(art fair) 등의 2차 시장을 통해서도 이뤄지고 있다. 그러나 경매(auction)를 통해 거래가 이루어지는 것이 가장 보편적이다. 2019년 기준 세계 미술시장 규모는 641억 달러였다. 이중 경매시장의 규모가 약 242억 달러 정도에 달함으로서, 갤러리와 아트딜러에 이어 큰 시장을 형성하였다.

경매시장은 다양한 스토리를 지닌 미술품이 새로운 주인을 만나기 위해 기다리는 장이다. 훌륭한 작가의 예술혼과 높은 안목을 지닌 컬렉터, 비즈니스 감각을 갖춘 아트딜러들 간에 이루어지는 만남의 장이기도 하다. 경매현장에서는 새로운 세계기록이 생성되기도 한다. 이 과정에서 미술품의 가격이 천정부지로 뛰기도 한다. 이렇게 되자 예술품이 본연의 가치를 잃고 한낱 상품으로 전락해 버렸다거나, 경매시장은 투자를 빙자한 투기의 장이 되었다는 비판을 받고 있기도 하다. '미술 시장(Art Market)'이 아니라 '시장 미술(Market Art)'이라는 것이다.

현존하는 세계 최대의 경매장은 크리스티(Christie's)와 소더비(Sotheby's)로, 서로 우열을 가리기 힘들 정도로 엎치락뒤치락하고 있다. 이들은 1700년대 중반에 설립되었으며, 오랜 역사만큼 뉴욕, 런던, 홍콩, LA, 파리, 제네바 등 주요 도시마다 경매장을 구축하고 미술시장에서 압도적인 영향력을 발휘하고 있다. 실제로 고가에 거래된 유명 미술작품들은 이 두 회사에서 낙찰된 것이 대부분이다.

경매사상 최고가의 미술품은 2017년 뉴욕 크리스티 경매에서 4억 5,030만 달러에 낙찰된 레오나르도 다빈치의 예수 초상화 〈살바토르 문디(구세주)〉이다. 그 다음은 파블로 피카소의 〈알제의 여인들〉로, 2015년 크리스티 경매에서 1억 7,940만 달러에 낙찰됐다. 2015년 뉴욕 크리스티 경매에 나온 모딜리아니의 〈누워 있는 나부(Nu couche)〉는 1억 7,040만 달러에 낙찰돼 3위에 랭크되어 있다. 물론 폴 고갱의 〈언제 결혼하니〉, 폴 세잔의 〈카드놀이하는 사람들〉 등이 각각 3억 달러와 2.5억 달러의 고가로 팔렸으나, 이들은 경매가 아닌 개인간 거래에서 이뤄졌다.

참고로, 생존하는 작가의 세계 최고 경매가 기록 작품은 2018년 9,031만 달러에 낙찰된 데이비드 호크니의 〈예술가의 초상〉이다. 또 우리나라 작품으로는 김환기 화백의 〈우주(Universe 5-IV-71 #200)〉가 2019년 홍콩 크리스티에서 사상 최고가인 132억 원에 팔렸다. 수수료를 포함한 가격은 162억 원에 달했다. 미술작품이 이처럼 천문학적인 가격에 거래되는 이유는 미술에 대한 사랑, 투자수익에 대한 기대감, 그리고 부를 과시하고자 하는 욕망 등에 기인한다.

미술이 지닌 상상력은 건축물로도 표현되어 왔다. 그리고 그 건축물들은 소중한 인류의 문화유산으로 남아있다. 고대 성경에 나오는 바벨탑, 이집트의 피라미드와 스핑크스, 그리스의 파르테논 신전, 신바빌로니아의 공중정원, 인도의 타지마할, 캄보디아의 앙코르와트, 고대 로마시대의 콜로세움, 중세시대의 성소피아 성당과 노트르담 대성당, 르네상스시대 이탈리아 귀족들의 별장 팔라초(Palazzo)와 피렌체 대성당, 바로크시대의 베르사유궁전, 그리고 현대의 에펠탑 등으로 이어진다. 이들은 대부분 유네스코 문화유산으로 지정되어 보존되고 있다.

통상 건축이란 다음 3가지 요소가 결합된 것으로 정의되고 있다. 첫째, 예술적 감흥을 목표로 하는 공간형태(空間形態) 둘째, 진실하고도 견실한 구조기술(構造技術) 셋째, 편리성과 유용성으로서의 기능이다. 이런 관점에서 건축과 건물은 구분된다. 즉 '건물'은 단순히 물품, 기계 등을 이용하여 지어진 것이지만, '건축'은 견실한 구조와 편리함과 유용성을 갖추고 있으면서 예술적 아름다움을 갖고 있어야 한다는 것이다.

특히 현대로 넘어오면서는 건축의 예술적 기능이 더욱 강조되고 있는데, 이는 이제 건축이 도시미학의 한 부분을 담당하고 있다는 것을 뜻한다. 이러한 건축가의 공로를 인정하기 위해 건축 분야의 노벨상이라고 불리는 '프리츠커 건축상(Pritzker Architecture Prize)'이 1979년 제정되어 매년 수상자가 나오고 있다.

한편, 아름답고 특색 있는 건축물은 세상을 바꾸기도 한다. 서울시내에서는 건축물들의 배치가 어떤 계획에 의해 질서정연하게 이루어진 것이 아니라 다소 무질서하다는 느낌을 받게 된다. 건축물의 외관 또한 특성 없이 직사각형의 밋밋하기만 한 아파트가 대부분을 차지하고 있다. 반면 뉴욕과 동경, 시드니, 홍콩 같은 신흥 대도시에서는 멋진 스카이라인이 있고 도시전체가 세련되고 패셔너블하다는 느낌을 받게 된다. 이유인즉 우리는 그동안 건축이 문화이고 패션이라는 사실을 제대로 인식하지 못한 데 기인한다 할 것이다.

세상에서 미술관으로 가장 유명한 도시를 꼽으라면 많은 사람들은 스페인의 빌바오를 꼽을 것이다. 19~20세기 철강 및 조선 산업으로 발전해온 스페인의 바스크지방 공업도시 빌바오는 1980년대부터 산업의 쇠락과 함께 도시 전체가 어려움을 겪게 되었다. 그러나 도시를 되살리기 위해 훌륭한 미술관을 짓기로 하고 대규모 투자를 함으로써 큰 성공을 거두었다. 이제 빌바오는 한 해 100만 명이 찾는 세계적인 관광도시로 변모하게 되었다.
구겐하임 빌바오 미술관은 빌바오시를 문화 · 관광도시로 만드는 시발점이 되었다. 1997년 문을 연 빌바오 구겐하임 미술관은 본부라 할 수 있는 뉴욕 구겐하임 미술관보다 더 높은 명성을 누리고 있다. 전시뿐만 아니라 미술관 자체가 예술작품으로 태어났다. 비틀어지고 굽어진 외형은 사람들의 호기심을 자극하는 기이한 형태의 아방가르드풍의 작품이다. 이처럼 구겐하임 빌바오 미술관은 빌바오 시의 상징적 건축물로서 뿐만 아니라 미술관으로서의 역할도 충실히 하고 있다.

영화,
세상을 담아내는 거울

우리는 영화를 감상하면서 이따금 입가에 잔잔한 미소를 머금
거나 혹은 눈물을 흘리기도 한다. 그만큼 진한 감동을 받았다는
것일 게다. 인간의 웃음과 눈물은 인간을 동물과 구분하는 하나
의 중요한 잣대가 된다. 흔히 웃음은 만병통치약이라고 하는데,
이는 웃음이 인간의 감정을 순화시켜주고 혈액순환에도 도움이
되기 때문일 것이다.

눈물은 슬플 때만 나오는 게 아니라 감정이 북받쳐오를 때도
나온다. 이는 눈물이 기쁨과 슬픔, 고통과 절망, 사랑과 감사, 후
회와 반성 등 인간이 느끼는 다양한 감정이 눈물로 나타나기 때
문이다. 특히 아이들은 자주 눈물을 흘린다. 그만큼 감정이 풍부
하며 순수하다는 뜻이다. 자기감정을 감추지 않고 솔직하게 표현

하기 때문이다.

영화는 모든 인간사와 다양한 문화현상을 폭넓게 반영하고 있다는 점에서 문학과도 긴밀한 관계를 맺고 있다. 삶의 여러 양태들과 다양한 등장인물들의 유형을 보여줌으로써 어떻게 살아야 하는가를 시사하는 것이 문학이라면, 영화 또한 그러한 역할을 똑같이 해내고 있다. 이처럼 영화는 당대의 사회상과 문화, 그 나라의 전통과 가치관, 민족의 절망과 좌절 그리고 꿈과 희망을 반영하는 문화적 거울이다.

또 영화와 문학은 모두 다양한 인생의 모습에 대한 스토리텔링의 기능을 가지고 있다. 그런데 어떤 면에서는 영화가 문학보다 메시지 전달의 강도가 더 강하고 빠르다고 할 수도 있을 것이다. 이는 영화란 관객들에게 내용을 전달하는데 있어 클라이맥스를 가지고 있으며, 또 반전과 역전의 짜릿함을 더 효과적으로 표현할 수 있기 때문이다. 여기에 음향과 조명 효과 등이 가세하면서 현실감을 높이고, 원작인 문학작품보다 훨씬 더 큰 감흥을 불러일으키기도 한다. 그래서 여운이 더 길고 오래가기도 한다.

예를 들어 〈닥터 지바고(Dr. Zhivago)〉는 노벨문학상에 빛나는 러시아 작가 파스테르나크의 작품을 영화화한 것이다. 그러나 사실 이를 책으로 본 사람은 그리 많지가 않다. 이후 영화로 만들어지면서 수많은 사람들이 작품의 내용에 심취하게 되었다. 또한 불후의 고전명작인 〈햄릿〉이나 〈고도우를 기다리며〉라는 작품들은 책으로 읽을 때보다 연극이나 영화로 보면 내용을 좀 더 이해하기 쉽다고 말하는 사람들도 많다.

　20세기에 등장한 영화는 대중문화의 장을 한층 더 본격적으로 열어 나갔다. 미국에서는 할리우드의 스튜디오 시스템의 발전으로 인해 많은 영화가 제작·상영되면서 할리우드의 황금기를 누리게 된다. 그 뒤 20세기말에 이르러 기존의 할리우드 스튜디오들은 거대 미디어그룹으로 성장하였고, 이들은 자금력을 바탕으로 대형작품 즉 '블록버스터(Blockbuster)'의 시대를 열어갔다.

　유럽에서도 예술로서의 영화에 대한 탐구에 눈을 뜨기 시작하면서 평범한 소시민들의 소박한 이야기와 스튜디오가 아닌 현지촬영 등을 특징으로 하는 네오리얼리즘(neorealism), 즉흥 연출과 장면의 비약적 전개 그리고 영상의 감각적 표현을 추구하는 누벨바그(nouvelle vague) 영화 등 다양한 형태의 영화와 영화기법이 나타났다.

　매스미디어의 발달은 대중문화를 한층 더 빠른 속도로 확산시켜 나갔다. 이제 상류층이 아니어도, 또 예술에 대한 특별한 조예가 없더라도 집에서 라디오나 TV를 보면서 문화를 즐기고 문화생활을 향유할 수 있게 된 것이다. 아울러 기존의 전통문화도 상업성을 추구하고 또 문화의 융합현상이 나타나면서, 전통문화와 대중문화가 서로의 벽을 헐고 간극(間隙)을 좁혀가고 있다.

이제 영화를 통한 힐링기능 사례를 살펴보자. 영화에서 명대사는 빼놓을 수 없는 중요한 요소이다. 주인공들의 대사는 짧고 명료하지만 영화 내용 중 중요한 순간에 등장하여 관객들에게 깊은 인상으로 각인시켜주고 있다. 영화 〈러브스토리(Love story)〉에 나오는 "사랑이란 결코 미안하다는 말을 해서는 안 되는 거예요(Love means never having to say you're sorry)"라는 대사는 영원한 사랑의 메시지가 되고 있다. 또 〈대부(The Godfather)〉의 "친구들은 가까이 두되, 적은 더 가까이 두어라!(Keep your friends close, but your enemies closer)", 〈어바웃 타임(About Time)〉의 "두 번 다시 돌아 올 기회는 없다고 생각하고 사세요!(Live life as if there were no second chances)" 등의 대사들도 큰 울림을 주고 있다.

영화 속의 명장면 또한 오랜 여운을 남긴다. 〈벤허〉의 전차경주 장면은 손에 땀을 쥐게 하는 명장면이다. 15분여에 달하는 전차경주 장면은 배경음악 없이 관중의 함성과 말발굽 소리만으로 경기의 긴장감과 박진감을 표현한 영화사의 명장면이다. 컴퓨터 그래픽, 특수효과를 사용하지 않은 100% 수작업 장면으로 대부분 배우들이 직접 연기를 했다. 영화를 만든 윌리엄 와일러 감독 자신도 그 장면에 감동하여 아카데미 시상식에서 "오, 신이시여, 과연 이게 제가 만든 작품입니까?"라고 탄성을 자아내어 화제가 되었다.

영화 〈타이타닉(Titanic)〉의 선상에서 여주인공이 하늘을 나는 듯한 포즈를 취하고, 남자주인공이 그녀를 뒤에서 백허그(back hug)하는 장면은 젊은 연인들의 로망이 되었다. 그리고 빙산에 부딪쳐 침몰해가는 타이타닉호에서 끝까지 미동도 하지 않고 제자리를 지키며 음악을 연주하는 밴드 연주자들의 모습은 감동적이다. 또 침몰하는 배와 함께 운명을 같이 하겠다며 문을 걸어 잠그는 선장의 모습, 여성과 아이들과 노인들을 먼저 구명선에 타도록 배려하는 신사들의 모습에서 노블레스 오블리주(Noblesse oblige)의 실천을 보게 된다.

이와 함께 영화는 또 우리의 육안으로는 제대로 보기 어려운 세상을 뛰어난 영상기술을 통해 파노라마와 스펙터클의 감동으로 구경시켜주기도 하고, 혹은 현실적으로는 체험하기가 거의 불가능한 일들에 대한 대리만족을 시켜주기도 한다. 또한 시간여행이나 우주여행을 경험케 해주기도 한다. 영화는 또 음악으로도 관객들이 힐링하도록 해준다. 어떤 경우 영화 내용보다도 음악이 더 오랫동안 여운이 남고 감동 또한 더 진하다. 〈사운드 오브 뮤직(Sound of Music)〉은 영화이자 음악이다. 영화와 음악의 고전이자 바이블이 되었다.

이제 영화산업에 대해서도 간략하게 알아보자. 전 세계 영화시장 규모(box office 수입 기준)는 2017년 406억 달러에 이르고, 이 중 미국이 전체의 약 3분의 1인 102억 달러에 달해 세계에서 가장 큰 영화시장이다. 이어서 중국이 86억 달러, 인도가 24억 달러, 일본이 22억 달러를 기록한 바 있다. 그런데 중국 시장이 빠르게 커지고 있어 조만간 세계 최대 시장을 넘보고 있다.

한편, 우리나라 영화시장은 15억 달러 규모로 세계 6~7위 정도에 해당한다. 그런데 아직 '스크린쿼터(screen quota)'를 통해 일정한 날짜만큼 한국영화를 상영하도록 규정해두고 있다. 영화산업은 1990년대 말부터 대규모 흥행 등을 통해 성장했고, 멀티플렉스 등의 결합으로 취미생활에 영화를 끌어들임으로써 시장을 급속도로 키워냈다.

한편, 영화계에도 음반산업처럼 디지털 바람이 불고 있다. 오프라인 극장이 아니라 온라인 스트리밍을 통해 영화를 보는 경향이 심화되고 있다. 이를 주도하는 업체가 넷플릭스이다. 비디오 스트리밍 업체인 넷플릭스(Netflix)는 1997년 우편으로 DVD를 대여하는 사업으로 출발했다. 이후 기술 발달로 동영상 스트리밍(streaming)이 가능해지면서 영화와 드라마 등의 판권을 사서 가입자가 정기적으로 이용하도록 하는 서비스로 사업을 확장하였다. 광고에 대한 의존 없이 오직 가입자의 사용료만으로 자금을 확보했다. 가입자가 1억 2,500만 명을 넘고 있다.

넷플릭스의 성장을 경계한 제작사들이 판권 비용을 올리자, 2013년 넷플릭스는 처음으로 드라마 〈하우스 오브 카드(House of Cards)〉를 자체 제작했다. 이 작품으로 대박이 나자 넷플릭스는 본격적으로 콘텐츠 투자에 전력을 다하고 있다. 어디서도 볼 수 없는, 넷플릭스에서만 볼 수 있는 시리즈를 늘려나가는 것을 사업의 핵심으로 삼은 것이다.

흔히 '베니스 영화제', '칸 영화제', 그리고 '베를린 영화제'를 세계 3대 영화제라고 부른다. 이 중 칸영화제는 일단 국제 영화제의 메카라고 불리기도 하는 만큼 거대한 필름마켓을 자랑하며, 영화의 예술성을 중시하지만 동시에 상업성도 추구한다. 영화제 최고상으로 황금종려상이 수여된다. 이에 비해 베를린 영화제는 다소 영화 비평가와 감독 위주의 성향을 보이고 있다. 또 유럽영화, 아동 영화제, 유럽 영화 회고전 등 별도의 섹션을 운영하는 등 유럽의 영화에 좀 더 무게를 두고 있다. 최고상으로 황금곰상이 수여된다. 베니스 영화제는 최초의 국제 영화제이자, 칸 영화제와 쌍벽을 이룬다. 칸 영화제에 비해 영화의 예술성에 좀 더 주목하는 편이다. 최고상으로 황금사자상이 수여된다.

그런데 이 3대 국제영화제보다 더 주목받는 영화제가 있다. 바로 미국 할리우드에서 개최되는 아카데미 시상식이다. 아카데미상(Academy Award)은 미국 최대의 영화상으로 오스카(Oscar)상이라고도 한다. 이는 전년도에 상영·발표된 미국 영화 및 외국 영화를 대상으로 상을 수여한다. 시상식은 매년 2~4월 중에 열리는데, 미국 영화계뿐만 아니라 전 세계적인 관심과 흥미의 대상이 되어 온 큰 행사이다. 시상식 장면이 전 세계에 생중계되기도 한다. 그만큼 영향력이 크다.

2020년 개최된 제92회 아카데미상 시상식에서 우리나라 봉준호 감독의 〈기생충〉이 작품상·감독상·각본상·국제장편영화상 등 4개 부문에서 수상하여 커다란 화제가 되었다. 또 골든 글로브상을 휩쓴 영화 〈미나리〉도 2021년 아카데미상 여우조연상을 수상하는 영예를 안았다. 이로서 영화까지도 이제는 국제사회에서 강력한 한류의 위세를 떨칠 수 있는 계기를 마련하게 되었다.

음식, 가장 쉽게 공감을 부르는
소통문화

인간은 다양한 양태의 문화를 즐기고 누린다. 그중에서 가장 많은 사람들이 함께 쉽게 공유하고 전파할 수 있는 것은 아마도 음식문화일 것이다. 일반적으로 사람들은 사교모임을 가지거나 비즈니스 회합이 있을 때면 식사를 하면서 이야기를 나눈다. 가족들 간에도 이런저런 이야기를 하거나, 집안문제에 대한 생각을 나눌 때에도 음식을 먹거나 음료를 마시며 시간을 가지게 된다. 그리고 특별한 행사가 있거나 귀한 손님을 접대하고자 할 때는 특별한 음식을 장만하거나 분위기 있는 음식점으로 초대하게 된다. 또 맛이 좋다고 소문이 나면 그 음식점은 문전성시를 이루고 때로는 해외에서 일부러 찾아오기도 한다. 그만큼 음식문화는 우리의 일상생활과 밀접한 관계를 가진다.

생활수준이 높아지면서 사람들의 식품소비 트렌드가 바뀌고 있다. 가계의 총 지출액에서 식료품비가 차지하는 비율은 일반적으로 소득수준이 높아짐에 따라 점차 감소하는 경향이 있다. 이를 '엥겔의 법칙'이라고 한다. 그런데 이 법칙이 지금에 와서는 제대로 통용되지 않는 것 같다. 실제로 우리나라의 외식비 포함 엥겔지수는 2009년 26.6%에서 2017년 27.4%로 늘었다.

지수를 올린 원인으로는 배달·외식문화의 활성화가 첫손에 꼽힌다. 반조리·조리 식품의 확산도 한몫했다. 식재료를 사서 조리하는 번거로움을 덜려는 1인 가구, 맞벌이 부부가 늘며 식생활 패턴이 바뀌었다는 것이다. 특히 고급 식품에 대한 선호가 크게 늘어나고 있다. 많은 사람들이 건강과 몸매관리를 위해 자연식과 유기농 등 친환경 음식재료를 찾는다. 또 고령화가 진전되면서 노령 계층은 자신의 건강을 위하여 건강식과 자연산 고급 식재료를 선호한다.

이런 추세를 반영하듯 청소년들이 선호하는 미래 희망직종으로 전문 요리사 즉 셰프(chef)가 떠오르고 있다. 또 요즘 방송매체에서 가장 인기를 끄는 프로그램은 음식과 관련된 것으로, 소위 '먹방' 프로그램이 단연 인기다. 그리고 은퇴를 한 남성들 중에는 요리를 배우는 사람들이 늘어나고 있다. 이들 대부분은 가족들에게 자신이 요리한 음식을 먹이고 싶다고 말한다. 요리가 새로운 취미활동이자 가족들을 연결해 주는 소통도구가 되고 있는 것이다.

음식은 힐링하는 기능도 지니고 있다. 사랑을 담은 음식은 사람에게 행복감을 준다. 우리 사회 종교단체를 중심으로 노숙자와 불우이웃들에게 따뜻한 밥을 대접하는 행사가 이어지고 있다. 그들은 음식만을 제공하는 것이 아니다. 사랑과 행복도 같이 나누고 있다.

얼마 전부터는 '슬로푸드(slow food)'와 함께 환경 친화적인 도시를 만든다는 취지의 '슬로시티(slow city)' 운동에 대한 관심도 날로 고조되고 있다. 1999년 10월, 이탈리아의 그레베 시와 인근의 작은 도시의 시장들이 모여 세계를 향해 느리게 살자고 호소하였다. 당시 그레베의 시장은 패스트푸드(fast food)에서 벗어나 지역요리의 맛과 향을 재발견하고, 생산성 지상주의와 환경과 경관을 위협하는 바쁜 생활태도를 몰아내자고 강조하고 나섰다. 이후 슬로푸드의 개념은 슬로시티로 확장되었다. 즉 슬로시티 운동은 먹을거리야말로 인간 삶의 총체적 부분이라는 판단에서 우선 지역사회의 정체성을 찾고 도시 전체의 문화를 바꾸자는 운동으로 확대된 것이다.

이와 같이 음식은 이제 고유의 기능인 맛에 문화가 얹어지면서 갈수록 중요성이 커지고 있다. 예를 들면 우리가 커피전문점에 들르는 것은 단순히 커피만 마시러 가는 게 아니다. 그곳에서는 정겨운 대화가 오가고 따사로운 교감이 흐른다. 그리고 자유로움과 여유가 있다. 다른 한편으로는 미국이나 서구사회의 이국적인 분위기에 젖어볼 수도 있다. 고객들은 이를 즐기러 가는 것이다.

최근 커피에 대한 수요가 폭발적으로 늘어나고 있다. 커피는 오래전부터 차와 함께 세계인의 기호 음료식품이었다. 처음에는 차에 대한 수요가 훨씬 더 컸지만 날이 갈수록 커피인구가 빠르게 증가하고 있다.

차와 커피는 둘 다 약간의 각성제 성분을 가지고 있어 기호식품으로서, 그리고 사람들과의 교제수단으로도 널리 활용된다는 공통점을 가지고 있다. 그런데 이들은 상당히 다른 물리적인 성격과 효능을 지니고 있다. 우선, 이들을 물에 넣어 끓일 때 커피콩은 열매라서 물속에 가라앉아 있다가 물이 끓으면 서서히 떠오르는 데 반해, 찻잎은 물위에 떠있다 물이 끓으면 서서히 가라앉는다. 이런 물리현상과 비슷하게 커피는 신진대사를 왕성하게 만들어줘 활력을 불어넣어주고, 차는 심신을 차분하게 만들어줘 안정시켜주는 효과가 있다.

또 차와 커피는 문화적인 특성도 차이가 난다. 차는 그 맛이 부드럽고 감치는 맛이 있고 우아하고 격조 높은 분위기를 연출한다. 이에 비해 커피는 쌉쌀한 그 맛에서 새로운 에너지를 공급받게 되며 강렬한 향을 통해서는 활력에 찬 분위기를 느끼게 된다. 그래서 영어 표현에서도 차이가 난다. 차를 마시는 시간을 'Tea Time'이라고 하는 데 비해, 커피를 마시는 시간은 'Coffee Break'라고 한다.

커피 문화권에서는 무엇인가 일의 속도를 올리고 싶을 때 커피를 마시지만, 차 문화권에서는 한숨 돌리며 여유를 가지고 싶을 때 차를 마시는 경향을 보인다는 것이다. 한마디로 차 문화가 정적(靜的)이라면, 커피문화는 동적(動的)이라 할 것이다. 커피에 대한 수요가 급증하고 있는 것은 그만큼 빨라진 삶의 속도와 비즈니스 문화행태를 반영한 것이라 할 것이다.

한편, 유명 레스토랑은 세계 관광객을 유치하는 주요 허브로 활용되고 있다. 2011년 7월, 스페인 바르셀로나 근교의 한 레스토랑이 문을 닫았다. 그러자 세계의 주요 언론들이 일제히 외딴 해변에 숨어 있는 이 작은 식당의 폐업 소식을 전했다. 폐업한 레스토랑의 이름은 '엘 불리(el Bulli)'였다. 엘 불리는 단순한 레스토랑이 아니었다. 세계적 권위의 〈미슐랭 가이드〉로부터 14년간 최고 등급인 별 셋을 받았으며, 영국 잡지 '레스토랑'이 선정한 세계 최고의 식당에 다섯 번이나 이름을 올렸다. 또 그곳의 수석 셰프이던 페란 아드리아는 세계에서 가장 혁신적이고 열정적인 요리사로 정평이 나있었다.

매년 250~300만 명이 예약을 신청했지만, 엘 불리는 하루 50여 명의 손님만을 받았다. 이에 연간 8,000명 정도만이 엘 불리의 테이블에 앉는 행운을 얻었다. 그마저도 1년 중 6개월만 영업을 하고, 나머지 6개월은 완전히 새로운 메뉴를 개발하여 다음 해에 선을 보여 왔다. 2001년부터는 점심 영업마저 중단했다. 엘 불리가 제공하는 40여 가지의 요리는 전 세계 미식가들의 미각을 자극했다. 조만간 레스토랑 분위기를 일신하여 영업을 재개한다는 소식이 들린다.

덴마크 코펜하겐에 있는 '노마(Noma)'는 세계 최고의 레스토랑으로 꼽힌다. 2003년 부둣가 창고를 개조해 처음 문을 연 이후 2007년 세계 최고 권위의 음식점 평가안내서인 〈미슐랭 가이드〉로부터 별 두 개의 평점을 받았다. 노마는 토착 식재료와 단순한 조리법으로 새로운 노르딕 요리를 선보이고 있다. 최소 몇 달 전에 예약을 해야 들어갈 수 있으며, 예약 손님의 입맛과 선호하는 음식, 식사 목적 등을 파악해 내부 회의를 거쳐 메뉴를 정하고 그에 맞는 맞춤 요리를 내놓는다. 노마 덕분에 코펜하겐 관광객 수가 10% 이상 늘었다고 한다.

노르웨이에는 '언더(Under)'라는 이름의 레스토랑이 물속에 세워져 2019년 4월부터 대중들에게 선보이고 있다. '언더'는 100명의 손님을 수용할 수 있는 세계에서 가장 큰 수중 레스토랑이다. 수면 5m 아래에서 11m에 달하는 대형 유리창을 통해 바다의 바쁜 일상을 엿볼 수 있게 파노라마 전경 구조를 갖고 있다.

한때 세계사의 패권을 장악했던 국가들 중에는 음식문화가 발달된 나라가 많다. 로마시대의 이탈리아, 나폴레옹 시대의 프랑스, 4,000년 역사의 중국이 대표적인 예다. 또한 영국과 미국이 세계무대에서 크게 부상한 배경에는 식량무역의 지배와 식량의 대량생산화가 있었다.

프랑스는 자국의 높은 문화브랜드를 십분 활용해 음식 또한 세계 최고급이라는 인식을 심는 데 성공하였다. 프랑스어인 '레스토랑(Restaurant)'이 '음식점'이라는 보통명사가 되어 세계적으로 통용된다. 또한 '프렌치 레스토랑'은 값비싼 고급음식점이라는 데 별 이견이 없다. 이에 비해 이탈리아와 중국은 자국 음식에 대한 자부심이 대단하고 세계적으로도 많은 애호가를 지니고 있기는 하지만 대체로 대중음식점으로 평가받는다. 이는 경제력 면에서나 문화적 영향력 면에서 프랑스에 뒤처지면서 최고의 브랜드 획득에 실패하였기 때문이다.

이제 프랑스는 세계의 요리를 평가하여 등급을 매기는 제왕적 권위까지 보유하고 있다. 다름 아닌 〈미슐랭 가이드〉의 이야기이다. 이 〈미슐랭 가이드〉가 창간된 것은 1900년이다. 당시 미슐랭 형제가 타이어 구매 고객들에게 자동차여행에 필요한 식당과 숙소정보를 담은 〈레드 가이드(red guide)〉란 제목의 책을 무료로 배포했는데, 이것이 시작이 되었다.

〈미슐랭 가이드〉가 지금처럼 레스토랑에 별점을 매기기 시작한 것은 1926년부터였다. 이후 평가대상을 호텔레스토랑에서 일반식당까지 확대하고, 또 평가방법도 꾸준히 개선해왔다. 평가를 함에 있어서는 맛뿐 아니라 식재료의 질, 요리의 개성, 요리법과 양념의 완성도, 요리의 일관성, 가격과 요리의 균형을 모두 따진다. 여기다가 분위기와 서비스, 청결상태까지도 평가항목에 포함된다.

평가결과는 별점으로 표시된다. 별점 하나는 '요리가 카테고리에서 특별히 훌륭한 식당'이라는 뜻이고, 별점 두 개는 '해당지역을 방문하면 가볼 만한 식당'을 뜻한다. 만점인 별 세 개는 '요리를 맛보기 위해 여행을 떠나도 아깝지 않은 집'이라는 최상의 평가다.

일본 또한 외식산업 육성에 나서고 있다. 그들은 음식을 단순히 '맛'으로 파는 개념이 아니라 식기, 술, 다도, 꽃꽂이, 가부키 등 일본 문화를 곁들여 '문화의 옷을 입힌 음식 전략'으로 세계시장에 접근하고 있다. 그 결과 국가적 이미지 제고와 함께 '일식=고급 음식'으로 차별화하는 데 성공하였다. 오늘날 서구인들이 '일식'하면 비싼 음식으로 인식하는 것도 그 때문이다.

이에 비해 우리나라의 한식은 아직도 세계시장에서 제대로 된 평가를 받지 못하고 있는 실정이다. 물론 한류열풍과 한식 세계화를 위한 노력 등에 힘입어 상황이 점차 나아지고는 있다. 따라서 한식에 스토리텔링을 가미하는 등 문화적 요소를 결합하고 식단을 고급화하는 데 더 많은 노력이 필요하다.

여행, 낯선 세상도 만나고
힐링도 하고

여행이란 미지의 세계를 향하여 훌쩍 떠났다가는 자신이 살던 곳이 그리워질 때 다시 찾아드는 과정의 모든 연속이다. 여행은 피곤하면서도 즐겁다. 또 많은 것을 실제의 경험을 통하여 보고 듣고 배우게 된다. 그래서 여행을 통해 만들어진 경험은 책이나 이야기를 통해 만들어진 간접경험에 비해 훨씬 더 오랜 동안 뇌리에 남게 된다. 세월이 지난 뒤에도 여행의 기억은 아름답고 소중한 추억으로 남게 되는 것이다.

여행을 떠나는 사람의 가슴속에는 새로운 것들에 대한 호기심, 모험심과 개척정신 같은 것이 담겨져 있다. 여행을 통해 얻는 새로운 에너지는 우리 삶의 활력소가 된다. 그동안 일상에서 쌓였던 스트레스를 해소하고 새로운 마음으로 다시 시작할 수가 있다. 다시 말해 힐링이 가능하게 된다는 뜻이다. 그러므로 여행은 낭비가 아닌 새로운 창조의 과정이라 할 것이다.

　여행의 목적은 다양하다. 그냥 즐기고 휴식을 위한 여행, 어떤 주제를 가지고 그에 담긴 사연과 스토리를 알아보기 위한 테마 여행, 또 어떤 종교적 신념 아래 구도와 명상을 위한 여행 등이 있을 것이다. 그런데 날이 갈수록 여행의 힐링기능이 더 중시되는 경향을 보이면서 테마 여행이 늘어나는 추세이다.

　여행객들은 처음에는 대도시를 중심으로 몰려다니다 점차 중소도시로 발길을 돌려 세상의 구석구석을 찾아다닌다. 그곳에는 사람들이 덜 붐비기에 그만큼 더 많은 자유를 즐길 수가 있다. 또 한곳에 오랫동안 머무르기에 시간적으로 여유가 있고 그래서 오감으로 즐기는 여행이 가능하게 된다. 박물관이나 미술관을 찾아 나서거나 여러 가지 공연이나 이벤트를 즐기며, 그 고장의 명물 요리를 맛볼 수 있는 등 현지사람들의 살아가는 모습을 보고 느낄 수가 있는 것이다.

　테마여행은 문학, 음악, 미술과 건축, 역사 기행 등으로 다시 나누어지고 있다. 음악여행은 오스트리아 빈의 신년음악회가 대표적이다. 이는 빈 필하모니 관현악단이 매년 1월 1일 오전 11시 15분부터 빈 음악협회 골든홀에서 개최하는 음악회로, 요한 슈트라우스 부자 등 빈 출신 작곡가들이 만든 왈츠와 폴카, 행진곡,

서곡 등을 연주하는 가벼운 콘서트다.

연주 중에 재미있는 이벤트가 많은 것으로도 정평이 나있다. 예를 들면 지휘자가 직접 바이올린을 연주하기도 하고, 단원들의 연주 중 합창, 공포탄 격발, 새해 인사 후 터뜨리는 꽃가루 폭죽과 화환 등이 있다. 공연이 끝나고 며칠 후에는 CD가, 그리고 1주 일 뒤에는 DVD가 전 세계 음반 매장에 쫙 깔릴 정도로 인기가 높다. 입장권 구하기도 전 세계의 클래식 음악회들 중 가장 어려운 것으로 손꼽힌다.

이탈리아 북부 레시니 산기슭에는 베로나라는 중규모의 도시가 있다. 이곳에서 가장 유명한 건축물은 로마시대의 원형경기장인 아레나(Arena)이다. 보존상태가 좋아 과거의 모습을 그대로 느낄 수 있다. 그런데 이 원형경기장이 더욱 빛나게 된 것은 이곳이 오페라를 비롯한 각종 공연이 펼쳐지는 야외극장으로 활용되면서부터이다.

이 오페라 축제는 3만여 관람객을 수용할 수 있는 고대 원형경기장에서 펼쳐진다는 점에서 독특한 매력을 지닌다. 별빛과 달빛이 비추는 야외무대에서 당대 유명한 성악가들의 생생한 목소리와 수준 높은 공연을 만나기 위해 몰려드는 음악 애호가들로 인해 매년 여름 베로나는 웅장한 음악이 울려 퍼지는 음악의 도시가 된다.

축제 기간에는 5~7편의 오페라가 50회 이상 공연되며 공연은 전통적으로 밤 9시경에 시작된다. 공연이 시작되기 직전 관객들은 준비해온 촛불을 들고 지휘자와 공연자에게 경의를 표하는데, 야외 공연장에 켜진 이 수많은 촛불은 '아레나 디 베로나(ARENA DI VERONA)' 오페라 축제를 상징하는 광경이 되었다.

미술과 건축기행은 걸작품들에 담긴 사연을 알아보고 또 감상하는 기행이다. 대표적인 예가 박물관 기행이다. 박물관은 넓은 의미에서 미술관이나 과학관, 도서관과 기록보존소까지를 포괄하며, 인류의 정신문화와 물질문명의 정수를 수집하고 기록하며 보존해 놓은 곳이다. 주요 세계박물관으로는 프랑스의 루브르와 오르세, 영국의 대영박물관, 이탈리아의 우피치와 바티칸 박물관, 러시아의 에르미타주 박물관, 스페인의 프라도 미술관, 대만의 고궁박물관, 미국의 스미소니언박물관 등을 꼽을 수 있다.

인상파 화가들의 발자취를 따라가는 기행도 많이 이뤄지고 있다. 인상파 화가를 대표하는 고흐는 정신병이 심화되기 전 프랑스 '아를(Arles)'에 정착해 살았다. 그는 이곳을 작업에 집중할 수 있는 가장 이상적인 곳으로 생각하였다. 아를 생활에 매료된 그는 창작촌을 꾸미고 싶어 했다. 그래서 그의 작품에도 등장하는 방 4개가 딸린 '노란 집'을 임차한 뒤, 고갱을 초청하여 그와 함께 창작촌 공동생활을 시작한다. 그러나 둘은 성격차이로 곧 헤어지고 만다.

이후 고흐는 파리에서 북쪽으로 약 30km 떨어진 '오베르 쉬르 우아즈(Auvers Sur Oise)'라는 작은 마을로 이주하여 생을 마감할 때까지 살았다. 이 마을을 찾는 여행객들은 마치 성지순례 하듯 고흐의 발자취를 더듬어 본다. 이곳에 정착한 고흐는 침대와 작은 의자가 있는 자그마한 다락방에서 지내며 매일 그림을 그리러 마을 이곳저곳을 돌아다녔다. 그리고 70여 일 짧게 머무는 가운데 약 80점에 달하는 주옥같은 작품들을 남겼다. 죽기 20일 전에 그렸다는 〈오베르의 교회〉도 그중 하나이다. 아울러 또 하나의 명작인 〈까마귀가 나는 밀밭〉이 탄생하였다.

1890년 7월 27일, 고흐는 오베르 병원 옆의 들판으로 걸어 나간 뒤 자신의 가슴에 총을 쏘았다. 바로 죽지는 않았지만 총상은 치명적이었다. 비틀거리며 집으로 돌아간 이틀 뒤, 37세의 나이로 짧은 생을 마감한다.

최근에는 명상관광이 인기를 끌고 있다. 대표적인 상품으로 '산티아고 순례길(Camino de Santiago)'이 있다. 천 년의 세월 동안 무수한 사람들이 배낭에 순례의 상징인 조개껍질을 매달고 지팡이를 짚으며 걸어온 길이다. 예수의 열 두 제자 중 하나였던 야고보의 무덤이 있는 스페인 북서쪽의 도시, 산티아고 데 콤포스텔라(Santiago de Compostella)로 가는 길이다. 그 길에는 진한 역사의 향기가 배어있으며, 중세에 지어진 오래된 교회와 고색창연한 건물들, 그리고 로마시대의 돌길까지 아름다운 풍광과 상상력을 자극하는 옛 자취로 가득하다.

치열한 경쟁에서 벗어나 느리게 숨 쉬고 싶을 때, 길 위의 자유가 그리워질 때, 평범한 삶에서의 작은 일탈을 원할 때, 신에게 더 가까이 다가가고 싶을 때 많은 사람들이 찾고 있는 이 길은 명상과 구도의 길이 되어 있다. 지금도 800km 여정의 길을 매년 약 600만 명 이상의 사람들이 걸어가고 있다.

이 산티아고 순례길을 본떠 만든 '제주 올레길'도 인기이다. 대부분 해안을 따라 나 있는 제주 올레길에는 제주의 자연과 역사, 신화, 문화, 여성 등의 다양한 문화 코드가 깃들어 있다.

쇼핑도 여행의 중요한 한 과정이다. 쇼핑을 통해 각종 진기한 특산품과 명품들을 눈으로 구경하거나 구입하는 즐거움을 누릴 수 있다. 가장 흔한 쇼핑장소는 기념품 가게(souvenir shop)다. 여행지 어디를 가도 쉽게 만날 수 있는 곳이다. 물론 값비싼 제품들은 전문용품 가게나 백화점을 찾아야겠지만 간단한 기념용품과 그 지방의 특산물 등은 이곳에서 구입이 가능하다. 특히 여기서 흔하게 만날 수 있는 기념품은 마그네틱 용품, 포스트 카드나 지역안내 화보 책자 등이다.

벼룩시장은 현지인들의 소박하고 서민적인 모습을 볼 수 있고 구경거리가 많은 재미있는 곳이다. 입던 옷, 잡다한 물건 등을 내다놓고 팔 때 물건들 사이로 벼룩들이 뛰어다녔다는 일화에서 생긴 말이다. 예전에 비해 시장의 규모가 커지면서 상설화되거나 일반 상인들이 자리 잡고 판매를 하는 공간으로 바뀌어가고 있는 추세이다. 그래서 가격이 저렴한 만큼 질이 떨어지는 물건들도 많이 늘어났다. 오랜 전에 쓰던 골동품에서부터 일상생활에 필요한 잡화까지 다양한 물건들을 팔고 있다. 흥정만 잘하면 좋은 물건을 아주 값싸게 구입할 수도 있다. 벼룩시장은 평일에도 열리지만 볼거리가 가장 많은 주말에 그것도 아침 일찍 가는 것이 좋다.

이제 이 여행의 경제적 개념인 관광산업에 대해서도 살펴보자. 관광시장의 규모는 경제발전에 따른 소득증대, 보다 즐거운 삶을 누리고자 하는 욕구증대 등에 따라 앞으로 경제성장 속도를 훨씬 상회하며 빠르게 커질 것으로 예견되고 있다. 세계관광기구(WTO, World Trade Organization)의 예측에 따르면 세계 관광시장 규모는 향후 매년 약 7% 수준 증가하여 2010년 5조 7천억 달러에서 2019년에는 10조 달러를 상회하였다. 관광객 수도 같은 기간 9억 4천만 명에서 15억 명 이상에 달했다. 다만, 2020년부터 전 세계에 확산되고 있는 코로나 사태로 인해 관광산업은 커다란 타격을 받게 되었으며, 앞으로도 상당기간 위축이 불가피할 것으로 예상된다.

한편, 관광객이 크게 늘어나면서 '오버투어리즘(Overtourism)'문제가 제기되기도 했다. 이는 지나치게 많은 관광객이 몰려들어 도시를 점령하고 주민들의 삶을 침범하는 현상을 일컫는다. 이는

154

환경·생태계를 파괴하고 관광의 질을 떨어뜨리는 부작용을 낳는다. 이에 관광객이 많이 몰리는 지역에서는 대응책을 마련하기도 했다.

이탈리아의 베네치아가 대표적이다. 수상도시 베네치아에는 한 해 2천만 명의 관광객이 몰리는 바람에 물가가 오르고 혼잡도가 심해지자 주민들 삶의 질이 떨어지게 되었다. 이에 시 당국은 관광세 등 세금을 도입해 비용 부담을 높이는 방식으로 관광 수요를 억제했고, 주거지역으로 들어오는 지점 두 곳에 회전문으로 된 검문소를 설치했다. 성수기엔 현지 주민만 통과시키려 한 조치다.

스페인 바르셀로나, 마요르카, 포르투갈 포르투, 네덜란드 암스테르담, 프랑스 파리, 그리스 산토리니, 크로아티아 두브로브니크, 히말라야 부탄, 일본 교토 등에서도 비슷한 현상이 나타났다. 스페인 바르셀로나의 한 벽면에는 "Tourist : your luxury trip my daily misery(관광객 여러분, 당신의 호화스런 여행은 내 일상의 고통입니다)"라는 글귀가 적혀있다.

패션, 자신만의 멋과
품격 연출

'패션'이란 일반적으로 특정한 시기에 유행하는 옷맵시를 뜻한다. 보다 구체적으로는 직물, 모피, 가죽, 기타 소재를 적절하게 사용하여 만들어낸 의복이나 액세서리를 착용한 상태를 말한다. '유행', '풍조', '양식' 등으로도 통용되며 '디자인'도 포함된다. 이처럼 주로 의복의 유행을 가리켜 쓰이지만 가구, 공예, 건축, 인테리어, 액세서리 등 광범위한 범위에 적용되어 쓰이기도 한다. 그런데 사람마다 보는 관점도 가지각색이며 유행도 세월 따라 변하기 마련이라, 복고 패션이 다시 유행하는 패션이 되기도 한다.

한편, 같은 패션과 복장이라도 문화마다 그 맥락과 의미가 다를 수도 있다. 아시아권 국가에서 타이츠는 반 속옷에 가깝게 여겨지지만, 러시아와 동·북유럽 일부 국가들에서는 청소년들의 겨울나기 복식이며, 영미권 여성들에게 바지 대용으로 여겨지기도 한다. 또 문화마다 허용되는 패션과 금기시되는 패션이 서로 다를 수 있다. 예를 들면 중동 지역에서 여성들이 일반적으로 착용하는 차도르, 부르카, 니캅 등이 기독교문화 국가에서는 금지되기도 한다.

패션 전시회는 크게 '컬렉션(Collection)'과 '패션쇼(Fashion Show)'로 나뉘는데 다음과 같은 차이가 있다. 컬렉션은 새로 만든 옷을 발표하는 것을 말한다. 패션쇼와는 달리 주문을 받기 위해 새로운 견본을 전시하는 것이다. 반면 패션쇼는 계절에 앞선 옷을 전시하거나 모델에게 입혀 선보임으로써 다가올 계절의 패션 경향을 알려 주는 것이다.

세계의 유명 컬렉션은 뉴욕, 런던, 밀라노, 파리 순으로 많이 열린다. 하지만 유명 디자이너의 패션쇼는 파리와 밀라노에서 더 많이 열린다. 이탈리아의 밀라노에서 활동하고 있는 디자이너들은 실용적인 면을 강조한 옷을 주로 디자인하는 데 비해, 파리의 디자이너들은 예술적이고 창의적인 면을 강조해서 옷을 디자인한다.

한편, '패션 위크(Fashion Week)'라고 해서 디자이너들이 작품을 발표하고 패션쇼가 집중적으로 열리는 주간이 있는데, 보통 1년에 두 번, 한 번에 1주일 동안 열린다. 이 기간은 새로운 제품의 출시 가능성을 엿보는 기회이자, 신인 디자이너들의 주요한 등용문이 된다. 뉴욕, 런던, 파리, 밀라노 패션 위크가 세계 4대 패션 위크로 꼽힌다.

흔히 파리는 패션의 본고장이라고들 한다. 세계적으로 유명한 디자이너들이 파리에서 활동을 하고 있기 때문이다. '샤넬', '크리스찬 디오르', '피에르 가르뎅' 등의 유명한 디자이너들은 모두 파리에서 활동을 했다. 그래서 유행을 따르는 멋쟁이들은 파리의 백화점에 가서 옷을 사기도 하고, 이름난 패션쇼를 보러 파리로 여행을 가기도 한다.

이는 산업으로서의 패션보다 디자이너의 창조성과 예술성을 더 중시하는 파리의 문화적 배경에서 찾을 수 있다. 개성적이고 감성적인 프랑스 사람들은 독창성을 추구하는 성향이 강하다. 프랑스의 패션산업은 이러한 문화적 토대 그리고 디자이너들의 실험정신과 상상력이 만남으로써 발전한 것이다.

고급 주문복 의상점이란 뜻을 지닌 '오뜨 꾸뛰르(Haute Couture)'는 파리 최고의 디자이너를 배출해 내는 역할을 담당하고 있다. 이브 생로랑, 지방시, 웅가로, 칼 라거펠트 등의 디자이너들이 오뜨 꾸뛰르에서 보조 디자이너로 경험을 쌓았으며, 오늘날도 수많은 디자이너 지망생들이 오뜨 꾸뛰르 디자인실의 장인들로부터 기술을 전수받고 있다. 이러한 시스템이 바로 파리 패션의 저력이 되고 있는 것이다.

오랜 기간 파리 모드의 생산기지로서 소재나 기술의 토양을 갖추고 있었던 이탈리아 밀라노는 1975년부터 자체 모드를 만들어 내고 있다. 당시 조르지오 알마니, 지아니 베르사체, 잔 프랑코 페레 등 유능한 디자이너들이 등장하여 밀라노는 새로운 패션의 중심지로 자리하게 되었다. 구찌, 프라다, 페라가모 등이 밀라노 패션의 브랜드들이다. 밀라노 컬렉션은 초기에 파리 컬렉션에 비해 소재나 재단이 좋은 부유한 성인복 노선을 택해 실제 입을 수 있는 질 좋은 복장으로 밀라노 패션의 명성을 높였다. 여성복은 3월과 10월, 신사복은 7월과 1월에 컬렉션이 열리고 있다.

런던 패션위크는 세계 4대 패션 컬렉션의 하나로 1984년에 시작되었다. 매년 뉴욕이 가장 먼저 쇼를 개최하고 런던 쇼는 이어 두 번째로 개최된다. 여성복과 남성복이 따로 나뉘어 열리며, 산업에 초점을 맞춘 패션쇼와 전시가 특징이다. 대표적인 브랜드로는 비비안 웨스트우드(Vivienne Westwood), 폴 스미스(Paul Smith), 버버리(Burberry)가 있다.

뉴욕 컬렉션은 규모 면에서 가장 크다. 트렌드나 혁신적인 것보다 실용적인 상품으로서 패션을 제안하여 대중적인 스타일을 선보이는 것이 특징이다. 때문에 예술 지향적인 파리, 섬유 산업을 바탕에 둔 밀라노, 혁신적 디자인의 런던과는 크게 차별화된다. 100여 개의 패션쇼 중 캘빈클라인, 도나카란, 마크제이콥스, 랄프로렌 등 뉴욕 대표 디자이너들의 무대가 인기다.

패션산업으로서의 의류산업은 식품산업과 함께 세계적으로 가장 오래되고 규모가 큰 산업 중의 하나다. 시장규모는 식품에 이어 2위로 전자제품보다 크며, 약 2조 달러에 이른다. 19세기 중반 이전까지 대부분의 옷은 주문 제작 되었다. 즉, 옷은 개인으로부터 주문을 받아 재봉사와 재단사들이 수작업으로 만들어 공급하였다.

그러다 20세기가 시작되면서부터는 기술의 발전과 함께 점점 더 표준치에서 대량생산되었다. 또 백화점과 아울렛 등 유통구조가 혁신되면서 정해진 가격 즉 정가에 팔렸다. 특히 최근에는 소비자들이 오프라인 유통채널에서 아울렛과 홈쇼핑, 온라인 쇼핑몰로 채널을 옮기고 있다. 이런 과정에서 시장이 폭발적으로 늘어나게 되었다.

한편, 패션산업의 분야는 직물 디자인과 생산, 패션 디자인과 생산, 패션 소매업, 마케팅과 상업, 패션쇼, 매체와 마케팅 등으로 나뉘는데, 이들은 상호의존적이다. 또 패션산업은 매우 세계화된 산업으로, 특정한 나라에서 디자인되더라도 다른 나라에서 제조되어 전 세계로 팔려나가고 있다. 따라서 이러한 산업과 시장의 구조를 잘 인식하고 대응해 나가는 것이 중요하다.

세계 명품(Personal Luxury) 시장은 경기불황에도 꾸준히 성장세를 보이고 있다. 시장조사 전문업체 유로모니터에 따르면 2018년 럭셔리 의류와 가방, 주얼리, 화장품, 시계, 아이웨어, 프리미엄 IT

기기, 문구용품을 포함하여 3,300억 달러를 상회하는 것으로 나타났다. 명품업체들이 가격 인상 계획을 발표할 때마다 소비자들이 매장으로 달려가 조금이라도 싼 가격에 구입하려고 북새통을 빚는 모습이 매년 반복되고 있다.

특히 우리나라의 명품시장은 유난히 더 뜨겁다. 그중에서도 명품 핸드백 시장은 미국, 중국, 일본에 이어 4위를 유지하고 있다. 대부분 명품 브랜드를 보유하고 있는 프랑스나 이탈리아에 비해서도 규모가 큰 셈이다. 해외 유명 브랜드 가격이 끝없이 치솟아 경차 한 대 값을 넘나드는 명품 가방도 많다.

세계 화장품시장은 소득수준 향상, 외모에 대한 관심 증가, 프리미엄 소비 추구, 남성과 유아 등 소비계층의 확대에 힘입어 계속 증가하는 추세다. 세계 화장품시장 규모는 2017년 기준 4,648억 달러로 나타났다. 주요 트렌드인 천연원료와 프리미엄 제품을 중심으로 큰 폭의 성장세를 기록했다. 그중에서도 친환경, 천연원료 기반의 프리미엄 스킨케어 시장이 최대 규모로서 화장품 산업성장을 선도했다. 이어 헤어케어 제품이 2위, 색조화장품이 3위를 차지했으며, 남성용, 영유아용, 향수, 탈취제 등이 뒤를 이었다.

전통적 화장품산업 강국인 미국, 일본, 독일, 프랑스 등이 여전히 높은 시장점유율을 보이고 있으나, 중국, 브라질, 인도, 러시아 등 BRICs의 성장률이 전 세계 평균성장률을 크게 상회하고 있다. 특히 중국 시장이 급속도로 성장하고 있다. 중국의 화장품 시장규모는 2017년 기준 535억 달러로, 세계시장 점유비중이 11.5%에 달하며 미국 860억 달러에 이은 세계 2위이다.

우리나라 화장품 시장 규모는 128억 달러로 세계시장 9위에 랭크되어 있으며, 전체시장 규모의 2.6%를 차지했다. 특히 남성 화장품 시장이 크게 신장하고 있는데, 2018년 국내시장 규모가 약 1조 2천억 원에 달했다. 남성 1인당 구매하는 화장품 구매액은 약 45달러로 세계 1위 수준이다. 또 한류에 힘입어 동남아 국가를 중심으로 우리나라 화장품에 대한 수요가 크게 늘어나고 있는 상황이다.

K-뷰티 열풍은 중국과 일본에서 시작되어 점차 동남아로 확대되었고 마침내 북미지역에까지 진출하게 되었다. 한국화장품은 정교한 정제기술과 성분개발로 기능성과 품질 우수성에 대한 인정을 얻었을 뿐만 아니라 가격도 합리적이라는 평가를 받으면서 마침내 세계시장을 누빌 수 있게 된 것이다. 다만, 최근 들어 고기능성 중국 화장품의 턱밑 추격 등으로 어려움을 겪고 있다. 이를 탈피하기 위해서는 화장품 관련 스타트업 육성 등 고강도의 혁신이 필요하다. 아울러 변화된 쇼핑트렌드에 맞춰 현지법인 설립, 온라인 채널 공략 등의 전략도 병행해나가야 할 것이다.

"여자들에게 명품가방이 있다면 남자들에게는 명품시계가 있다."라는 말이 있듯 남성들에게 있어 패션의 중요한 포인트는 아무래도 시계가 될 것이다. 이 시계도 세계적으로 유명한 브랜드에 따라 순위가 매겨진다. 세계 최상급의 명품시계는 스위스가 주류를 이루는 가운데 독일산도 일부 가세하고 있다.

파텍필립(PATEK PHILIPPE/스위스), 바쉐론 콘스탄틴(VACHERON CONSTANTIN/스위스), 브레게(BREGUET/스위스), 오데마 피게(AUDEMARS PIGUET/스위스), 글라슈테 오리지날(GLASHUTTE ORIGINAL/독일), 아 랑게 운트 조네(A.LANGE & SOHNE/독일) 등의 브랜드들은 역사와 기술력 하나만으로도 가장 뛰어난 명품 시계로 수억 원대를 호가하고 있다. 시간이 지남에 따라 값어치 또한 올라갈 수 있어 명품시계 재테크라는 말도 나오고 있다.

현재 세계 명품시장은 LVMH, 리치몬드 같은 유럽 명품그룹들이 장악하고 있다. 거의 모든 산업에서 서구를 따라잡았던 일본조차도 아직 이렇다 할 명품 브랜드를 키워내지 못하고 있다. 이유는 디자인이 못해서가 아니고 스토리와 신화, 아이콘을 만들어내지 못했기 때문이다. 하지만 우리는 한류라는 스토리를 만들어내고 있다. 따라서 우리는 이를 최대한 활용해 앞으로 한국적 명품을 창출해 나가야 할 것이다.

스포츠, 건강한 몸과 마음
건강한 경제

'체력은 국력'이란 말이 있다. 또 '건강한 신체에 깃드는 건전한 정신'이라는 말도 있다. 모든 일의 바탕이 되는 것이 바로 체력이며, 체력이 탄탄해야 성공할 수 있다는 뜻이다. 그리고 강대국이 되기 위해서도 그 전제조건으로 우리의 체력이 강건해야 한다는 의미일 것이다. 이 체력 증진의 통로가 바로 스포츠이다.

스포츠(sports)란 전략적인 판단을 기초로 몸을 움직여서 하는 게임이나 오락 행위를 일컫는다. 주어진 규칙에 따라 몸을 사용하여 승리를 쟁취하는 것을 목적으로 하며, 더 나아가 개인의 건강 증진, 참가자와 관람자의 유희, 그리고 단체 활동을 통한 사회적 증진과 협동을 지향한다. 정해진 규칙으로 승부를 겨루는 경쟁을 하면서 지고 있는 상황에서도 역전과 재역전을 거듭하면서 극적인 반전의 상황이 나올 수도 있다. 이처럼 결과를 쉽게 예측할 수 없는 의외의 결과가 나올 수도 있기 때문에 흔히 스포츠를 '각본 없는 드라마'라고 부르기도 한다.

스포츠 정신은 스포츠 업계에 종사하는 관계자들이 마땅히 지켜야 할 동업자 정신이다. 이는 공평함, 도덕, 존중, 경쟁자와의 우호관계 등으로 이루어지며, 건강한 체력, 이기고자 하는 의지, 정당하고 공평하게 승부하고자 하는 소망 등의 요소로 이루어진다. 훌륭한 스포츠는 '좋은 승리자'뿐만 아니라 '좋은 패배자'가 되는 것을 의미한다.

올림픽 선서에서도 "인생에서 가장 중요한 것은 승리가 아니라 이를 위해 분투하는 것이고, 올림픽에서 가장 중요한 것 역시 승리가 아니라 참가 자체에 의의가 있다. 우리에게 있어 본질은 정복하는 것이 아니라 잘 싸우는 것이다."로 되어 있다. 이 페어플레이(fair play) 정신은 우리 일상생활에서도 그렇지만 비즈니스 세계에서도 중요하다.

가난했던 시절, 우리는 스포츠 경기를 통해 민족의 자긍심을 가질 수가 있었다. 특히 프로권투 경기에서 '엄마, 나 챔피언 먹었어!'라고 외치며 4전 5기의 신화를 창조했던 홍수환 선수는 국민적 영웅이었다. 1977년에 개최된 경기 당시 그는 상대선수에게 4번의 다운을 당했다. 그러나 그는 다시 일어났다. 그리고 새로운 챔프로 등극하였다. 당시 우리국민 모두는 느꼈다. 패배의 잿더미에서 다시 일어섰을 때의 희열을! 그리고 믿었다. 잠재되어 있는 우리의 능력을…

1998년, 당시는 IMF 외환위기로 우리 국민들은 어두운 그늘 속에서 하루하루를 보내고 있었다. 그런데 그해 US오픈 세계여자골프대회에서 박세리 선수가 맨발의 투혼을 발휘한 끝에 우승하는 낭보를 접하게 된다. 우승한 사실도 놀라웠지만, 공이 물에 빠져버려 위기에 몰린 그 상황에서 보여준 그 투혼이 더 감격적이었다. 드라마틱했던 그 경기는 경제위기로 실의와 좌절에 빠져 있던 국민에게 커다란 희망과 용기를 불어넣어 주었다.

국제 스포츠대회 개최는 국가 인지도를 높이는 것은 물론, 경제적인 측면에서도 엄청난 효과를 얻는 만큼 전 세계의 강대국들이 앞 다투어 유치경쟁을 벌이고 있다. 그런데 경기시설에 큰돈을 들였다가 대회 개최 이후 경기시설 관리나 이용 측면에서 커다란 어려움을 겪는 경우도 없지 않다.

올림픽(Olympic Games)은 세계에서 가장 큰 스포츠 행사이다. 전 세계 각 대륙 각국에서 모인 수천 명 이상의 선수들이 참가한 가운데 열리는 국제적인 대회인데 하계올림픽과 동계올림픽으로 나누어 열린다. 올림픽은 이제 단순한 스포츠경기 대회를 넘어 지구촌 축제로 자리 잡았다. 전 세계인이 참여하고 시청하는 지구촌 최대의 이벤트가 된 것이다. 세계의 수많은 나라들은 자국의 홍보와 경제 활성화를 위해 올림픽 유치에 사투를 벌인다. 올림픽은 원래 국가가 아니라 도시가 개최의 주체가 되는데, '런던 올림픽' '서울올림픽'처럼 개최도시의 이름을 붙인다. 올림픽 유치에 성공하면 개최도시는 물론 국가의 브랜드 가치가 상승한다. 우리나라도 1988년에 '서울올림픽'을 개최하게 되면서 세계에 이름을 알리게 되었고, 올림픽을 성공적으로 치른 선진국들과 어깨를 나란히 할 수 있게 되었다.

월드컵 경기는 올림픽과 더불어 전 세계에서 가장 권위 있는 스포츠 대회이며, 단일 종목 스포츠로는 세계 최대 규모이다. 경제성 측면에서는 올림픽을 능가할 정도이다. 우리의 경우 1988년 서울올림픽을 성공적으로 개최하면서 조성된 국제무대에서의 자신감이 '2002년 한일월드컵'에서 절정을 이뤘다. '조용한 아침의 나라'로 굳어졌던 한국의 이미지가 역동적이고 활기찬 '다이내믹 코리아'로 바뀌었다.

우리 일상에서 차지하는 스포츠의 역할은 날이 갈수록 커지고 있다. 우선 스포츠 활동은 신체의 표현 수단으로 이를 통해 육체의 건강을 유지할 수 있다. 또 스포츠는 자신이 지닌 기술과 신체 능력을 과시함으로써 존경과 칭찬을 받을 수 있는 기회가 되기도 한다. 이와 함께 우리는 스포츠를 통해 즐거움을 느끼며 삶의 에너지를 재충전할 수 있다. 스포츠를 즐기는 사람은 일상의 스트레스에서 벗어나 기분을 전환할 수 있고, 이를 관람하는 사람 또한 간접적으로 그 경험을 즐길 수 있다.

이처럼 스포츠의 개념이 확장되고 있는데, 근래에는 레저와 건강증진을 목적으로 하는 스포츠 개념이 더 중요해지고 있다. 특히 고령화의 진전과 건강열풍, 그리고 외모중시의 사회 풍조는 스포츠에 대한 관심을 한층 더 높여 놓고 있다. 동네 곳곳에 피트니스센터가 들어서고 있다. 또 빅 이벤트 경기가 개최되는 날이면 맥주와 치킨이 동이 나는 사태가 벌어지기도 한다.

이런 추세에 힘입어 스포츠는 이제 중요한 산업이 되었다. 미국의 경제 전문매체인 〈포브스〉는 '2019년 스포츠 머니 인덱스(SMI)' 순위를 발표했는데, 스포츠가 이제 산업의 위치에 올라섰음을 단적으로 보여준다. SMI는 스포츠 선수와 소속팀, 브랜드, 기획사(Agency) 등이 스포츠 비즈니스에 미친 영향력을 평가하는 지표이다.

전체 1위는 글로벌 스포츠 브랜드 나이키가 차지했다. 나이키는 자체 브랜드 가치 320억 달러, 수익 규모 333억 달러로 평가됐으며 여러 종목의 단체, 팀, 선수들과 밀접한 관계를 맺고 있어 스포츠 비즈니스에서 가장 영향력이 큰 존재로 선정됐다. 2위는 최근 6년간 슈퍼볼 하프타임 광고 스폰서를 맡은 펩시가 선정됐다. 3위에는 미국 프로농구(NBA) 선수인 르브론 제임스가 이름을 올렸는데, 개인으로는 가장 높은 순위다. 제임스는 연봉과 후원 액수 등을 합쳐 8,870만 달러의 수입을 올린 것으로 집계됐다.

스페인 프로축구팀 FC바르셀로나가 제임스에 이어 4위에 올랐고, NBA 골든스테이트 워리어스가 전체 5위에 자리했다. 개인으로는 축구 선수 리오넬 메시가 제임스에 이어 두 번째로 높은 순위 6위였고, 크리스티아누 호날두가 15위, 골프선수 타이거 우즈 119위 등이다.

스포츠 용품에 대한 열풍 또한 뜨겁다. 각종 구기 종목 아이템과 골프용품에 대한 수요가 폭발적으로 늘어나고 있다. 특히 최근에는 운동경기(athletic)와 여가(leisure)를 합친 신조어인 '애슬레저'에 대한 관심도 높아지고 있다. 이는 운동복처럼 편하고 일상복으로도 어색하지 않은 옷차림을 뜻한다. 애슬레저 열풍은 주 52시간제 시행 이후 워라밸 문화가 확산되고 자신을 위한 투자로 운동을 취미 삼는 이들이 늘어나면서 시작됐다. 또 불편하고 보여주기 위한 옷을 입기보다 '내 몸에 맞게 입자'라는 철학에 따라 편안하고 활동적인 옷을 찾는 2030대 소비자가 늘고 있는 것도 주요인이다.

이와 함께 각 구단과 기업들이 개발해내는 유니폼부터 캐릭터 상품들도 점점 더 스포츠팬들의 일상 속으로 파고들고 있다. 비록 가격이 터무니없이 비싸거나 구하기 힘들더라도 그 팀에 대한 팬심을 보이기 위해 팬들은 이런 용품들을 기꺼이 소비한다. 스포츠의 인기가 계속되는 한 앞으로도 이런 현상은 이어질 것으로 보인다.

한국 경제 미래 담론

3

행복 경제

경제적 풍요 이상으로
중요한 삶의 질

 우리 경제가 드디어 1인당 국민소득 3만 달러 시대를 열면서 선진국의 문턱에 도달하였다. 더욱이 인구가 5천만 명을 넘는 국가로는 세계에서 7번째로 그 위업을 달성했다고 한다. 이처럼 우리의 소득과 생활수준은 과거에 비해 많이 나아지기는 했다. 그러나 다른 한편으로는 너무 빠르게 달성한 물질적 풍요와 함께 효율제일주의와 물질만능주의의 거센 파도 속에서 방황하고 있다. 즉 우리 모두는 커다란 조직의 일개 부품처럼 되어 불확실한 미래와 불안한 인간관계를 유지하며 정신없이 바쁘게 일상을 살아가고 있다.

 이처럼 우리의 삶이 몰개성적으로 변해 가고 하루하루를 쫓기듯 살아가다보니 과연 "누구를 위한 그리고 무엇을 위한 경제발전이었던가?"라는 의문을 갖지 않을 수 없다. 경제성장이나 발전의 목적은 분명히 사람들의 행복한 삶 즉 복지수준을 높이는 데 있다. 그런데 사람들이 복지와 풍요를 느끼지 못하고 행복하지 못하다면 이는 목표와 수단이 바뀐 격이라 할 것이다.

그러면 이와 같이 행복을 느끼는 정도가 갈수록 후퇴하고 있는 이유는 무엇일까? 이는 결국 우리나라가 경제적으로는 어느 정도 여유가 생겼으나 경제외적인 측면에서 국민들이 행복감을 느끼지 못하고 있다는 것을 의미한다. 우리가 경제성장에 목을 매는 것은 성장이 일자리를 창출하고 생활수준을 향상시키기 때문이다.

그러나 최근에는 '고용 없는 성장'의 추세가 심화되고 있다. 또한 성장의 과실이 모든 사람에게 골고루 나누어지지 못하고 있을 뿐만 아니라, 성장에 부수되는 생태환경의 파괴라는 문제점까지 부각되면서 기존의 경제성장에 대한 한계가 나타나고 있다. 다시 말해 경제성장을 나타내는 지표인 GDP의 증가가 결코 국민의 후생과 복지의 증진을 의미하지 않는다는 점에 대한 인식이 확산되고 있다는 것이다.

오랫동안 한 국가의 경제규모를 파악하고자 할 때면 대표적인 경제지표로 GDP(Gross Domestic Product)를 활용해 왔다. 그러나 이 대표적인 총량지표인 GDP에 대한 비판 또한 끊임없이 제기되어 오고 있다. 비판의 핵심 내용은 국민소득을 통해 한 나라의 '경제력'은 측정할 수 있지만, '국민 생활의 질'이나 '행복' 등 보다 근원적인 부분에 대해서는 제대로 파악할 수 없다는 것이다. 그리고 모든 경제활동을 유효한 것으로 간주하기 때문에 국민들의 생활수준을 실제로 향상시키는 경제활동과 그렇지 않은 경제활동을 구분하지 못한다는 점도 비판을 받고 있다.

다시 말해 실업과 빈곤퇴치를 위한 정부지출의 증가뿐만 아니라 무기 구입비용, 비만·흡연·마약 등으로 인한 의료비가 늘어나도 GDP는 증가하게 된다. 반면, 소득 불평등, 여가 시간, 문화생활 향유, 환경오염, 자원고갈 등과 같은 문제는 국민들 삶의 질에 큰 영향을 미치는 요소이지만, GDP에서는 산정대상이 아니라는 것이다. 이러한 비판이 설득력이 있다는 인식 아래 국제사회에서는 고용, 보건, 교육, 환경 등을 포괄하는 새로운 '국민행복지수'의 개발을 위한 논의가 한창 진행되고 있다.

'국내총생산(GDP)'이 한 나라의 경제적 가치를 측정하는 지표라면, '국민행복지수(GNH, Gross National Happiness)'란 경제적 가치뿐만 아니라 삶의 만족도나 미래에 대한 기대, 자부심 등 인간의 행복과 삶의 질을 포함시켜 총체적으로 평가하는 지표이다.

히말라야산맥 지대에 위치한 은둔의 나라 부탄은 흔히 세계에서 가장 행복한 국가로 회자된다. 부탄은 오래전부터 GDP 대신 GNH를 높이는 것을 국정목표로 삼고 있다. 그래서 웰빙과 건강,

생태계 보호 등 국민의 행복을 증진시키는 데 정책의 역점을 두고 있다. 예를 들어보면, "삼림 면적은 영구히 국토의 60%를 밑돌지 않도록 해야 한다"는 조항을 헌법에서 규정하고 있고, 인도가 수력발전에 필요한 댐을 만들어 주겠다고 해도 거절했으며, 외국관광객의 입국도 제한하고 있다. 이런 조치들은 당연히 자연이 훼손되는 것을 막기 위해서이다.

이러한 정책방향은 지금까지 지속되고 있으며 건강, 시간 활용 방법, 생활수준, 공동체, 심리적 행복, 문화, 교육, 환경, 올바른 정치 등 9개 분야의 지표를 토대로 GNH를 산출해 내기도 했다. 그 결과, 부탄 국민의 97%가 스스로 행복하다고 느끼며 살고 있다.

그러면 우리가 행복지수를 높이기 위해서는 어떻게 해야 하는 것일까?

우선, 우리 경제사회에 사회적 자본 인프라를 확고히 구축해 나가야 한다. 현대 경제사회에서 국가경쟁력을 좌우하는 핵심적 투입요소는 지식과 기술이다. 그러나 이에 못지않게 중요한 요소는 '사회적 자본'이라 할 것이다. 사회적 자본의 구성요소는 개인이 지닌 신용, 나눔과 배려, 상생과 협력, 그리고 원활한 소통 등 다양하다. 이 사회적 자본이 제대로 구축되어 있으면 사회구성원 간의 협력을 통해 경제사회 문제 해결이 원활해지게 된다. 반면, 그렇지 못할 경우 사회적 갈등을 증폭시켜 국가적으로 엄청난 비용을 초래하게 될 것이다.

둘째, 교육의 본질을 바로 세우고 인성교육을 강화해 나가야 한다. 올바른 인성을 함양시켜 사회구성원들이 친밀하고 협동적인 인간관계를 형성할 수 있도록 해야 한다. 그리고 우리 사회에 만연한 물질만능의 세태와 인명경시 풍조를 종식시켜야 한다. 다시 말해 자신만이 부귀영화를 누리며 잘 먹고 잘 살기 위한 스펙 쌓기에 치중하기보다, 도덕적이고 건전한 인격과 사고를 함양하는 인성교육에 역점을 두어야 한다는 것이다. 그리고 우리의 삶이 좀 더 자유롭고 풍요로워지도록 창의력과 문화적 감수성을 키워주는 방향으로 교육의 내용과 방법을 바꾸어 나가야 한다. 이는 다가오는 4차 산업혁명 시대에서 인간이 인공지능을 슬기롭게 통제하고 공존하기 위해서도 중요한 과제이다.

셋째, 중산층을 육성해야 한다. 중산층이 부실하여 양극화 현상을 보이게 되면 사회적 갈등이 심화되고, 심할 경우 경제사회 체제의 불안정마저도 조장하게 된다. 이는 중간에서 중재하고 의견을 조율할 중간입장이 줄어들기 때문이다. 또한 중산층의 삶이 팍팍해져 소비가 위축된다면 전체 경기가 부진해지고 조세수입도 떨어져 재정의 건전성도 부실해지게 된다. 따라서 경제사회의 안정적이고 지속 가능한 발전을 위해서는 두터운 중산층의 확보가 필수적이다.

넷째, 문화생활의 향유이다. 21세기는 문화의 시대라고 한다. 이는 문화적 가치나 문화적 토양이 인간의 삶을 풍성하고 행복하게 해줄 뿐만 아니라 경제성장과 사회발전을 가능하게 하는 기반이 되고 있다는 것이다. 특히 중요한 것은 문화적 감수성이 경제발전 과정에서 피폐해진 정신문화와 인간성을 회복시키는 필수불가결한 요소라는 점이다.

이와 함께 경제발전 모델을 모색함에 있어서도 이제는 기존의 불균형성장 전략에서 벗어나 장기적이고 친환경적이고 지속가능한 발전 모델을 개발·운용해 나가야 할 것이다. 아울러 물질적 풍요뿐만 아니라 정신적인 행복도 함께 달성하는 행복경제를 추구해 나가야 한다. 그리고 함께 잘사는 경제사회를 만들어나가야 한다.

이러한 과제들이 제대로 실현된다면 우리 국민들은 현재보다는 좀 더 행복한 삶을 누릴 수 있을 것이다.

행복이란 무엇이며
돈과의 함수관계는?

'행복'이란 무엇일까? 사전에는 '생활에서 기쁨과 만족감을 느껴 흐뭇한 상태'라고 되어있다. 이러한 상태에 도달하기 위해서는 물질적 풍요, 정신적 안정감, 가족들과의 사랑, 원만한 대인관계 등의 요소들이 만족할 만큼 충족되어야 할 것이다. 그러나 현실에서의 정답은 없다. 만족의 크기는 너무나 주관적이기 때문이다. 이처럼 행복은 개념이 모호하고 주관적이기에 행복이 무엇인가에 대해 쉽게 정의를 내리기 어렵다. 그렇지만 행복은 인류 역사의 시작과 함께 사람들에게 최고의 관심사였고 최고의 가치였기에 사람들은 행복의 본질을 찾고자 많은 노력을 기울여왔다.

고대 그리스 철학의 본류인 스토아학파(Stoicism)는 '마음의 동요를 완전히 제거해 어떤 간섭과 고통을 받지 않는 무정념의 상태(apatheia)'를 행복이라고 정의했다. 또 공리주의자 벤담은 사회적 공리(共利)를 중요시하면서 '최대다수 최대행복'을 역설했다. 동양에서는 행복을 '비움'으로 풀이했다. 노자는 행복하려면 있는 그대로 모양을 짓는 물처럼 인위적으로 몸부림치지 말고, 완벽을 추구하지 말 것을 강조했다. 이렇듯 동 · 서양의 철학은 공통적으로 물질적 풍요 보다는 내적인 평안에서 이상적인 행복의 개념을 찾고 있음을 알 수 있다.

다음은 고대 그리스 시대 세계를 정복한 정복자 알렉산더 대왕과 세상을 미천하게 살아가던 철학자 디오게네스 간의 일화이다. 알렉산더가 세상을 정복한 뒤 소문으로만 듣던 현자 디오게네스를 찾아갔다. 그 때 디오게네스는 자신의 오두막에서 햇볕을 쬐며 휴식을 즐기고 있었다.

알렉산더가 말했다. "난 천하를 정복한 알렉산더 대왕이다. 디오게네스여! 원하는 것이 있으면 무엇이든 말하라, 들어 줄 테니까!"

디오게네스는 이렇게 답했다. "아 그러신가요! 그러면, 저 햇볕이 가려지지 않도록 비켜 서 주시지요."

알렉산더는 제국의 대왕답게 이렇게 응수했다. "만약 내가 정복자가 되지 않았다면 디오게네스와 같은 사람이 되고 싶었을 것이다!"

이후 두 사람은 같은 날 죽었다. 그리고 두 사람은 저승으로 가던 중에 강가에서 마주쳤다. 알렉산더 대왕이 먼저 이렇게 인사했다. "아 당신, 다시 만났군! 정복자인 나와 노예인 당신 말이야!" 디오게네스가 대답했다. "아, 그렇군요. 다시 만났군요! 정복자 디오게네스와 노예 알렉산더가 말입니다. 당신은 정복을 향한 욕망의 노예 알렉산더이고, 난 속세의 모든 열정과 욕망을 정복한 정복자죠…"

그런데 우리나라에서는 언제부터인가 이 세상에서 가장 행복한 사람은 태어날 때 금수저를 물고 나온 사람들일 것이라고 생각하는 풍조가 생겼다. 그러나 실제로는 자녀들이 세상물정을 모르고 자라게 하거나 너무 많은 재산을 물려주는 것이 결코 바람직한 일이 아니라는 것을 우리 주변에서 심심찮게 보고 있다. 그것은 그들이 삶의 여정이라는 건축물을 차곡차곡 쌓아가는 데 어쩌면 걸림돌이 될 수 있기 때문이다.

물려받은 재산이 없었더라면 최선의 노력을 다해 스스로 삶의 길을 개척해 나갈 터인데, 물려받은 재산이 있기에 그냥 그 재산을 가지고 편안히 살 궁리를 하기 쉽다. 이 경우 인생의 참맛을 모르게 된다. 무언가 이루어나간다는 성취감을 느끼지 못한다는 것이다. 이렇게 볼 때 행복이란 마음먹기에 달려있을 것이다. 그리고 이러한 행복을 추구하기 위해 노력하는 과정이 중요하다.

세계적으로 손꼽히는 부자이면서 투자의 귀재인 워런 버핏은 다음과 같이 말했다. "당신이 좋아하는 일을 하라. 돈이 아니라 당신이 좋아하고, 사랑할 수 있는 일을 하라. 그러면 돈은 저절로 들어온다. 행복이라면 분명히 정의할 수 있다. 내가 바로 그 표본이기 때문이다. 나는 일 년 내내 좋아하는 일만 한다. 좋아하는 일을 좋아하는 사람들과 함께 할 뿐, 내 속을 뒤집어 놓는 사람들과는 관계할 필요조차 없다.

일을 하면서 유일하게 싫은 것이 있다면 3, 4년에 한 번씩 누군가를 해고해야 한다는 사실이다. 그것만 빼면 문제될 게 없다. 나는 탭댄스를 추듯이 일터에 나가 열심히 일하다가, 가끔씩 의자에 등을 기댄 채 천장을 바라보며 그림을 그리곤 한다. 이것이 내가 행복을 느끼는 방식이다."

그러나 현실은 경제적 풍요를 가장 중요한 요소로 생각하고 있는 것 같다. 특히 국민소득이 낮은 나라일수록 이런 경향이 더욱 강한 편이다. 어떤 사람이 "돈을 얼마나 가지고 있으면 행복할까?"라는 질문을 던졌더니 '다다익선(多多益善)' 즉 많으면 많을수록 좋다는 답변이 가장 많았다고 했다.

그러나 개중에는 돈이란 자기가 살아가는 데 커다란 불편이 없을 정도만 있으면 이상적이며, 여기에 주변을 도와줄 수 있을 정도의 여유자금을 지니면 '금상첨화(錦上添花)'일 것이라는 답변을 내놓은 사람도 적지 않았다. 이들의 행복관은 주변에 선(善)한 영향력을 많이 떨치는 것이었다. 이러한 다양한 의견들을 종합해보면 돈이란 부족한 것보다는 풍족한 것이 더 낫겠지만, 그렇다고 해서 억지로 많이 모으려고 애를 쓸 필요는 없다는 결론이 나온다.

　세상의 모든 사람은 어쩌면 서로가 서로를 부러워하며 살아가고 있는지도 모른다. 이는 자신이 갖지 못한 것을 가진 상대를 부러워하지만 결국 자신이 가진 것이 가장 가치 있는 것이라는 사실을 깨닫지 못하기 때문이다. 삶이 불행한 것은 부러움이나 욕심 때문이다. 상대방의 지위와 부, 권력을 부러워하면서 늘 자신을 자책하기에 불행하다고 생각하게 된다. 가난한 사람은 부자를, 부자는 권력을, 권력자는 가난하지만 건강하고 화목한 사람을 부러워한다.

　세상에서 최고로 아름답다고 하는 다이아몬드도 현미경으로 살펴보면 상처투성이라고 한다. 우리는 가진 게 많아 누리고 살아가는 사람을 보면서 부러워하고 행복할 것이라 생각하는 경향이 있다. 그러나 그들도 때로는 더 채우지 못해 때로는 말 못할 사연으로 고통을 안고 살아가고 있다고 한다. 행복이란, 결과가 아니고 살아가는 과정에서 만나는 것이기 때문에 스스로 처해 있는 현실을 어떻게 받아들이느냐에 따라서 행복하기도 하고 불행하기도 한 것이다.

　사실 행복의 요소들은 우리의 삶 곳곳에 널려 있다. 그러나 우리는 이를 잘 인식하지를 못하거나 대수롭지 않게 여기며 살아가고 있다. 그 하나하나는 매우 작아 보이기 때문이다. 아니 그보다도 우리의 욕심이 지나치게 크기 때문이다. 우리는 작은 행복 대신 커다란 행운을 찾아 헤매고 있다. 그래서 우리는 자칫하면 찰나의 행운을 잡기 위해 수많은 행복을 짓밟게 된다. 많은 사람들이 이미 행복이 넘쳐나는데도 그것을 알지 못한 채, 지금보다 나은 삶을 찾는다면서 있을지도 없을지도 모르는 행운을 뒤쫓으며 살아가고 있는 건 아닐까?

풀밭이나 들판에 나가보면 사람들은 네잎클로버를 찾으려고 노력하지만, 지천에 널려있는 세잎클로버는 별로 소중하게 여기지 않는다. 그런데 이렇게 지천에 널려있는 흔하게 볼 수 있는 세잎클로버의 꽃말이 '행복'이라고 한다. 반면, 우리가 수많은 세잎클로버를 짓밟으면서 찾아 헤매는 네잎클로버의 꽃말은 '행운'이다. 그러니까 우리는 행운 하나를 찾겠다고 주변의 수많은 행복들을 마구 짓밟고 있지는 않은지 돌아볼 일이다.

미국의 어느 노인이 90세가 되던 해 자신의 나이가 들어가는 것을 기념하기 위해 인생을 살아오는 동안 느끼고 배운 45가지의 교훈을 글로 적었다. 그중에서 가장 가슴에 와 닿는 이야기는 다음과 같다. "인생은 참으로 공평하지 않다. 그러나 그렇다고 해도 여전히 인생은 좋은 것이며 살아갈 만한 가치가 충분히 있다."

또 〈성공하는 사람들의 7가지 습관〉이란 책으로 유명한 스티븐

코비는 인생을 바꾸는 90:10법칙도 제시하였다. "인생의 10%는 당신에게 일어나는 사건들로 결정되고, 90%는 당신이 그것에 어떻게 반응하는가에 의해 결정된다."

대한민국은
얼마나 행복한가?

우리나라는 지난 반세기 동안 경제성장을 최우선 목표로 삼고 이에 진력해 왔다. 따라서 우리는 가장 빠르게, 성공적으로 경제성장을 일궈낸 국가로 기록되었다. 그러나 그 안에서 우리가 실제로 느끼는 행복감은 매우 낮은 수준이라는 분석이 나오고 있다. 이는 국제사회에서 조사하는 각종 행복지수에서도 잘 나타나고 있다.

UN은 매년 각국의 행복지수를 산출하여 '세계행복보고서'를 발표하고 있다. 이 행복지수는 1인당 국민총생산(GDP), 기대수명, 사회적 지지, 자유, 부정부패, 관용 등 6개 척도에 대한 만족도를 합산해 산출된다. '2021 세계행복보고서'에 의하면 가장 행복한 나라는 핀란드, 가장 불행한 나라는 탄자니아와 짐바브웨 등 아프리카 국가들이었다.

　최상위권은 대부분 북유럽 국가들이었다. 핀란드를 비롯해 10위권에는 아이슬란드, 덴마크, 스위스, 네덜란드, 스웨덴, 독일, 노르웨이, 뉴질랜드, 오스트리아가 각각 올랐다. 북구에는 '휘게 문화'가 정착되어 있다. '휘게(hygge)'란 사랑하는 가족이나 친구와 함께 보내는 시간 또는 혼자서 보내는 소박하고 아늑한 시간을 뜻하는 덴마크어로, 영어 웰빙(well-being)과 유사하다. 다시 말해 이들이 지향하는 여유롭고 소박한 삶의 방식을 뜻한다.

　한편, 우리나라의 행복지수 순위는 경제력에 비해 크게 낮은 50위로 나타났다. 더욱이 2018~2020년 3개년을 합산한 행복지수의 순위는 전체 조사대상 149개국 중 2019년 54위, 2020년 61위에서 2021년 62위로 오히려 뒷걸음친 것으로 나타났다.

　그러면 우리나라의 행복지수가 이렇게 낮게 나타나는 이유는 무엇일까? 이는 치열한 경쟁 속에서 감내해야 하는 각종 스트레스, 갈수록 벌어지는 빈부격차에서 느끼는 상대적 박탈감, 높아만 가는 청년 실업률, 고령화 사회로 접어들면서 겪는 노후불안 등 얽히고설킨 문제들이 우리 주변에 널려있기 때문일 것이다.

　우리나라는 기본적으로 소득의 양극화 현상이 심각하다. 소득 분배 상태를 나타내는 지니계수가 좋지 않은 수준인 0.35에 이르고 있다. 또 상위 20%의 평균소득이 하위 20% 계층에 비해 5.5

배나 큰 상태를 보이고 있다. 이러한 소득 불평등이 심화되는 가운데 우리 사회의 상당수는 상대적 박탈감을 갖고 있다고 한다. 재벌의 경제력 집중현상도 심화되고 있다. 계열기업 수가 120개를 상회하는 재벌이 있는가 하면, 다수의 중소기업들은 을의 지위에서 대기업의 눈치를 보아야만 목숨을 부지할 수 있는 상황에 처해 있다.

이토록 심각한 양극화 현상과 치열한 경쟁 속에서 사람들은 이루 말할 수 없을 정도의 정신적 불안과 스트레스를 겪고 있는 것이다. 한 연구조사 결과에 의하면, 한국인의 70% 이상이 조급증에 시달리고 있다고 한다. 이것은 가정이나 학교 직장 어느 곳을 막론하고 항상 잘해야 한다는 심리적 압박에서 헤어나지 못하는 데서 오는 정신적 결함증세라는 것이다.

우리나라의 자살률은 세계 최고 수준이다. 한 해 동안 인구 10만 명당 자살자수를 뜻하는 자살률이 우리나라는 26.6명에 달해 OECD국가 평균 11.5명보다 2배 이상 높은 것으로 나타났다. 통계청의 '2018 사망원인통계'에 따르면 2018년 자살에 의한 사망자 수는 모두 1만 3,670명으로, 하루 평균 37.5명이 자살하는 것으로 나타났다. 성별 자살률은 남자가 38.5명으로 여성 14.8명보다 2.6배 정도 높았다. 특히 노인자살률이 매우 높아 70대 48.9명, 80대 이상은 69.8명에 달했다.

그리고 우리나라 여성 1명이 가임기간 동안 낳을 것으로 기대되는 신생아 수, 즉 출산율은 0.84명으로 세계 최하위다. 높은 주택비와 양육부담이 젊은 부부 들로 하여금 출산을 머뭇거리게 하고 있다. 이로 인해 생산가능 인구가 줄어들고 있으며 고령화의 속도 또한 세계에서 가장 빠르다. 산업재해로 사망하는 근로자의 수도 인구 10만 명당 5.3명으로, OECD 국가 중 멕시코 8.2명, 터키6.9명 다음으로 높다.

근로시간도 점차 줄어들고는 있지만 아직 세계 최고수준이다. 2018년 기준 우리나라 사람들은 연간 1,967시간을 일해 멕시코, 칠레 등에 이어 다섯 번째로 길었다. 그리고 OECD 회원국 가운데 정년퇴직 후에도 가장 오래 일하는 나라이다. 2016년 한국은행이 경제협력개발기구(OECD) 자료 등을 분석한 결과 한국의 유효은퇴 연령은 72.9세로 주요 선진국보다 6~10년 정도 더 긴 것으로 나타났다.

또 우리는 툭하면 대형사고 소식에 직면하고 있다. 성수대교와 삼풍백화점 붕괴사건, 300여명의 꽃다운 젊은이들의 생명을 앗아간 세월호사건 등등... 모두가 우리들의 부주의와 비리와 탐욕이 가져온 인재(人災)였다. 사고로 가족을 잃게 된 사람들 중에는 스스로 목숨을 끊기도 하고, 혹은 이 나라가 싫어 이민을 떠나간 사람들도 있다.

지금 이 시대를 살아가는 우리 젊은이들은 많이 아파하고 힘들어한다. 불투명한 미래를 불안해하며 방황하고 있다. 대학 진학과 취업에 아름다운 청춘의 열정을 탕진하고서 기진맥진해 하고 있다. '이태백'이라는 풍자적 신조어가 등장할 정도로 일자리 구하기가 어렵다. 청년실업률이 12~13%까지 치솟아 청년실업자 수가 사실상 100만 명에 달하고 있다. 그나마도 비정규직이 태반이다.

높은 주택구입비와 육아비로 결혼과 출산이 부담이 된다. 이들은 결국 연애 · 결혼 · 출산 · 인간관계 · 주택 구입 · 희망 · 꿈을 모두 포기한 '7포 세대'로 전락하게 된다. 청소년의 사망원인 중첫 번째가 자살이라고 한다. 더욱이 갈수록 수명은 길어지는데 노후생활에 대한 보장은 막막하다. 이것이 오늘을 살아가고 있는 많은 젊은이들의 서글픈 현실이다.

노인들의 삶도 서글프기는 매한가지다. 그들이 젊었을 때에는 자신의 모든 것을 바쳐가며 그야말로 맨주먹으로 이 나라를 일으켰다. 가족들의 생계를 위해 중동의 뜨거운 사막에서 밤낮을 일했다. 1997년에 닥친 경제위기는 그들이 애써 쌓은 경제적 성과를 일시에 무너뜨리기도 했다.

스스로는 아직 팔팔하게 일할 수 있다고 생각하는데 직장에서는 명예퇴직이니 구조조정이니 하는 이름으로 밀쳐낸다. 그렇게 자신의 모든 것을 바쳐 일했던 직장에서 밀려나면 먹고살 길이 막막해진다. 국민연금은 65세가 넘어야 받을 수 있으며, 그마저도 실제 생활비 수준에는 턱없이 부족하다. 게다가 부양가족 없이 홀로 살아가는 독거노인이 늘어나고 있다. 생활고와 외로움을 이기지 못해 자살하는 노인이 늘어나 노인자살률이 세계 최고라고 한다. 60대 이후에 결혼생활을 청산하는 황혼이혼도 급격히 증가하고 있다.

우리나라 여성들은 오랜 동안 가부장적이고 남성 위주인 사회 관습에 짓눌려 살아왔다. 다행히 점차 여성들 삶의 모습이 나아지고는 있지만 여전히 유리천장 아래서 살아가고 있다. 게다가 여권신장 과정에서 나타난 시대착오적인 여성혐오 현상에도 시달리고 있다.

이처럼 복지와 행복 등에 직접적으로 관련된 항목에서 우리는 여전히 최하위권 수준에 머물러 있다. 따라서 우리의 현실적 행복지수는 낮을 수밖에 없다. 우리가 과거에 비해서는 경제적으로 많이 여유로워진 것은 사실이지만, 경제적인 풍요 뒤에 가려진 사회적 불평등, 심각한 빈부격차, 강고한 계층 간 장벽, 빈약한 사회안전망 등이 우리의 삶을 불안하게 만들고 있다는 사실을 보여주고 있는 것이다.

좋은 돈, 나쁜 돈, 이상한 돈

돈은 사람이 살아가는 데 있어 없어서는 안 될 매우 중요한 존재이다. 인간의 욕망추구에 필요한 자원이며 행복의 중요한 촉매제가 된다. 돈은 기본적으로 경제활동의 윤활유 역할을 하지만 실제로는 그 이상의 비중을 차지하고 있으며, 심지어는 우리 삶의 모든 것을 좌지우지하기도 한다. 그래서 동서고금(東西古今)과 남녀노소(男女老少)를 불문하고 돈에 대해서는 모든 사람들이 지대한 관심을 보이며 살아오고 있다. 그런데 이 관심이 올바르면 '좋은 돈'이 될 것이고, 관심이 잘못 흐르면 '나쁜 돈' 또는 '이상한 돈'이 되기 쉽다.

돈은 커다란 위력을 지닌 존재이다. 그런데 그 힘은 위대하기

한국 경제 미래 담론

도 하고 아울러 잔인하기도 하다. 돈은 사람들에게 웃음과 행복을 주고 나아가 사람의 목숨을 구하기도 한다. 그러나 또 한편으로 돈은 사람들에게 슬픔과 분노와 절망을 주기도 하고 인간관계를 끊어놓기도 한다. 심지어는 사람의 삶을 망가뜨리고 목숨을 잃게 하기도 한다.

이처럼 돈은 악마와 천사의 두 얼굴을 가지고 있다. 돈을 어떻게 버느냐, 그리고 어떻게 쓰느냐에 따라 돈은 악마가 되기도 하고 천사가 되기도 한다는 뜻이다. 어느 옛 현인은 일찍이 돈의 이러한 악마적인 측면을 잘 알아보고 "황금을 보기를 돌같이 하라"는 말씀을 남겼다. 또 다른 어느 현인은 "가난은 수치가 아니다. 그렇다고 가난을 명예로 생각하지는 말라!"는 말을 남기기도 했다.

돈을 얼마나 버는지 그리고 얼마나 자유롭게 쓰는지도 중요하지만, 돈을 어떻게 벌고 또 어떻게 사용하는가가 더욱 중요하다. 즉 돈을 벌고 쓰는 방법에 따라 '좋은 돈'이 되기도 하고 '나쁜 돈'이 되기도 하며 또 '이상한 돈'이 되기도 하는 것이다.

'좋은 돈'이란 돈을 벌거나 지출하는 과정이 정당할 뿐만 아니라 결과적으로도 자신과 사회에 선한 영향력을 크게 행사하는 돈을 뜻한다. 즉 성실한 노력을 통해서 또는 생산적 투자활동을 통해 창출한 돈이나, 이를 자신뿐만 아니라 사회의 행복을 지키기 위해 활용하는 돈이 이에 해당한다 할 것이다.

이에 반해 '나쁜 돈'이란 돈을 벌거나 지출하는 과정에 부정이나 불법적인 요소가 개입되거나, 또는 결과적으로 자신과 사회에 악한 영향을 끼치게 되는 돈을 의미한다. 이의 전형적인 유형은 검은 뒷거래를 통해 생성·유통되는 돈이라 할 것이다.

한편, '이상한 돈'이란 나쁜 돈만큼 부정하고 불법한 것은 아니지만 돈을 모은 방식이나 지출 과정 그리고 결과가 모두 바람직하지 않은 돈을 뜻한다. 이러한 돈은 정당하게 수고하여 만들어지는 것이 아니어서 쓰는 것도 헤프기 마련이다. 소위 '눈먼 돈'과 '공돈'이 이에 해당한다 할 것이다.

먼저, 돈을 어떻게 벌어야 할 것인지에 대해 생각해 보자. 우리 옛말에 '개같이 벌어 정승처럼 쓰라'는 속담이 있다. 제 몸은 아무리 천하게 낮추어 일하더라도 거기에서 번 돈으로 보람 있게 살면 된다는 말이다. 이는 돈을 잘 사용하기만 하면 그 돈을 어떻게 벌었는지는 별 문제가 안 된다는 뜻을 내포하고 있기도 하다.

그래서 부자들의 돈을 빼앗아 가난한 사람들에게 나누어주는 의적 로빈 후드나 홍길동의 이야기를 통쾌하게 여기고 있는 것이다. 그러나 이는 잘못된 관념이다. 아무리 좋은 곳에 돈을 사용하더라도 그것이 부정한 방법에 의해 만들어진 돈이라면 그 정당성을 인정받을 수 없는 것이다.

돈이라는 것은 인간의 가장 원초적인 본능인 욕심을 자극하기 때문에 자신이 감당할 수 있는 범위를 넘어서는 돈이 생기면 판단력이 흐려지게 된다. 나아가 더 많이 벌고 싶은 욕심에 주변의 무리한 투자유혹에 쉽게 빠져들면서 투자실패 확률이 높아지게 되는 것이다. 문제는, 정상적이지 않은 방법으로 쉽게 돈을 버는데 한번 맛들이면 그 다음부터는 힘들게 노력해서 벌기보다는 같은 방법으로 쉽게 돈을 벌려고 하게 된다는 것이다. 그래서 많은 사람들이 재산을 탕진하는 데 그치지 않고 범죄의 유혹에 빠져들기도 한다.

그러면 돈은 어떻게 벌어야 좋은 돈이 되는 것일까? 개인의 이익뿐만 아니라 국가경제 전체에 도움이 되며 생산적이면서도 윤리적인 방법으로 버는 돈이어야 할 것이다. 자본주의 사회에서 시장경제를 주도해 나가는 핵심 경제주체는 기업이다. 그러므로 특히 기업은 더욱 '좋은 돈'을 벌수 있도록 노력해야 할 것이다.

한편, 돈을 버는 방법에 대해서는 모든 사람들이 골몰하지만, 막상 이렇게 벌어들인 돈을 어떻게 써야 하는지에 대해서는 그리 큰 고민을 하지 않는 경향이 있다. 영국의 철학자 프랜시스 베이컨은 "돈은 가장 좋은 하인이며 가장 나쁜 주인이다."라고 말했다. 또 이런 말도 있다. "인생은 사는 것이 중요한 것이 아니라 바르게 사는 것이 중요하다. 그리고 돈을 버는 건 기술이지만 돈을 쓰는 건 예술이다." 이런 이야기들은 모두 돈은 어떻게 버느냐보다 어떻게 사용하느냐가 더 중요하다는 점을 강조하고 있다.

옛날 어느 마을에 부자가 있었다. 그는 지독한 구두쇠로 소문이 나 사람들 사이에서 평판이 아주 좋지 않았다. 하루는 부자가 마을의 현인을 찾아가 물었다. "내가 죽은 뒤 전 재산을 불쌍한 이웃에게 나눠 주겠다고 약속했는데 왜 사람들은 아직도 나를 구두쇠라고 하나요?"

현인은 부자에게 뜬금없이 돼지와 암소 이야기를 들려주었다. 어느 날 돼지가 암소를 찾아와 이렇게 하소연했다. "너는 고작 우유만 주는데도 사람들의 귀여움을 받고, 나는 내 목숨을 바쳐 고기를 주고 맛있는 요리가 되어 주는데도 사람들은 왜 나를 좋아하지 않는 거지?" 암소는 잠시 생각에 잠겼다가 이렇게 대답했다. "글쎄~~! 아마 나는 비록 작은 것이라도 살아있는 동안 해주고, 너는 크지만 죽은 뒤에 해주기 때문일 거야!"

이와 같이 돈이란, 정당한 방법과 노력에 의하여 벌고 또 보람 있게 쓸 때에만 그 가치와 의미가 살아날 수 있을 것이다. 끝으로, 우리나라 동국여지승람 등 고문서에 전해지고 있는 투금탄(投金灘)에 관한 이야기를 소개한다.

아주 의좋은 형과 아우가 함께 길을 걷다가 황금 두 덩이를 주웠다. 형제는 사이좋게 나눠 가지고 강을 건너게 되었는데, 갑자기 동생이 그 귀한 금덩이를 강물에 던져 버렸다. 깜짝 놀란 형이 그 연유를 물었다. 동생은 이렇게 답하였다. "황금을 얻기 전에는 형님을 사랑하고 아끼는 마음으로 가득 했지요. 그런데 황금을 얻고 나서는 형님이 없었더라면 두 개가 다 내 것이 되었을 텐데 싶어 왠지 형님을 미워하는 마음이 생겨났어요." 얘기를 듣던 형은 실은 자기도 그런 생각을 했었다면서 자기 몫의 금덩이도 강물 속으로 던져 버렸다.

세계의 부자들이
살아가는 방식

미국 경제전문지 〈포브스(Forbes)〉는 2020년 3월, '세계에서 가장 부유한 사람들'이라는 제목으로 특집을 펴냈다. 자산 10억 달러 이상을 보유한 전 세계 억만장자를 망라한 것으로 총 2,095명이 포함됐다. 그중 미국이 614명으로 가장 많다. 중국(홍콩·마카오 포함)이 456명으로 그 뒤를 이었다.

세계 최고 부호 자리는 3년 연속 제프 베조스 아마존 회장이 차지했다. 베조스의 자산은 지난해 1,310억 달러에서 올해 1,130억 달러(약 150조원)로 줄었다. 빌 게이츠 마이크로소프트(MS) 창업자는 980억 달러로 2위를 차지했다. 베르나르 아르노 루이비통 모에헤네시(LVMH) 회장(760억 달러)이 워런 버핏 버크셔해서웨이 회장(675억 달러)을 누르고 처음으로 3위에 올랐다. 래리 엘리슨 오라클 CEO(590억 달러), '자라'로 유명한 스페인 패션거물 아만시오 오르테가 인디텍스그룹 회장(551억 달러), 마크 저커버그 페이스북 CEO(547억 달러)가 각각 5~7위를 기록했다. 8~10위는 월마트의 월턴 가문 출신인 짐 월턴(546억 달러), 앨리스 월턴(544억 달러), 롭 월턴(541억 달러)이 나란히 이름을 올렸다.

한국에서는 141억 달러로 75위인 이건희 삼성전자 회장의 순위가 가장 높았다. 이어 김정주 NXC 대표(63억 달러)가 241위, 서정진 셀트리온그룹 회장(61억 달러)이 253위, 이재용 삼성전자 부회장(50억 달러)이 330위였다. 고(故) 박연차 태광실업 회장, 서경배 아모레퍼시픽그룹 회장, 권혁빈 스마일게이트 홀딩스 의장, 김범수 카카오 의장, 정몽구 현대자동차그룹 회장 등도 1,000위 내에 이름을 올렸다.

많은 경우 부자들의 삶은 일반인들로서는 상상하기 어려울 정도의 호화로운 모습을 보인다. 몇 가지 예를 들어보자. 세계에서 가장 비싼 집은 인도 뭄바이 빈민가 한복판에 우뚝 서있는 '안틸리아(Antilia)' 타워이다. 집 가격은 12~15억 달러에 달한다고 한다. 안틸리아는 높이 173m에 27층으로 구성돼 있지만, 일반 60층짜리 건물과 맞먹는 초대형 주택이다. 면적은 약 1만1천 평으로 호화로운 궁전으로 유명한 프랑스의 베르사유 궁전보다도 넓으며, 공사기간 만 7년 이상이 걸린 것으로 알려졌다. 특급 호텔에 맞먹는 이 개인 주택에는 6,000여 개의 방과 9개의 엘리베이터가 배치돼 있다.

또 건물 내부에는 3개의 헬리콥터 이착륙장, 인공 눈을 즐길 수 있는 '스노우 룸'(snow room), 수영장과 헬스클럽은 물론 크리스털로 장식된 대형 연회장과 미니 영화관 등의 여러 편의시설이 마련돼 있다. 특히, 내실은 피카소가 그린 명화와 황금색 샹들리에로 장식해 화려함을 더하고 있다. 이 엄청난 규모의 집에는 인도 최고의 재벌인 무케시 암바니 부부와 세 자녀가 살고 있다.

암바니는 또 2018년 말 거행된 외동딸의 결혼식 행사에 약 1억 달러를 쏟아 부어 세계를 놀라게 했다. 결혼식에는 팝스타 비욘세, 힐러리 클린턴 전 미국 국무장관, 이재용 삼성전자 부회장 등 세계 저명인사가 총출동했다.

싱가포르 마리나 베이 샌즈 호텔에 있는 레스토랑 '세 라 비(CE LA VI) 싱가포르'는 세계 최고가의 식사 상품을 내놓았다. 몇 시간의 여행과 코스 요리, 다이아몬드 선물 등을 묶은 이 상품의 가격은 자그마치 270만 싱가포르 달러(약 23억 원)다. 이 패키지 상품은 헬리콥터를 타고 45분간 싱가포르를 하늘에서 내려다보는 것으로 시작한다. 이어 운전기사가 딸린 롤스로이스 차량 편을 이용해 해변으로 이동한 뒤 호화 유람선에 몸을 싣고 마리나 베이 샌즈 호텔로 향한다.

360도 파노라마 창을 통해 싱가포르의 야경을 감상하면서 즐기는 식사에서는 프랑스산 벨롱 굴, 희귀종인 알비노 철갑상어에서만 채취하는 알마스 캐비어, 알래스카에서 공수한 자연산 연어, 일본 미시마산 최고급 등심 등을 재료로 한 18코스의 요리가 초고가 샴페인 및 포도주와 함께 제공된다. 식사에 사용되는 다이아몬드가 박힌 젓가락과 주문 제작한 팔걸이의자도 손님에게 준다. 그런데 이게 끝이 아니다. 자정이 되면 코냑과 함께 20억 원이 넘는 2.08캐럿의 블루 다이아몬드 반지까지 제공된다. 또 고객이 원하면 이 호텔에서 하룻밤을 보낼 수도 있다.

호화로운 생활을 하는 사람들 중에는 특히 중동 출신이 많은 편이다. 사우디아라비아의 왕자 알왈리드 빈 탈랄도 그중의 한사람이다. 그는 2008년 4억 8,700만 달러를 지불하고 A380을 전용기로 마련했다. A380은 승객 800명을 태울 수 있는 초호화 여객기다. 그는 여객기를 구입한 후 내부를 개조하여 자가용 자동차 롤스로이스를 주차할 수 있는 주차장, 기도실, 영화관, 터키식 욕조, 금으로 장식된 14인용 식탁 등을 비치하였다. 이 전용기는 진정한 '날아다니는 궁전', '하늘 위의 호텔'이라 할 것이다.

하지만 거부들 중에는 검소한 생활을 하는 이도 적지 않다. 세계 제1의 갑부 아마존의 베조스 회장은 좀 독특한 성향을 지니고 있다. 우선 사람들이 많이 모이는 자리를 좋아하지 않는다. 이는 팀 운용 원칙으로 제시한 '피자 두 판의 법칙'에서 잘 나타나고 있다. 이 법칙은 회의 참여인원이 피자 두 판으로 식사를 마칠 수 있는 규모 이상이 돼서는 안 된다는 것을 의미한다. 내부에 작은 팀들이 민첩하게 움직이고 있다는 것이 아마존이 거대 조직임에도 경쟁력을 지닐 수 있는 이유이다. 그는 또 저녁 식사 후 반드시 자신이 설거지를 하는 습관이 있다. 그는 "설거지는 내가 하는 가장 섹시한 일이다"라고 말하기도 했다.

세계 4위 갑부이자 '오마하의 현인'이라고 불리는 워런 버핏 또한 검소하기로 정평이 나있다. 그는 네브래스카의 소도시 오마하의 담장도 없는 평범한 집에 살고 있다. 60년 전에 3만 1,500달러에 산 집이다. 그는 2014년 주주들과의 미팅에서 "내 삶은 지금보다 더 행복할 수 있을지 모르겠다. 하지만 내가 만약 집이 6채 8채 있었으면 지금보다 훨씬 불행했을 것이다. 나는 필요한 것을 모두 가지고 있다. 그렇기 때문에 이 보다 더 가질 필요가 없다."고 말했다.

버핏은 돈 문제엔 자식들에게도 냉정했다. 버핏의 막내아들 피터는 1989년 밀워키로 거처를 옮기려 했다. 그 과정에서 피터는 처음으로 아버지에게 돈을 빌려 달라고 부탁했다. 그러나 버핏은 "우리 관계가 금전거래 없이 깔끔했으면 한다"며 부탁을 거절했다. 결국 피터는 은행대출로 이사비용을 마련해야 했다.

페이스북의 CEO 마크 저커버그는 평소 티셔츠와 청바지 차림에 소형차나 중형차를 타고 다닌다. 폴크스바겐 골프GTI, 아큐라 TSX 등이다. 그는 본인의 똑같은 옷차림을 두고 "나는 내 인생에 있어서 결정 내리는 것을 최소화하고 싶었다. 특히 오늘은 무엇을 입을까 신경 쓰는 대신에 내 주변 커뮤니티를 더 돌보는 것이 낫다."고 말했다.

그의 결혼식도 소박했다. 집 뒤뜰에 90여명의 하객이 모였다. 청첩장은 없었고 친구와 동료가 대부분이었다. 신부의 드레스도 평범했다. 신혼여행 중에도 소박한 모습을 보였다. 로마에서 신혼여행을 하던 중 점심으로 맥도날드 햄버거를 계단에 앉아 먹었다. 한편 저커버그는 2015년 12월 살아있는 동안 자신의 페이스북 주식 99%를 기부하겠다고 밝혔다.

2018년 별세한 스웨덴 가구업체 이케아의 설립자 잉그바르 캄프라드 또한 짠돌이로 유명했다. 그는 20년 가까이 1993년산 볼보 승용차를 탔다. 또 이케아 푸드코트에서 손님들과 점심을 먹고 출퇴근 때는 버스를 이용했다. 해외출장 때는 항상 이코노미 클래스만 탔다. 그는 "당신 회사 직원들은 이면지 사용을 강요받고 있다고 하던데!"라는 질문에 대해 "그게 어때서? 난 종업원들을 위해 솔선수범한다."고 대답했다.

자신의 전 재산을 자선단체에 기부하겠다고 밝힌 홍콩의 인기 배우 주윤발 또한 근검하고 절약하는 생활을 하는 것으로 유명하다. 평소 소박한 티셔츠 차림에 플라스틱 슬리퍼를 신고 재래시장을 자주 찾는 그는 "다른 사람에게 보이기 위한 옷을 찾지 않고, 내가 입어서 편한 옷이면 충분하다"고 말했다.

또 팬들이 사진 촬영을 요구하면 즉석에서 다정한 포즈를 취해준다. 지하철을 타고, 길거리 음식을 사먹기도 한다. 그는 자신의 한 달 용돈이 800 홍콩달러(약 12만원)에 불과하다고 밝혔다. 17년 동안 쓰던 노키아 휴대폰을 2년 전에야 고장이 나는 바람에 스마트폰으로 바꿨다. 또한 평소 할인점을 즐겨 찾는다.

세계의 내로라하는 갑부들이라고 해서 하루 4~5끼를 먹는 것은 아니다. 또 속옷을 두 겹씩 껴입고 사는 것도 아니다. 그들도 보통사람들과 마찬가지로 생각하고 행동한다. 또한 가족과 친지, 동료와 직원들로 인해 많은 걱정과 고민을 하면서 살아가고 있다. 더욱이나 그들도 늙고 병들어 100세 이전에는 다 세상과 이별하게 된다. 인생에는 정답이 없다. 얼마나 많은 재물을 가지고 살든, 또 어디서 무엇을 하며 어떤 사람들과 더불어 살아가든 정작 중요한 것은 자신에게 주어진 시간을 즐겁고 행복하게, 그리고 보람되게 살아가는 것이라 할 것이다.

가사노동의 중요성과
워라밸의 실현

　가사노동은 하루 평균 임금노동 시간에 맞먹을 정도의 비중 있
는 노동이다. 그럼에도 가사노동에 대한 대가는 돈으로 지불받지
못한다. 한 국가의 경제적 부가가치인 GDP를 계산함에 있어 가
사노동은 제외되며, 경제통계에서도 주부는 비경제 활동인구로
분류되고 있다. 이처럼 가사노동은 산업사회의 다른 사회적 노동
과 달리 타인을 위해 일하면서도 노동 당사자에게 직접적인 화폐
보상이 주어지지 않는 거의 유일한 노동이다. 그래서 가사노동은
무보수 노동으로도 불리고 주부에게는 '노는 사람'이라는 부정적
인식마저 덧씌워져 있다.

　과거 가부장적 전통이 강했던 시절, 남자는 직장에 나가 임금

노동을 하고 여자는 집에서 가사노동을 하는 게 일반적 관행이었다. 그러나 여성의 사회적 활동이 본격화된 지금에 와서도 가사노동은 여전히 여성의 몫으로 여겨지고 있다. 이에 따라 여성은 이중으로 노동에 시달리고 있다. 통계청의 생활시간 조사에 따르면 맞벌이, 외벌이 부부 모두 여성에게 가사노동이 편중됐다. 남편과 아내의 가사참여 시간을 보면 아내가 맞벌이의 경우 4.7배, 비 맞벌이의 경우 7.8배 남편보다 가사에 참여하는 시간이 많은 것으로 나타났다.

건전한 가정을 유지해 나가는 데는 남녀 간의 가사분담은 중요하다. 가사노동을 여자 혼자서 부담하고 있는 가정에서 부부관계가 원만할 리 없다. 자연히 부부 싸움이 잦아지게 된다. 이 경우 그 가정은 이혼 위기에 몰리거나 출산 포기라는 사태가 벌어질 수 있게 된다.

여성의 이중노동 부담은 특히 '독박육아' 현상에서 두드러지게 나타나고 있다. 퇴근 후 식사를 준비하고 자녀를 돌보는 사람은 아내이다. 우리나라 직장여성의 절반은 육아휴직을 전후해 직장을 그만두고 전업주부로 돌아가는 실정이다. 또한 설사 육아휴직 후 복직을 하더라도 약 40%는 1년 안에 회사를 그만두는 것으로 나타나고 있다. 이는 무엇인가 일을 계속하며 아이를 키우기에는 안 맞는 환경이 조성되어 있다는 단적인 증거일 것이다. 이러니 우리나라의 합계출산율이 세계에서 가장 낮아 1명이 채 되지 않

한국 경제 미래 담론

는다. 이는 인구의 감소를 의미한다.

신체적, 정신적 부담을 온전히 홀로 감당해야 하는 독박육아는 육아 우울증으로 이어지기도 쉽다. 빠듯한 하루 일정 속에 수면 부족에 시달리는 여성들은 본인의 건강상태를 제대로 돌아볼 여유가 없다. 더욱 심각한 것은 엄마의 우울증세가 아이에게도 영향을 끼친다는 사실이다. 영국 리딩 대학의 린 머리 박사가 육아 우울증을 겪은 여성을 포함해 총 100명의 여성과 그 자녀들을 대상으로 연구한 결과, 육아우울증을 겪었던 여성의 자녀 41.5%가 성인이 되어 우울 증세를 보였다고 밝힌 바 있다.

이처럼 우리나라 여성들이 독박육아를 당하고 있는 원인은 무엇일까? 무엇보다도 뿌리 깊은 가부장적인 가족문화가 꼽힐 것이다. 물론 과거에 비해 많이 나아지고 있다고는 하나 여전히 남성의 육아 참여는 매우 미흡한 실정이다. 맞벌이 부부가 아이를 가지면 남자는 여전히 일이 우선이고, 여자는 일과 육아를 똑같이 중시해야 하는 현실이다. 아직도 우리 사회 한 곳에선 '여성의 직장생활은 아이 낳기 전, 아이 키운 후에나 바람직하다'고 보는 편견이 남아 있다. 이른바 독박육아의 사회구조이다.

긴 시간의 근로문화도 남성의 육아 참여를 막는 걸림돌이다. 최근 남성의 육아휴직제도가 도입되어 남성들의 육아 참여가 과거보다 늘고 있기는 하다. 그러나 여전히 상존하는 직장의 야근 분위기는 남성 육아휴직 제도의 실효성을 제대로 거두지 못하게 하고 있다. 실제로 남성 육아 휴직 이용자 수는 아직까지 20%가 채 되지 않는 상황이다. 또한, 보수적인 직장 분위기에서 주위의 시선을 극복한다 해도 복직에 대한 불안감과 휴직 기간에 받게 되는 낮은 급여수준도 남성육아 휴직을 어렵게 하고 있다. 중소 영세기업은 물론, 그나마 사정이 낫다는 대기업에서도 인사상 불이익까지 각오하고 육아휴직을 쓰기란 솔직히 쉽지 않은 것이다.

한편, 장시간 근로는 노동의 질과 근로자 건강을 해치는 요인이 되기도 한다. 또 일자리 나누기에 역행하며, 저출산의 원인으로도 작용하고 있다. 이에 정부는 근로시간 단축을 위한 제도개선책을 마련하였다. 즉 기업규모에 따라 2018년부터 2021년까지 단계적으로 주 52시간 근로제를 시행키로 한 것이다. 사실 우리나라는 오랫동안 OECD 회원국 가운데 1인당 평균 근로시간이 가장 긴 나라로 꼽혀 왔었다. 우리나라 취업자의 근로시간은 2000년 2,512시간에서 매년 꾸준히 줄어 2011년 2,090시간까지 내려갔다. 그러다 2012년에는 2,163시간으로 다시 늘어나는 등 오르락내리락하였다.

OECD 자료에 따르면 2018년 우리나라 취업자는 평균 연간 1,967시간을 일한 것으로 나타났다. 사상 처음으로 근로시간이 2,000시간을 하회했지만, 여전히 OECD 회원국 34개국 평균보다 200여 시간 더 많았다. 하루 법정근로시간 8시간, 그리고 한 달 평균 22일 일한다고 가정했을 때 우리는 OECD 평균보다 한

달 이상 더 일한 셈이다. OECD 회원국 중 근로시간이 우리보다 긴 나라는 멕시코(2,347시간), 코스타리카(2,209시간), 칠레(1,999시간), 러시아(1,988시간) 등 4개국뿐이었다.

1인당 평균근로시간이 가장 짧은 나라는 독일로 1,305시간에 불과했다. 이는 한국인이 8개월 정도 일한 것과 같은 수준이다. 네덜란드, 노르웨이, 덴마크 등도 근로시간이 1,500시간 미만이었다. 비교적 근로시간이 긴 것으로 알려진 일본과 미국도 각각 1,706시간과 1,792시간으로 나타났다. 따라서 이들과 비교할 때 아직까지 우리의 근로시간은 긴 편이다.

물론 이러한 근로시간 단축은 그동안 우리 경제발전의 원동력이 되어온 열심히 일하는 분위기를 가라앉히고, 또 전반적인 임금비용 상승을 초래할 가능성이 있다고 우려하는 사람들도 있다. 그러나 부족한 일자리 나누기를 실현하고, 고용의 질적 향상을 기함과 아울러 출산장려를 도모하기 위해서라도 이제 근로시간 단축은 피할 수 없는 대세가 되고 있다.

더욱이 미국과 일본 등에서는 야후(yahoo) 등 주 4일 근무제를 시행하는 기업들이 나타나고 있기도 하다. 다만, 당분간 불가피하게 야기될 부작용을 방지하기 위하여 근로시간의 유연한 활용을 보장하는 탄력근로제 단위기간 확대 등의 보완책이 마련되어야 할 것이다.

탄력근로제란 일감이 몰리는 시기엔 노동자들이 더 오래 일하고, 적을 땐 업무시간을 줄여 3개월 동안의 평균 노동시간을 법정 노동시간인 52시간에 맞추는 것을 말한다. 그런데 일이 몰리는 성수기, 신제품 출시를 앞둔 회사 등 집중 근로가 필요한 업종, 기업은 그 시기에 많은 노동력을 필요로 하기 때문에 단위기간의 확대가 필요하다. 그래서 기존 3개월 이내로 정해진 단위기간을 좀 더 늘려야 한다는 입장을 취하고 있다.

근로시간 단축이 가져다 줄 장점은 무엇보다 이를 통해 인간다운 삶을 누릴 수 있다는 것이다. 이를 우리 사회에서는 일과 삶의 균형, 흔히 '워라밸(Work & Life Balance)'이라고 한다. 일하면서도 개인의 여유로운 삶을 보장한다는 취지를 가진 이 용어는, 거창한 성공을 꿈꾸기보다 일상을 즐기려는 젊은 직장인 세대의 라이프 스타일을 대변하고 있다. 직장 생활이 우선시되는 걸 당연히 여겼던 과거와 달리, 개인 생활을 중시하는 문화가 일어나고 있는 것이다

워라밸은 또 '저녁이 있는 삶'으로 구현되기도 한다. 저녁은 나를 위한 시간이다. 낮 시간 동안은 직장에서 업무로 그리고 사람들과의 관계 속에서 심신이 지쳐 있다. 저녁시간에 나만의 시간을 가지면서 오늘 하루를 반추해 보거나 혹은 내일을 위한 재충전을 준비하는 것은 삶을 충만하게 한다. 저녁시간 동안의 휴식은 잠을 자는 것만으로는 부족하다. 책을 읽고 음악을 들으며 때

로는 땀을 흘리며 운동을 할 때 비로소 충전이 되는 것이다.

　또한 저녁은 가족과 함께하는 시간이다. 사랑하는 가족과 서로 부대끼며 시간을 나눈다. 그 과정에서 서로 눈을 마주하고 미소를 건네며 대화를 나눈다. 그리고 서로 위로하고 사랑을 나눈다. 그것이 바로 행복이다.

기후와 날씨가
경제에 미치는 영향

최근 미세먼지가 극성을 부리면서 우리사회가 몸살을 앓고 있다. 공기 속에 고체나 액체 상태의 입자상물질이 부유하고 있는 상태를 일반적으로 먼지라 한다. 그런데 입자 크기가 10㎛(마이크로미터) 이상인 경우에는 도시미관에 영향을 미치기는 하지만 인체에는 그다지 해롭지 않다.

따라서 문제가 되는 것은 입자의 크기가 10㎛보다 작은 미세먼지라 하겠다. 이 중 지름이 2.5㎛ 이하의 입자는 초미세먼지라고 한다. 여기서 10㎛란 지름이 머리카락 굵기의 1/10 정도의 크기를 뜻하며, PM10으로도 표기한다. PM이란 Particulate Matter(입자상물질)의 약자이다. 이 미세먼지는 대부분 자동차의 배기가스나 산업활동으로 배출되는 찌꺼기에서 발생하고 있다.

미세먼지는 비 또는 눈 속의 중금속 농도를 증가시킨다. 또한 대기 중에 부유하면서 빛을 흡수·산란시키기 때문에 시야를 악화시키거나 식물 성장에도 나쁜 영향을 미친다. 이뿐만 아니라 인체에 직접 유해한 질병을 일으키고 있다.

공기 중에 떠다니는 일반적인 먼지는 코털이나 기관지 점막에서 대부분 걸러져 배출된다. 하지만 미세먼지는 크기가 매우 작기 때문에 코, 구강, 기관지에서 걸러지지 않고 몸에 축적된다. 이에 따라 미세먼지에 노출되면 무엇보다 호흡기 및 심혈관계 질환에 감염될 우려가 크다. 또 혈관이 손상되면서 협심증, 뇌졸중의 위험도 높인다.

피부에도 치명적인 결과를 가져온다. 미세먼지가 모공을 막아 여드름이나 뾰루지를 유발하고 피부를 자극하면서 아토피 피부염을 악화시키기도 한다. 또한 두피에 미세먼지가 섞인 눈을 맞으면 모낭 세포의 활동력을 떨어뜨려, 모발이 가늘어지거나 쉽게 부러지고 작은 자극에도 쉽게 빠진다. 암 발병에도 영향을 미친다. 미세먼지는 세계보건기구(WHO)가 지정한 1급 발암물질이다. 덴마크 암학회 연구센터가 조사한 바에 의하면 미세먼지 농도가 $10\mu g/m^3$ 늘어날 때마다 폐암 발생 위험이 22% 증가했다. 이런 사실 때문에 전문가들은 미세먼지를 '조용한 살인자' 부른다.

경제적 피해 또한 지대하다. 현대경제연구원이 발표한 '미세먼지에 대한 국민 인식 조사' 보고서에 따르면 2018년 미세먼지로 인한 경제적 비용은 4조 230억 원에 달하는 것으로 추정되고 있다. 이는 명목 국내총생산(GDP)의 0.2% 수준이다.

미세먼지의 예에서 나타난 것처럼 기후변화는 산업에도 영향을 미친다. 여름철 무더위가 지속될 경우 에어컨, 선풍기, 아이스크림 등의 매출이 증가하는 반면 장마가 길어지면 제습기, 우산, 비옷, 레인부츠, 살충제의 매출이 늘어나게 된다.

실제로 봄, 가을이 짧아지고 여름과 겨울이 길어지면서 의류업계에서는 간절기 상품인 트렌치코트의 수요가 줄어들고, 겨울까지 입을 수 있는 계절상품이 생겼다고 한다. 또한 여름에만 사용하는 것으로 알고 있던 에어컨이 봄부터 가을까지 이용기간이 길어지면서 수요가 늘어나고 있다. 또한 여행상품에서도 변화가 생겨났다. 너무 추워서 가기 힘들었던 알래스카와 극지방의 기온이 높아지면서 그곳을 찾는 관광객이 늘어나고 있다는 것이다.

기상이변과 지구온난화는 일반적으로 산업에 부정적인 영향을 미친다. 그 피해는 인류에게 필수 자원인 물에서부터 시작된다. 기온이 올라감에 따라 지표를 흐르는 물이 증발하게 되고 증발속도는 갈수록 빨라지고 있다. 이처럼 물의 공급은 감소하는 데 비해 수요는 오히려 증가하고 있어 많은 지역에서는 물 부족 사태를 겪게 된다. 또한 비가 내리는 시기가 변하고 가뭄이나 홍수로 인한 피해도 점점 더 커지고 있다. 결국 식수뿐만 아니라 농업용

수와 공업용수 부족문제까지 초래하게 되는 것이다.

그나마 남은 물도 오염현상으로 인해 그 폐해가 지대하다. 가정과 공장에서 오·폐수를 무단으로 방류시키거나 토양에 스며든 농약이 공공 수역과 해역을 오염시키고 있다. 바다가 오염되면 바닷물이 붉은색으로 변하는 적조 현상이 일어나게 되는데, 이로 인해 물고기와 해초류가 떼죽음을 당하는 등 커다란 피해가 야기되고 있다. 또 식수원이 오염되면 이를 마시는 사람들의 건강을 크게 해치게 된다. 따라서 오염된 물을 깨끗하게 정수시켜야 하는데, 이 과정에서 많은 비용이 들어가고 있다. 이 모두가 경제적 손실이다.

이와 함께 온난화 현상은 산업계에 추가적인 관리 비용을 부담시키고 있다. 온난화로 기온이 올라가면 음식물은 부패하게 되고 공장에서 만든 제품의 성능과 효용은 떨어지게 된다. 이를 올바로 유지·보관하기 위해서는 비용을 추가로 지불해야 한다. 이와 함께 지구온난화 방지를 위한 과정에서도 추가적인 부담을 발생시키게 된다. 예를 들면 생산 공장에서 배출하는 환경오염원을 제어하거나 혹은 새로운 친환경 대체시설을 마련하기 위해서는 투자비용이 필요하게 된다. 탄소배출거래제에 따른 비용부담은 대표적인 예이다. 그래서 산업계에서는 지구온난화를 위기적 상황으로 치부하고 있는 것이 현실이다.

지구온난화와 기상이변이 산업계에 미치는 영향을 업종별로 살펴보자. 가장 직격탄을 맞게 되는 산업은 농업일 것이다. 지구촌 식량 사정은 기상이변에 따른 작황 부진이 예상되면서 갈수록 더 나빠질 것으로 우려된다. 먼저 가뭄과 홍수, 태풍피해를 통해 농작물의 작황부진을 가져오게 된다. 직접적인 일차적 피해는 곡물가격 상승을 통해 물가상승을 유발하는 것인데, 이 현상을 흔히 애그플레이션(agflation, agriculture + inflation)이라고 한다. 또 이차적으로 이들 기상이변 현상은 여러 가지의 병충해를 초래하여 어렵게 경작한 농작물에 피해를 입힌다.

대표적인 굴뚝산업인 제조업도 전반적으로 커다란 피해를 입게 될 것이다. 특히 화석연료 의존도가 큰 철강·조선 산업은 에너지 절약 기술을 개발하지 않으면 산업 발전이 정체되거나 후퇴할 것이다. 반면 전기자동차, 스마트 그리드(Smart Grid), 의료산업과 바이오산업 등 친환경산업(eco-friendly industry)들은 새로운 성장동력이 될 것으로 예상된다.

건설업 역시 기상이변으로 인한 공기(工期) 지연과 안전사고 노출, 인건비 및 콘크리트 타설 비용 등이 증가하게 되며, 수송업의 경우 항공기와 선박의 결항, 도로 교통체증으로 타격을 입게 된다. 유통업은 기상예측을 잘못할 경우 재고발생에 따른 손실을 입게 될 뿐만 아니라, 경쟁업체에 시장을 빼앗기는 결과를 맞기도 한다. 이미 오프라인 매장은 온라인 쇼핑몰과 TV홈쇼핑 업체에 시장을 빼앗기고 있다.

그러나 '위기는 기회'라고 기상이변은 신산업의 태동과 확장의 기회가 될 수도 있다. 특히 기상과 관련된 상품과 서비스를 제조·공급하는 기상산업은 이상기후로 인한 불확실성을 줄인다는 점에서 각광받는 신산업이다. 기상산업의 범주에는 기상예보업, 기상감정업, 기상장비업, 기상컨설팅업 등이 포함되며, 기상금융업도 넓은 범주에 해당한다.

기상산업은 가파른 성장세를 보이고 있는데, 이는 기업이 기상이변에 대한 대응을 유가와 환율, 금리 같은 경영 변수의 한 축으로 인식했기 때문이다. 기업은 기상이변에 따른 피해를 최소화하기 위해 기상이변에 대한 예측 및 대응관련 매뉴얼을 마련해 수시로 훈련과 점검을 해나가야 한다. 또 생산·유통·가격·판매 등에 미치는 영향을 파악해 필요한 조치를 취해 나가야 한다.

금융업도 새로운 상품이 만들어지는 호기를 맞이하게 된다. 기상이변 현상이 발생함에 따라 커지게 된 변동성을 줄이기 위해 다시 말해 리스크 헤징(risk hedging)을 위해, 여러 가지 날씨 관련 파생상품과 보험상품이 개발될 수가 있는 것이다.

여러 산업 중에서도 지구온난화로 가장 큰 영향을 받는 업종은 바로 에너지 산업이다. 온실가스를 줄이기 위해서는 석탄과 석유 등 기존의 화석연료를 줄이는 대신 새로운 클린 에너지를 개발해

나가야 한다. 이에 따라 에너지산업은 새로이 각광받는 산업으로 부상하고 있다. 특히 풍력과 수력 그리고 신재생에너지 산업은 떠오르는 유망산업이라 하겠다.

국제에너지기구(IEA, International Energy Agency)는 온실가스 감축이 세계적 이슈로 부상함에 따라 2030년까지 에너지시장에 총 12조 3천억 달러 규모의 투자가 이뤄질 것으로 예상하고 있다.

기후변화를 방치하면 2050년까지 13억 명의 사람들이 자연재해로 인한 위험에 노출되고 158조 달러에 이르는 손실이 예상된다는 전망이 나왔다. 이는 연간 세계 GDP의 약 2배에 해당한다. 이러한 보고서를 내놓은 세계은행 기후변화 사무국은 "도시의 인구증가와 기후변화는 빠른 속도로 우리의 미래를 위협하고 있고, 이는 곧 우리를 비참하게 만들 것이다. 또한 도시와 해안지역의 재난에 대해 준비하는 접근 방식을 바꾸지 않는다면 미래의 손실은 급격히 증가할 것"이라고 경고한다.

지구환경 지킴이,
숲의 경제학

나무와 숲은 우리 인간에게 여러 가지 유익한 기능을 하고 있다. 임산물을 생산하는 경제적 기능과 국토보전, 수원(水源) 함양, 산림휴양, 야생동물 보호, 산소공급 및 대기정화 등 다양하다. 산림은 토사의 유출 및 붕괴를 막고 낙석, 산사태 등을 방지하는 기능을 발휘한다. 또 자연경관 유지, 양호한 산림휴양 장소 제공을 통해 국민들의 급증하는 야외휴양 수요에 부응하고 있다. 이 밖에도 산림은 동식물 서식보호 장소로서 종의 보존기능과 더불어 탄소동화작용에 의해 지구온난화를 완화시켜 준다. 그리고 오염된 대기의 정화, 정신문화 교육장의 제공 등 산업화된 현대사회에서 산림의 가치는 무한하다.

산림이 제공하는 가치는 시장에서 결정되지 않기에 직접적인 평가는 쉽지 않다. 그러나 갈수록 산업화, 도시화로 각종 공해가 발생함에 따라 깨끗한 물, 맑은 공기, 아름다운 경관 등 산림의 공익기능에 대한 요구가 폭발적으로 증가하고 있다. 국립산림과학원에서 조사한 바에 의하면 우리나라 산림의 공익가치 총 평가액은 2014년 기준 126조원인 것으로 나타났다. 이는 당시 GDP의 8.5%에 달하는 것이다. 이는 국민 한사람이 산림으로부터 약 250만원의 혜택을 받는 셈이다.

먼저, 산림은 대기정화 기능을 한다.

최근 전 지구촌의 심각한 환경 문제로 부각되고 있는 지구온난화 현상을 억제하기 위해서는 이산화탄소의 발생량을 줄이거나, 발생한 이산화탄소를 녹색식물을 통해 제거해야 할 것이다. 그러나 이산화탄소 배출은 각국의 경제발전 문제와 연계되기 때문에 그리 쉽게 해결되지 못하고 있는 실정이다. 현재의 과학기술 수준 또한 배출된 이산화탄소를 적정 수준으로 제어하기에는 한계가 있다.

이에 따라 아직까지는 산림과 같은 녹색자원의 활용이 지구환경 보존을 위한 최선의 선택이라 할 수 있다. 한 연구에 의하면 0.5kg의 나무 무게가 증가하는 동안 수목은 약 0.75kg의 이산화탄소를 흡수하고 0.6kg 정도의 산소를 방출한다고 한다. 이 연구 결과 자료를 바탕으로 산림청이 보고한 우리나라 산림의 산소공급 총량은 연간 약 3,600만 톤에 달하고, 이는 1억 3천만 명이 호흡할 수 있는 양이라고 한다. 또 이산화탄소 흡수량은 약 4,600만 톤으로 총 이산화탄소 배출량의 8%에 달하고, 미세먼지도 총 배출량의 25%를 흡수하는 것으로 평가되고 있다. 수목은 이런 기능을 그늘과 수분의 증발을 통하여 수행하고 있다. 가령 높이 30m에 20만개의 잎이 있는 나무의 경우 성장이 왕성한 계절에만 해도 약 42㎥의 물을 토양으로부터 흡수하여 공기로 내뿜는다고 한다.

또 다른 산림의 주요 기능은 지구를 식혀 주는 에어컨 역할을 수행한다는 것이다. 이러한 산림의 기후조절 기능은 수종에 따른 잎의 밀도, 잎의 모양 그리고 가지의 형태 등에 좌우된다. 따라서 온도가 높은 지역의 도시 및 주변에는 활엽수림을 조성하는 것이 온도를 떨어뜨리는 데 효과적이다. 여름철에는 잎에 의해 태양광선을 차단하고 수분을 증발시켜 열기를 식히고, 겨울철에는 나무의 가지나 잎이 있는 부분 즉 수관층(樹冠層)이 말라 낙엽이 되므로 그 반대 효과를 기대할 수 있다.

특히, 도시의 숲은 소음을 감소시키고 광합성 작용에 의한 산소 발생과 분진흡착 등으로 공기를 정화시켜주고 있다. 한 조사에 의하면 숲이 있을 때 여름 한낮에 평균 기온이 3~7℃ 낮았고, 습도는 평균 9~23% 높게 나타나는 것으로 나타났다.

이와 함께 산림은 수자원 함양 기능을 통해서도 지구환경 보전에 기여한다. 숲은 빗물을 머금었다가 서서히 흘려보내는 인공 댐과 같은 기능을 한다고 하여 '녹색 댐'이라고 불리고 있다. 녹색 댐 기능은 비가 많이 내릴 때 홍수유량을 경감시키는 홍수조절 기능, 비가 오랫동안 오지 않아도 계곡의 물이 마르지 않게 하는 갈수(渴水) 완화 기능, 수질을 깨끗하게 하는 수질정화 기능 등을 말한다.

우리나라의 산림지역에서 만들어지는 연간 물의 양은 수자원 총량 1,267억 톤의 약 65%인 830억 톤에 달한다고 한다. 그리고 우리나라 숲이 저장할 수 있는 물의 양은 수자원 총량의 15%인 192억 톤이다. 이 양은 국내에서 가장 큰 소양강 댐을 10개나 지어야 얻을 수 있는 것이다. 또 세계에서 가장 깊은 화산 호수인 백두산 천지를 10번 가득 채울 수 있는 양이기도 하다. 이렇게 저장된 물은 산림에 의하여 연중 적절히 방출되는데, 건강한 산림일수록 조절 기능이 커 홍수기에는 물을 토양 내에 저장하고 갈수기에는 천천히 방출한다. 이처럼 숲이 머금은 물은 1년 내내 계속해서 흘러나오기 때문에 대부분을 이용할 수 있다.

이 밖에도 산림은 사람들에게 휴양 기능을 제공함으로써 풍요롭고 쾌적한 삶을 누릴 수 있게 한다. 나무들이 스스로를 보호하기 위해 내뿜는 항균성 물질인 피톤치드(phytoncide)는 사람들 건강에도 큰 도움을 준다. 뿐만 아니라 녹색 숲은 사람들에게 심리적 안정감을 주고 눈의 피로를 덜어주는 효과도 있다. 삼림욕을 통해 몸과 마음의 병을 치유하려는 사람들도 늘고 있다.

우리는 이처럼 인간에게 여러 가지 유익한 기능을 하고 있는 산림을 지켜야 한다. 특히 열대림을 지켜야 한다. 지구상의 열대림은 수억 년 동안 진화하고 형성된 것이다. 이렇게 유구한 시간 속에 형성된 열대 생태계가 인류의 잘못된 판단으로 100여 년 만에 절반이상이 파괴되었다. 2021년 노르웨이열대우림협회(RFN)가 발표한 자료에 의하면 지구 표면의 약 13%를 뒤덮고 있던 1천 450만㎢ 면적의 열대우림 중 이제는 3분의 1에 해당하는 36%만이 손상되지 않았다고 한다. 그런데 이러한 열대우림 파괴현상은 21세기 들어 특히 심각하다. 이에 따라 지금과 같은 속도로 열대림 파괴가 자행된다면, 나머지가 파괴되는 것도 시간문제일 것이다.

열대림을 파괴함으로써 몇몇 나라나 일부 다국적기업들은 단기간에 큰 이익을 보겠지만, 이는 전 인류에게 있어서는 손해를 넘어 죄악에 가까운 행위다. 열대림이 파괴되는 이유로는 주로 인구증가와 그에 따른 경제개발의 필요성에 기인한다. 아마존에서는 주로 목초지 조성과 소 사육, 농작물 재배를 위한 농경지 확보 등의 이유로 파괴되고 있다. 이에 비해 인도네시아에서는 팜유(Palm oil)를 얻기 위한 야자수 농장이 늘어나면서 1990~2015년 영국 전체 면적에 해당하는 24만㎢의 숲이 사라졌다. 이는 브라질 열대우림보다 더 빠르게 줄어들고 있는 것이다. 그러나 전문가들의 연구 결과에 따르면, 열대림을 개간하여 목초지로 이용하였을 때의 경제적 이익보다 열대림을 보존하여 지속 가능한 자원을 얻을 때의 이익이 40배 정도나 많다고 한다.

우리나라는 숲이 차지하는 면적이 전 국토의 2/3인 64%나 된다. 그만큼 숲은 중요한 자원이다. 우리는 그동안 비교적 산림녹화 사업을 성공적으로 수행해왔다. 그 결과 우리나라 산은 점차 푸르게 변해갔고, UN은 우리를 제2차 세계대전 이후 산림녹화에 성공한 유일한 개발도상국이라고 극찬하기도 했다.

산림녹화에 대한 자신감이 생기자 우리 정부는 도시 녹지화를 위한 시책도 다양하게 추진할 수 있게 되었다. 그 예로는 공원녹지 조성, 건축이나 주택건설시 조림 의무화, 대도시의 팽창 방지와 자연환경보전 목적의 개발제한구역제도(Green Belt)의 운영 등이다. 그러나 골프장 건설, 그린벨트 훼손 등의 산림녹화 분위기 이완 사례도 늘고 있는데, 이러한 점은 경계해야 할 것이다.

산림의 파괴는 결국 부메랑이 되어 인류의 멸망을 초래하게 될 것이다. 따라서 전 세계 모든 나라와 국민들이 지혜와 힘을 모아 산림 파괴를 막아야 할 것이다. 네덜란드의 철학자 스피노자(Spinoza)는 이렇게 말했다. "내일 지구의 종말이 온다고 하더라도 오늘 나는 한 그루의 사과나무를 심겠다!"

기본소득제의
점진적 시행

최근 들어 기본소득에 대한 국민적 관심과 논의가 부쩍 늘어나고 있다. 그 계기는 코로나 사태 대처수단으로써 재난기본소득이 지급되면서부터다. 실제로 재난기본소득이 실업과 영업부진으로 인해 줄어든 소득의 일부로 메꾸어 주었고, 이를 통해 소비도 진작시키는 역할을 하였다. 한마디로 경제에 도움이 되었다는 것이다. 또 다수의 국민들은 정부로부터 무엇인가 실질적인 혜택을 받았다는 만족감과 행복감을 느낄 수도 있었다고 말한다.

기본소득제도는 말 그대로 누구에게나 동일한 금액의 최소 생활비를 지급하는 제도다. 16세기 영국 인문주의자 토머스 모어의 〈유토피아〉에서 나온 개념으로 1970~80년대 사회운동으로 확대되었다. 빈곤층에만 지원하는 '선별적 복지'와 다른 '보편적 복지'다.

국민이라면 재산의 많고 적음이나 소득활동 여부를 가리지 않고 누구나 국가로부터 일정액의 현금을 지속적으로 지급받는 것을 뜻하는 기본소득의 개념을 보다 구체적으로 살펴보자. 누구나 받는 보편성, 개개인에 직접 지불하는 개별성, 재산 및 소득활동 여부와 상관없이 지불하는 무조건성, 매월 혹은 정기적으로 지불하는 정기성, 현물은 안 되고 사용처도 제한해서는 안 되는 현금성, 인간다움을 영위할 수 있을 정도의 충분성 등이 기본소득제도의 6대 원칙이다.

그동안에도 일부 국가에서는 지방정부를 중심으로 기본소득 정책을 시행해 왔다. 미국 알래스카 주는 1982년부터 석유에서 나오는 수익을 주민들에게 배당금 형식으로 지급하는 기본소득 제도를 시행 중이다. 또 빈곤과 범죄로 악명 높던 도시 캘리포니아 주 소재 스톡턴에서도 최근 이 제도를 도입하였다. 스톡턴 시는 무작위로 선정한 주민 125명에게 2019년 2월부터 18개월간 매달 500달러의 기본소득을 주고 있다. 그리고는 조건 없이 현금을 지급할 때 주민들 삶에 어떤 변화가 일어나는지를 연구할 계획을 세워두고 있다. 이탈리아의 리보르노 시에서도 지난 2016년 6월부터 최빈곤층 200가구에 매달 500유로의 기본소득을 주고 있다.

그러나 국가 차원에서 이 제도를 실시한 나라는 핀란드가 처음이다. 핀란드 정부는 2017년부터 기본소득제도를 시범 실시하기 시작했다. 실업수당을 받는 이들 중 무작위로 선발한 2,000명에게 기본소득 월 560유로(약 70만원)를 지급하는 방식이다. 핀란드 1인당 평균 월 소득 3,500유로의 16% 수준에 해당하는 기본소득의 지급 대상은 소득과 재산 규모, 고용 여부 등과 상관없이 무작위로 뽑혔다. 수급자들은 기본소득의 사용처를 보고할 의무가 없고, 2년 안에 일자리를 찾더라도 기본소득 전액을 받게 된다.

핀란드 정부는 2년 동안 이 같이 기본소득을 시범적으로 지급한 뒤 정책이 성공적으로 평가되면 지급대상을 프리랜서, 소기업과, 파트타임 근로자 등 저소득 그룹으로 단계적으로 확대해 나간다는 계획을 세워 두었다. 그러나 2년 뒤에도 결과가 취업률 증가로 이어지지는 않았기에 핀란드는 정식 도입을 장고하고 있다. 물론 기본소득제도에 대한 국민들의 공감이 커져 향후 제도 시행에 도움이 될 것이라는 긍정적 평가도 없지 않다.

핀란드 정부가 이런 정책을 시행했던 당초의 취지는 기술진보 등으로 일자리 감소를 겪는 노동시장에 든든한 보호막이 되고, 실직자들에게 더 많은 취업 기회를 제공하기 위한 것으로 알려져 있다. 실제 당시 통신장비회사 노키아의 몰락으로 핀란드의 실업률은 8%를 넘어서 있었다. 또 기존 복지제도가 실업해소에 도움이 되기보다 오히려 복지비용을 증대시킨다는 지적 탓도 있었다. 복지체계가 잘 갖춰진 핀란드에서는 복지에 의존해 저임금으로 일하거나 임시직을 기피하는 사람이 적지 않았다. 핀란드 사회보장국은 "기본소득이 보장되면 창업 등에 적극 나서며 경제활동에 뛰어들 수 있을 것으로 본다."고 밝혔다.

　서구사회를 중심으로 그동안 기본소득제도의 시행에 대한 찬반 논의가 꾸준히 진행되어 왔다. 우선, 찬성하는 측의 논거는 다음과 같다. 첫째, 로봇과 인공지능(AI)이 보편화되어 이들이 사람의 일자리를 대체하는 이른바 4차 산업시대에 제대로 적응하기 위해서다. 물론 기술발전으로 새롭게 창출되는 일자리도 있지만 전체적으로는 일자리가 크게 줄어들 것으로 예견된다. 이런 상황에서 일을 하고 싶은 열정과 능력은 있지만, 일자리를 구하지 못한 사람들이 인간다움을 유지하기 위한 대안으로 기본소득제도가 도입돼야 한다는 관점이다.

　둘째, 자본주의 체제 유지를 위해 필요하다는 것이다. 일자리 소멸은 소득과 소비를 위축시키고 나아가 생산도 차질을 빚게 된다. 이 경우 자본주의 체제가 붕괴될 우려가 크다. 다시 말해 소비와 생산의 선순환과 자본주의 체제유지를 위해 기본소득제도가 필요하다는 논리이다.

　셋째, 기존 복지제도 보완과 개선의 관점이다. 향후의 경제사회는 일자리 감소와 정보격차 등으로 인해 양극화의 틈은 더욱 벌어지게 마련인데, 기존 복지제도로는 이런 틈을 메우기 어렵다. 따라서 이를 보완하거나 기존 제도의 불합리한 점을 개선하기 위해 기본소득제도가 필요하다는 주장이다. 아울러 복잡다단하게 얽혀있는 기존 복지제도를 기본소득제도로 통합할 경우 관리비용도 줄일 수 있다는 것이다.

그러나 기본소득 지급에 대한 반대 논리도 만만치 않다. 우선 무엇보다도 막대한 재원이 필요하다는 점이 가장 큰 장벽으로 꼽힌다. 재원마련을 위해서는 기본적으로 증세와 국채 발행이 불가피하다. 이 경우 재정의 건전성을 해치게 되고, 국민들의 수용을 설득하는 문제도 쉽지가 않다. 스위스가 실시한 기본소득제도 도입 국민투표가 부결된 가장 큰 요인도 재원에 대한 우려였다. 스위스는 2016년 6월, 모든 국민에게 매달 2,500 스위스 프랑(약 300만원)을 주는 법안을 국민투표에 부쳤으나 무산된 바 있다.

또 기본소득이 노동의지를 감퇴시켜 노동시장 이탈을 촉진하고 사회전체의 생산력을 하락시킬 우려도 예상된다. 그리고 노동을 하지 않는 사람에게 소득을 지급하는 것이 불합리하다는 주장에 대한 반박논리도 마땅치 않다. 이외에도 기본소득을 도입한다면 국민연금, 고용보험 등의 기존 사회보험제도를 전면 재편할 필요성이 제기된다. 이때 만약 기본소득 금액이 충분히 높게 책정되지 않는다면 연금생활자 등 기존 복지 대상자들이 받던 혜택을 대체하지 못하고, 오히려 생활수준의 악화를 불러올 수도 있다. 그렇다고 이중적 지출을 하는 것은 재원부족이라는 현실문제에 부닥친다. 이는 결국 기존 연금제도와 기본소득제도를 어떻게 상호 연계시킬 것인지가 핵심과제가 된다는 뜻이다.

그동안 이처럼 찬반논쟁이 없지 않았지만, 코로나 사태는 기본소득제도에 대한 긍정적 분위기를 형성하는데 결정적 역할을 하였다. 유럽과 아프리카를 중심으로 제도의 도입을 검토하는 나라가 늘어나고 있다. 특히, 스페인이 적극적이다. 스페인 정부는 사회안전망 강화 차원에서 2020년 6월부터 빈곤층에게 최저 생계비를 지급하기로 했다. 코로나 사태 이전부터 빈곤층 증가로 고심하던 스페인은 기본소득제도의 부분적 도입으로 경제회복과 동시에 실업률 감소 효과를 기대하고 있다.

지금 세상은 코로나 사태로 인해 엄청난 변화와 도전을 겪고 있다. 코로나 이전에 최선으로 여겼던 사고방식과 제도들 중에는 이제 폐기하거나 바꿔나가야만 할 상황에 처한 것들도 적지 않다. 국가의 역할도 좀 달라져야 한다는 생각이 커지고 있다. 즉 국가는 국민의 건강증진과 생명 보호에 더 많은 힘을 기울여야 하며, 또 복지 인프라와 사회안전망(Social Safety Nets)을 보다 내실화하고 체계적으로 운영하는 역량을 증진시킬 필요가 있다는 것이다.

이런 시대적 요구의 변화 속에 기본소득제도의 도입 문제는 검토해 볼 필요성이 충분히 있다고 본다. 다만, 제도를 바로 전면적으로 도입할 때는 여러 가지 부작용이 발생할 가능성이 크다. 따라서 점진적이고 단계적으로 추진해 나가는 것이 바람직하다. 우선 당장 필요한 과제는 제도 도입에 대한 국민적 합의 도출 과정을 거치는 것이라 하겠다. 아울러 제도 도입의 구체적 방안과 필요 보완대책들을 충분히 검토해 나가야 한다. 특히, 2중적 복지 재정 지출 문제가 발생하지 않도록 하는 것은 매우 중요하다.

동반성장과
공유경제의 확산

기업이나 조직에서는 팀워크를 통해 타인을 이해하고 공존하면서 목표를 향해 나아가는 방안을 체득하게 된다. 또 업무 분담을 통해 각자의 전문성과 개성을 살려나갈 수도 있다. 이처럼 사람들이 각자의 자리에서 협력을 통해 서로 다른 다양한 가치를 존중하고 공동으로 성취해가는 과정을 함께 한다면 우리 사회 전체에서 갈등과 다툼의 소지가 현저히 줄어들 것이다.

이런 생각에서 나온 경제관념이 바로 동반성장이다. '동반성장'은 자본주의 체제가 앞으로도 지속해 나가기 위해서는 기존의 '성장'과 '발전'에서 '공생(共生)'과 '상생(相生)'으로의 패러다임 변경이 있어야 한다는 생각에서 비롯되었다. 즉 중소기업과 대기업, 실물산업과 금융산업, 국내자본과 외국자본들 모두가 '상생하는 복지(positive-sum welfare)' 구도를 만드는 것이 주어진 과제라 할 것이다.

원래 우리나라에서의 동반성장 개념은, 중소기업과 대기업 간의 갈등을 해소하고 서로 협력하여 상생할 수 있는 길을 모색한다는 취지에서 생겨났다. 이후 점차 개념이 확장되어 수출과 내수, 제조업과 서비스업, 그리고 노와 사가 균형 있게 발전하고 상생하는 경제사회를 의미하고 있다.

무엇보다 대기업과 중소기업의 동반성장이 중요하다. 중소기업은 주로 대기업이 필요로 하는 원자재와 부품을 생산하거나 지원 서비스를 제공하고 있다. 이들이 우수하지 못하면 대기업이 생산하는 완제품도 경쟁력을 가지기 어렵다. 그런데 우리의 현실은 아직도 중요한 핵심부품은 국내 중소기업들이 생산하지 못하거나 기술수준이 취약하여 일본으로부터 수입해 활용하는 경우가 많다.

독일과 일본 등 산업경쟁력이 강한 국가들은 우수한 중소기업들을 보유하고 있다. 이에 비해 우리 중소기업의 경쟁력은 아직도 매우 취약하다. 그럼에도 우리 대기업들은 중소기업들이 경쟁력을 키울 수 있도록 지원과 협력을 하기보다 자기들 성장발전의 희생양으로 간주하고 횡포를 부리는 소위 '갑질행위'에 더 익숙해 있는 편이다.

대기업의 갑질을 견디지 못한 중소기업은 결국 도산하고 말 것이다. 이 경우 수많은 근로자들이 길거리로 내몰리게 되고, 종국에는 대기업 자신에게도 부메랑이 된다. 대기업과 하청업체가 정상적인 관계를 유지하지 못할 경우 그런 과정에서 정상적인 제품이 생산되기를 기대하기가 어렵다. 결국 소비자의 신뢰를 잃게 되어 모기업과 하청업체 모두 공멸을 자초하는 결과를 맞게 될 것이다. 실제로 우리는 2019년 일본이 주요 원자재와 부품의 수출제한 조치를 취했을 때 이런 경험을 뼈아프게 겪었다. 이런 결과가 초래되지 않도록 대기업과 중소기업은 공동운명체라는 인식을 공유하고 상호 협력해 나가야만 한다.

기업과 근로자의 동반성장 또한 매우 중요하다. 이는 무한경쟁 시대에서 살아남기 위한 전제조건이 된다. 작금의 글로벌 경제전쟁 시대는 근로자와 기업주 양자가 한가로이 싸우는 상황을 용납하지 않는다. 근로자와 기업이 한 팀이 되어 즉 동반자로서 함께 싸워도 승자가 될 수 있을까 말까 한 엄혹한 상황인 것이다. 글로벌 경쟁력은 노사의 단합된 힘에서 나온다. 따라서 대립과 갈등의 노사관행을 버리고 동반자적 관계를 구축해 나가야만 한다.

이를 위해서는 기업내부 경영 활동에서 인간존중의 정신을 뿌리내릴 수 있도록 해야 한다. 기업이란 이윤획득이란 공통목표를 가진 사람들의 협동체이다. 그런데 현실 기업경영에서는 늘 사람을 이윤획득의 도구로만 생각해 왔지, 소중한 인격체라는 점에 대한 배려에는 소홀했다.

그래서 경영진들은 '경쟁과 통제' 시스템을 주로 활용하였다.

즉 조직원들끼리의 냉혹한 경쟁을 통해 매출목표를 달성코자 하였고, 조직원들에 대한 용이한 통제를 위해 조직을 계층구조화시켰다. 그러나 이러한 경영방식은 갈수록 조직원 간 소통의 단절을 가져오고 갈등을 초래하여 오히려 기업의 생산성이 떨어지는 문제를 초래하게 되었다.

이러한 문제를 극복하기 위해서라도 이제는 사람을 자원이 아닌 인격체로 복원시켜야 한다. 이와 함께 노사도 한 팀이 되어 단합함으로써 기존의 대립과 갈등의 관계에서 상생과 협력 그리고 동반자적 관계로 나아가야 함은 물론이다.

그래서 경영자는 구성원의 아픔을 이해하고 나누며, 그들이 즐거이 일할 수 있도록 배려해야 한다. 아울러 경쟁과 통제보다 협력과 자율을 더 중시하는 경영철학을 가지고 기업경영을 해나가야 할 것이다. 또 수직적인 조직 체계를 수평구조화하고 구성원들이 직장을 자기실현의 장으로 여기는 새로운 문화를 창조해 나가는 것이 바람직하다.

노동자들 또한 오늘날과 같이 어렵고 불확실성이 큰 시대에는 결국 노사 간의 상생과 공존이 경쟁력이라는 사실을 인식해야 할 것이다. 파업을 예사로 생각하는 풍토가 바뀌어야 한다. 그리고 노조문화도 바뀌어야 한다. 노동조합은 어디까지나 노동자들의 고용조건이나 지위를 향상시키기 위해 활동하는 단체이지, 결코 사회주의 이념을 우선으로 하는 단체나 혁명집단은 아니라는 것이다.

한편, 최근 공유경제가 확산되고 있다. 기존 자본주의 체제를 보완할 수 있는 하나의 대안으로 떠오르고 있는 것이다. '공유경제'란 물품은 물론, 생산설비나 서비스 등을 개인이 별도로 소유할 필요 없이 필요한 만큼 빌려 쓰고, 자신이 필요 없으면 다른 사람에게 빌려 주는 공유소비의 의미를 담고 있다. 공동체 경제와 나눔경제, 협동·협업 경제, 사회적 경제도 비슷한 의미다. 소비와 소유의 시대를 넘어 공유시대로 세상을 바꾸자는 것이다.

공유경제의 대표주자는 2008년 8월에 설립된 에어비앤비(AirBnb)다. 이는 자신의 빈 방이나 집, 별장 등 공간을 임대하려는 사람과 숙박을 원하는 사람을 연결해 주는 서비스이다. "낯선 도시에서 우리 집을 만나다!"라는 캐치프레이즈 아래 여행의 설렘과 집이 주는 편안함을 절묘하게 버무린 에어비앤비의 도발은 성공했다. 차량 공유기업인 우버(Uber)도 성공사례의 하나이다. 스마트폰 앱으로 택시가 아닌 일반차량을 연결해 주는 교통중개 서비스다. 2010년 탄생한 우버는 전 세계에서 찬사와 비난을 받으며 사업을 확장했고, 공유경제의 아이콘으로 부상하게 되었다.

에어비앤비와 우버의 성공은 전 세계 창업자들에게 커다란 자극을 줬다. 창업자들은 공유할 수 있는 분야를 찾아 특화하며 기업을 설립했다. 이제 공유의 대상도 단순한 물건이나 시간을 넘어 지식과 재능, 시간 등 무형의 자산으로 확장하고 있다. 사업의 영역도 개인의 노동력을 제공하는 데서부터 컴퓨터프로그래밍,

금융·회계 상담, 그리고 의료 서비스 공유기업까지 등장했다.

최근에는 공유오피스 시장이 급성장하고 있다. 공유오피스는 말 그대로 사무실을 함께 쓰는 새로운 공간 활용 서비스다. 업무 공간은 구분지어 사용하되 회의실·휴게실·응접실·화장실 등 각종 기본 필요시설과 사무기기 등 장비를 공동으로 사용하는 체제이다. 지난 2015~2016년 국내에 첫 지점을 열기 시작한 공유오피스 업체들은 서울의 주요 업무지구의 대형 빌딩 여러 층을 임대해서 사업을 활발하게 펴고 있다.

다만, 이처럼 신장세를 보이던 공유경제 모델이 코로나 사태라는 뜻밖의 복병을 만나 시험대에 올라 있다. 바이러스 확산 속도가 유독 빠른 데다 감염 경로도 불분명하자, 남이 쓰던 물건이나 장소를 공유하는 소비 방식에 대한 우려가 커지는 분위기다. 그러나 언젠가는 겪어야 할 성장통으로 위생과 안전을 보강한다면 공유경제 비즈니스가 한 단계 업그레이드 될 수 있으리라는 견해도 없지 않다.

이제 우리는 서로 협력하고 존중하는 가운데 경쟁을 해 나감으로써 더 바람직한 성과를 만들어내고 모두가 행복한 경제사회를 만들어 나가야 한다. 2016년 리우올림픽에서 우리는 매우 감동적인 장면을 접할 수 있었다. 다름 아닌 여자 육상경기 도중 넘어진 두 선수가 서로 격려하며 완주하는 모습이었다. 여자 육상 5,000m 예선에서, 뉴질랜드 선수가 넘어지면서 뒤따르던 미국 선수도 함께 넘어졌다. 미국 선수는 바로 일어났지만, 뉴질랜드 선수는 트랙 위에서 몸을 일으키지 못했다. 미국 선수는 "일어나, 끝까지 달려야지. 올림픽이잖아. 끝까지 달려야 해."라면서 뉴질랜드 선수를 일으켜 세웠다.

그러나 얼마 못가 이번에는 미국 선수가 무릎 부상으로 주저앉아 버렸다. 이에 뉴질랜드 선수는 달리기를 멈추고 다가가 미국 선수에게 손을 내밀었다. 서로 격려하며 끝까지 달린 두 선수는 결승점을 통과한 뒤 뜨겁게 포옹했다. 두 선수는 참다운 스포츠 정신과 함께 아름다운 상생과 배려의 정신을 세계인의 가슴에 새겨 주었다.

수평적
조직문화의 구축

20세기 최고의 오케스트라 지휘자 두 사람을 꼽으라면 아마 베를린 필하모닉 오케스트라의 헤르베르트 폰 카라얀과 뉴욕필하모닉 오케스트라의 레너드 번스타인일 것이다. 그런데 이 두 사람은 실력뿐만 아니라 여러 가지 면에서 두드러진 능력을 발휘했지만 그 스타일과 이미지는 상반된 것이 많았다. 카라얀이 평생 사적으로 단원들과 식사자리 한번 가지지 않았던 독선적인 카리스마였다면, 번스타인은 부드러운 이미지와 설득으로 오케스트라를 이끌었다. 카라얀이 베를린 필의 상임지휘자 요청이 있자 이를 거절하는 모험을 통해 종신 총감독의 지위를 얻어낸 승부사였다면, 번스타인은 언제나 타협과 배려를 통해 모두의 만족을 이끌어내려 한 코디네이터였다.

또 종신을 고집하다 단원들과의 불화로 끝내 사임에 이르렀던 카라얀과는 달리 번스타인은 적절한 시기에 주빈 메타에게 뉴욕 필을 물려주고 스스로 물러났다. 그리고 세계 유수의 여러 오케스트라를 번갈아 지휘하며 종신지휘자 이상의 영광을 누렸다. 이는 결국 수직적이고 독선적인 리더십보다는 수평적이고 배려하는 리더십이 더 낫다는 의미를 내포하고 있다 할 것이다.

그런데 미국 뉴욕에 있는 오르페우스 체임버 오케스트라(Orpheus Chamber Orchestra)는 아예 지휘자가 없다. 이 오케스트라에는 지휘자가 없는 대신 단원 모두가 토론을 통해 연주곡을 정하고 해석한다. 집단적이고 수평적인 의사 결정 방식이다. 기업으로 치면 마치 CEO 없이 직원들 협의를 통해 회사를 경영하는 격이다. 그럼에도 오르페우스는 미국 카네기홀에서 20년 이상 연속으로 공연하는 등 전문성과 실력을 높이 인정받고 있다.

파격적인 방식으로 운영되는 이 오케스트라단이 성과를 내는 비결은 무엇일까? 첫째, 자발성이다. 연주자 모두가 토론 과정에 직접 참가한 데 따른 만족감과 책임의식을 느끼고 있기 때문에 연주할 때 남다른 자발적 열정을 보인다는 점이다. 둘째, 모두가 만족할 때까지 충분히 토론해서 결정하기 때문에 그 결론에 모두가 진심으로 공감하게 된다는 점이다.

물론 이 오케스트라단의 독특한 운영 시스템은 소규모 집단,

그것도 상당한 수준의 전문성을 가진 집단이어서 가능할 수 있는 것인지도 모른다. 조직 규모가 크고, 이질적인 집단들이 섞인 조직에도 집단 의사결정 방식이 잘 통할 수 있을지에 대해서는 의문이 남는다.

그러나 수평적이고 집단적인 의사 결정 방식으로도 조직의 역량을 충분히 끌어내고 좋은 성과를 낼 수 있다는 모델을 제시했다는 점에서 큰 의미를 갖는다. 전통적으로 가장 수직적인 리더십을 요구했던 오케스트라에서 그러한데 기업을 비롯한 다른 조직에서는 더 말할 나위가 없을 것이다.

수직적 조직문화란 조직 내에 계층이 엄격하게 나누어져 있는, 그동안 우리가 익숙해 있는 조직문화를 말한다. 상관과 부하라는 관계가 정해져 있고, 상관이 명령을 내리면 부하가 수행하는 방식으로 이루어진다. 신속하고 정확한 의사결정과 문제해결을 통해 더 좋은 성과를 만들어 낼 수 있다. 하지만 비효율적인 요인이 많고 실제적으로 불평등과 차별성이 존재하며 관료화, 지휘 권한 취득을 위한 경쟁적 근무태도 등의 단점이 있다. 유교문화에 젖어있던 우리나라는 그동안 조직구조 또한 이 수직적 구조가 보편적이었다.

이에 반해 수평적 조직문화란 계층이 나누어져 있지 않으며, 평등하고 동등한 관계로 일을 수행하는 방식을 말한다. 수평적 조직문화는 기존의 권위적인 방식과 불필요하게 형식적으로 행해지는 절차들이 직원들의 혁신적인 아이디어 생산에 방해가 된 다고 생각되어 도입된 것이다. 이렇게 되면서 많은 기업들에는 기존에 존재하던 많은 계급들이 사라지고, 꼭 필요한 절차만 남 게 되었다.

이제 우리나라에도 이 '수평적 조직문화'가 꽤 확산되고 있는 분위기다. 적지 않은 기업에서 직원들이 동등한 위치에서 업무를 할 수 있도록 직급을 없애고, 영어이름을 쓰거나 이름 뒤에 OO 님, OO씨로 통일해 부르고 있다. 프로젝트나 팀에서의 리더도 개인의 업무 역량에 따라 신입이 맡을 수도 있다. 무엇보다 수평 적 조직문화의 가장 큰 강점은 위에서 일방적으로 결정해서 내려 온 일을 묵묵히 수행해야 하는 톱다운(Top Down) 방식에서 벗어날 수 있게 된다는 것이다. 당연히 일에서도 개인의 자율이 어느 정 도 존중된다.

그런데 장점만 존재하는 줄 알았던 수평적 조직문화에도 많은 문제점이 있다는 사실이 점차 드러나고 있다. 우선 조직 내에 많 은 혼란이 발생한다는 점이다. 기존의 수직적인 문화에 익숙해 있던 조직 구성원들이 갑작스럽게 바뀌어버린 수평적 문화에 대 해서 제대로 적응하지 못한 채 혼란스러워하고 있다는 것이다. 이와 더불어 책임과 권한이 확실하게 정해졌던 이전의 방식과 달 리 책임과 권한을 누가 가지는지가 불분명해지는 상태가 되자 결 과에 대한 책임을 누구에게 물어야 하는지 명료하지 않은 부분도

242

있다고 한다.

마지막으로, 의사결정에 필요한 시간이 줄어들 줄 알았던 기대와 달리 오히려 의사결정까지 걸리는 시간이 더 늘어나는 결과도 초래되었다. 수직적 조직에서는 한 가지 사안을 결정하기 위해 기안자 위의 여러 상위직급자의 결재를 거치는 데 시간이 많이 걸렸다면, 수평적 조직에서는 하나의 의사를 결정하기까지 걸리는 시간이 늘어났다. 이는 아무래도 자신의 직책이 확실하게 정해져 있지 않고, 그에 따라 책임의식도 떨어지게 된 편이라 자신의 의견을 내려고 하는 사람이 많이 존재하지 않기 때문인 것으로 보인다.

모든 일에는 반드시 결정권자가 필요하고 그에 따른 책임도 당연히 결정권자가 져야 한다. 바꾸어 말하면 모든 구성원이 동등한 존재이지만, 역할과 결정 권한까지 동등하게 가질 수는 없다는 것이다. 애초에 수평적 조직문화는 팀원 중 누군가가 적임자라 생각되면 지위를 막론하고 리더의 역할을 맡기는 것이지, 모두가 어떤 상황에서든 동일한 권한을 가지고 움직이라는 말이 아니다. 그렇다면 회사에 사장도 대표도 있을 이유가 없을 것이다.

이러한 문제점들을 고려할 때 효율적인 조직운영을 위해서는 수평적 조직문화와 수직적 조직문화를 절충하는 것이 바람직할 것이다. 즉 조직문화는 수평적으로 유지하면서 업무처리는 수직적으로 하는 것이다.

나눔과 배려의
정신문화 확산

우리 경제사회를 따뜻하고 행복한 곳으로 만들기 위해서는 사회구성원들이 서로 친밀하고 협동적인 인간관계를 형성해 나가야 한다. 또 우리사회에 나눔과 배려의 정신, 그리고 기부문화를 확산시켜나가야 한다. 그리고 새로운 시대, 새로운 사회가 공유할 새로운 비전과 가치를 만들고 실현해 나가야 한다. 그런데 이러한 새로운 가치의 핵심 구성요소는 다른 사람들과의 협력, 나눔과 배려 등이라 할 수 있을 것이다.

나눔은 주위에 끊임없이 따뜻한 관심을 가질 때 가능하다. 나눔은 관심으로부터 시작되어 실행으로 옮겨지기 때문이다. 그런데 나눔이란 꼭 돈이 많아야 가능한 것은 아닐 것이다. 만약, 돈을 많이 벌어야만 나눌 수 있다고 생각한다면 어쩌면 우리는 평생 나누지를 못할지도 모른다. 나아가 꼭 돈으로만 나눌 수 있는 건 아니다. 자신의 지식, 경험이나 갖고 있는 재능을 나눌 수도 있다. 그리고 시간을 나눌 수도 있고, 시선을 나눌 수도 있고, 생각을 나눌 수도 있고, 마음을 나눌 수도 있을 것이다.

1998년 하버드대 연구팀이 흥미로운 실험 결과를 발표했다. 사람의 침에는 면역항체가 있는데 일반적으로 근심이나 긴장이 계속되면 침이 말라 이 항체가 줄어들게 된다. 연구팀은 하버드대생 132명의 항체 수치를 확인한 후 테레사 수녀의 다큐멘터리 영화를 보여줬다. 결과는 놀랍게도 학생들의 면역항체 수치가 50%나 증가했다. 선한 행동을 직접 하지 않고 보거나 생각하는 것만으로도 면역력이 높아진다는 사실이 입증된 것이다. 이후 이러한 현상을 두고 '마더테레사 효과(The Mother Teresa Effect)'라고 부르고 있다.

기부는 남을 위해서 베풀 수 있는 최고의 사랑이며, 조건 없는 사랑의 표현이다. 미국에서는 그동안 역사적으로 록펠러에서부터 빌 게이츠에 이르기까지 많은 기업가들이 자선재단 등을 만들어 교육이나 사회복지, 빈곤퇴치 등을 위해 노력해왔다.

물론 이처럼 거액의 기부행위도 값지겠지만 기부금은 아무리 적은 금액이어도 값지다. 특히 우리의 경우 지금까지 국가나 사회에 기부금을 낸 분들을 보면 돈이 많아서 기부한 것이 아니라는 사실을 알 수 있다. 경제적으로 어려운 가운데서도 푼푼이 모은 돈이거나 여유가 있더라도 검소한 생활을 통해 절약한 돈을 기증하는 경우가 훨씬 더 많았다. 그래서 더욱 감동적이다.

사회봉사 활동 또한 바람직한 나눔의 한 유형이다. 그동안 살아오는 과정에서 축적된 다양한 지식과 경험, 능력들을 사회에 환원할 수 있는 길이 있다면, 노후생활이 얼마나 보람되고 행복하게 느껴질까? 이는 비록 현역에서는 은퇴해 뒷전으로 물러나 있지만, 사회봉사활동을 통해 그래도 자신의 존재감이 여전하다는 것을 확인할 수가 있기 때문일 것이다. 그리고 이 사회봉사 활동은 또 우리 중년세대가 후배세대들에게 남겨놓은 미완의 과제들을 해결해 나가는 데 기여하는 방편도 될 수 있을 것이다.

배려는 인간성을 형성하는 데 있어 가장 으뜸 되는 덕목이다. 배려의 기본 속성은 상대방의 입장에서 생각하고 행동하는 데 있다. 배려가 부족한 사람의 가장 큰 특징은 자기중심적이라는 것이다. 서로 대화를 할 때도 배려할 줄 모르는 사람은 상대방의 말에 귀를 기울이지 않고 자신의 말만 늘어놓는다. 경청하려는 마음가짐이 부족하다. 우리가 귀로 듣고 마음으로 들을 때 비로소 상대방을 이해할 수 있게 된다.

또한 나 자신과 모습이 다르고 생각이 다르고 취향이 다르다고 해서 미워하거나 싫어하는 것은 곤란하다. 우리 민족은 동질성 의식이 강해 이런 경향이 농후한 편이다. 다문화 가정과 가족을 비하하거나 조롱하는 태도, 세대 간의 문화와 취향이 다른 것을 이해하려 들지 않고, 오로지 자신만의 생각을 강요하고 고집하는 태도는 더불어 살아가기 위한 바람직한 자세가 아니다.

우리는 바쁘다는 핑계로 다른 사람이 양보하기를 강요하며 살아간다. 기다리면 손해를 본다는 생각에 젖어 있는 사람들에게는 작은 배려도 기대하기가 어렵다. 그러나 행복은 작은 배려로부터 시작된다는 것을 잊어서는 안 될 것이다. 배려는 사소한 관심에서 출발한다. 역지사지(易地思之)의 자세로 상대방의 입장을 헤아리다 보면 배려의 싹이 움트는 것이다.

우리가 매일 일상생활을 해나가는 데 있어서도 배려가 필요한 분야가 적지 않다. 앰뷸런스 차량이 긴박하게 사이렌을 울리며 다가오는데 이를 위해 길을 비켜주지 않는 사회는 선진화된 사회라 할 수 없다. 주차를 할 때도 배려가 필요하다. 남의 차선을 침범해서 차량의 문을 열기도 어렵게 만들거나, 주차 공간 두 개에 걸쳐 차를 세워 남에게 피해를 끼치는 일 등은 삼가야 할 것이다.

이처럼 배려는 우리 사회가 보다 성숙해지고 선진화되는 데 있어 가장 기본이 되는 요소이다. 그리고 '기쁨을 나누면 배가 되고, 슬픔은 나누면 반이 된다'는 이야기가 있듯이 기부와 나눔과 같은 선행을 베푸는 활동은 모든 사람에게 긍정적인 결과를 낳게 된다. 아무리 물질적으로 풍요로운 사회라 하더라도 이 나눔과 배려의 정신이 부족하면 그 사회는 결코 행복하지 않으며 선진화된 사회라고 보기 어려울 것이다.

이러한 나눔과 배려의 정신 함양을 위해서는 제대로 된 인성교육이 기반이 되어야 한다. 인성교육이란 마음의 바탕이나 사람의 됨됨이 등의 성품을 함양시키기 위한 교육으로, 지(知), 정(情), 의(意)를 조화롭게 발달시키는 것을 목표로 한다. 이는 나아가 개인적인 자아실현을 위한 가치교육이자 사회생활을 하면서 더불어 살아가기 위한 도덕교육이기도 하다. 그런데 이 인성교육은 가정에서부터 먼저 시작되어야 한다. 참다운 인성을 갖춘 사람으로 키우는 데는 물론 학교에서의 인성교육도 중요하지만 어렸을 때부터 가정에서의 밥상머리 교육이 더 중요하다. 행복한 삶의 근원은 가정이기 때문이다.

코로나 이후를 대비한
경제운용 방향

지금 인류는 코로나 바이러스로 인해 커다란 고통을 받고 있다. 모든 일상생활이 피폐해졌을 뿐 아니라 고귀한 생명까지 잃고 있다. 이러한 고통 못지않게 경제적으로 겪는 어려움 또한 매우 심각한 상황이다.

대부분의 국가들이 국경을 폐쇄함에 따라 물동량과 무역규모가 크게 줄어들었고, 글로벌 공급망도 붕괴되고 있다. 자연히 기업의 생산활동이 위축되고 영업규모도 축소되고 있다. 이에 따라 개인의 소득이 현저히 줄어들거나 심지어는 직장을 잃기도 한다. 그러다 보니 소비규모도 줄어들고 있다. 이에 세계 대부분 국가들의 2020년 경제성장률은 마이너스를 기록할 것으로 예견되고 있다. 한마디로 총체적 경제난국이다. 이런 현상은 2021년에도 크게 나아지지 않은 채 계속 이어질 것으로 예상된다. 그나마 다행인 것은 백신이 개발되었다는 점이다. 이를 계기로 국제사회에서는 코로나 사태 이후를 대비하는 데 역량을 집중시켜 나가야 할 것이다.

첫째, 국제사회의 협력과 공조의 강화, 사회 구성원 상호간의 연대감 강화이다. 그동안 국제사회에서는 코로나 사태 확산 방지를 위하여 국경봉쇄, 주민이동제한 등 매우 강력하지만 폐쇄적인 정책 추진에 주안점을 두어 왔다. 그러나 이런 극단적인 처방은 한층 더 국가이기주의를 심화하는 문제를 낳았다. '사피엔스', '호모데우스' 등을 쓴 이스라엘의 미래학자이자 역사가인 유발 하라리도 이런 문제에 대해 비판하였다. "국제사회는 코로나 사태에 맞서기 위해 국수주의 고립을 취할지 아니면 국제적인 협력과 연대를 통해 맞설지를 결정하는 것이 매우 중요하다"라고 말했다.

사실 국제사회는 코로나 사태 이전에도 트럼프 전 미국 대통령이 미국 우선주의를 표방하면서 자국이기주의가 심화되고 있었다. 이에 따라 자유무역질서가 크게 훼손되고, 실제로 세계 무역 규모는 위축되었다. 급기야 미중 무역전쟁이 격화되면서 세계경제는 불경기의 깊은 수렁 속으로 빠져들어가는 듯했다. 다행히 새로 들어선 미국의 바이든 행정부는 기존의 자유무역질서를 복원하려는 의지를 천명하고 있다. 이에 따라 앞으로 더욱 공고해진 국제사회의 협력과 공존 노력이 기대되고 있다.

우리나라도 코로나 팬데믹으로 인해 팽배해진 상호불신 풍조를 불식하고 사회적 신뢰 제고를 위한 노력을 강화해 나가야 한다. 물질 인프라가 경제사회 활동의 효율성을 높이듯, 사회적 신뢰는 사회구성원의 협력을 이룩해 문제해결의 효율성을 제고하는 '사회적 자본(social capital)'이기 때문이다. 프랜시스 후쿠야마 교수도 그의 유명한 저서 『신뢰(Trust)』를 통해 국가발전에 있어 신뢰의 중요성을 역설한 바 있다.

　둘째, 금융시장의 정상화이다. 코로나 사태가 발생하면서 금융시장이 불안한 모습을 보이자 미국의 연방준비은행은 기준금리를 제로 금리로 인하하고 아울러 무제한적인 양적완화(Unlimited quantitative easing)를 통해 유동성을 대규모로 공급하였다. 이어 주요 선진국들도 미국과 보조를 맞추어 금리인하와 양적완화를 추진하였다. 우리도 기준금리를 1.25%에서 0.50%로 대폭 인하하였다. 또 미국처럼 한국은행이 직접 회사채와 기업어음(CP)을 매입하는 한국판 양적완화도 실시하였다.

　이러한 금융완화 기조가 금융시장과 거시경제의 안정에 도움이 된 것은 사실이다. 그러나 많은 부작용도 초래하였다. 무엇보다 인플레에 대한 우려가 커지고 있다. 경제원리상 통화량이 증가하면 화폐의 가치는 하락하기 마련이다. 또 화폐가치가 하락하면 실물자산에 대한 수요가 늘어나게 된다. 물론 지금 당장은 세계경제의 부진으로 인플레 현상이 현실화되고 있지는 않지만, 앞으로 경기가 살아날 경우 전 세계는 또다시 자산버블 붕괴와 같은 가공할 경제위기에 휘몰릴지 모를 일이다. 실제로 백신이 개발된 이후 경기회복에 대한 기대감이 커지면서 반도체와 원유·구리 등 주요 원자재와 부품 가격의 상승 현상이 나타나고 있다.

한편, 지금과 같이 금리가 낮은 상황에서는 은행에 돈을 넣어둔 사람들은 주식이나 부동산을 매입하고 싶은 유혹을 받게 된다. 그 결과 은행 대출을 받아 주식 투자나 부동산 투기에 나서는 경향이 확산되었다. 또 금과 암호화폐 등 대체자산에 대한 수요도 늘어났다. 특히, 우리나라에서는 부동산 구입을 위한 금융기관 대출증가로 인해 가계부채가 크게 늘어났다.

한국은행이 조사한 우리나라 가계부채 규모는 2020년 1,700조 원을 넘어섰고, 이에 따라 GDP 대비 가계부채 비율도 사상 처음으로 100%를 상회한 것으로 추정된다. 이는 미국(75.6%), 중국(58.8%), 유로존(58.3%), 일본(57.2%) 등과 비교할 때 매우 높은 수준이다. 더욱이 향후 금리가 인상될 경우 가계의 금융비용 부담이 늘어나면서 적지 않은 가계들이 신용불량자로 전락할 우려마저 있다.

나아가 금융위기가 초래될 가능성도 없지 않다. 즉 향후 미국은 경기가 회복되기 시작하면 금리를 인상하고 유동성을 흡수하는 테이퍼링(tapering) 절차를 취하게 될 것이다. 이 과정에서 고금리를 찾아 신흥시장으로 흘러 들어갔던 자금들이 빠져나와 다시 선진국 시장으로 유입되면서 한국을 비롯한 신흥국 금융시장은 크게 출렁이게 될 것이다. 이 현상은 과거 2008년의 글로벌 금융위기 수습 과정에서도 벌어졌다.

이러한 우려를 불식하기 위해 금융당국은 미국 등 선진국의 금융시장 상황을 주시하면서 시장 안정을 위한 정상화 조치를 점진적으로 추진해 나가야 할 것이다. 이는 이미 빚이 늘어난 상황에서 과도하게 빠른 속도로 금리를 인상할 경우 신용불량자 양산 문제 등으로 오히려 경제침체를 가속화시킬 우려가 있기 때문이다. 또 금융기관들은 부실의 사전방지를 위한 대손충당금 비축 등 자산 건전성 제고 노력을 미리미리 해두어야 한다. 이와 함께 정부는 가계부채 증대 방지 대책과 부동산 투기억제 시책을 강력히 추진해 나가야 할 것이다.

셋째, 재정의 건전성 제고 문제이다. 세계 대다수 국가들이 재난복구와 경기회복을 위해 재정지출을 확대한 결과 재정건전성이 크게 악화되었다. 우리나라는 2020년 네 차례에 걸쳐 67조 원 규모의 추경을 편성하였다. 그 결과 2020년 말 국가채무 규모는 2019년보다 약 120조 원 늘어난 847조 원에 달하였다. 그리고 GDP 대비 국가채무 비율은 2019년 38.1%에서 6%p 가량 증가한 44%에 이르렀다.

이는 물론 100%를 상회하거나 이에 육박하는 주요 선진국들과 비교하면 건전한 편이다. 그러나 증가 속도가 너무 가팔라 안심하기 어려운 상황이다. 또 우리나라 국가신용 상태가 그동안 일본과 중국보다 높았던 이유가 재정건전성에 기인하였다는 점도 감안할 필요가 있다. 이에 앞으로 재정의 건전성을 제고하는 문제를 심각히 고민해 나가야만 한다. 이를 위해서는 지출의 우선순위 조정과 함께 세수 증대방안의 강구가 불가피할 것이다.

넷째, 산업경쟁력 강화 문제이다. 미래산업의 육성을 위한 생태계 조성에 최선의 노력을 기울일 필요가 있다. 특히, 위생과 건강 증진을 위한 생명공학, 산업의 패러다임을 송두리째 바꾸어놓을 것으로 예상되는 인공지능(AI) 등 새로운 사업과 비즈니스 모델을 창출해 나가야 한다. IT를 기반으로 사람 간 접촉을 최소화하려는 '언택트(untact)' 비즈니스는 하나의 좋은 사례가 될 것이다. 디지털 전환, 친환경성장, 고용안전망 강화를 주요 내용으로 하는 정부의 '한국판 뉴딜(New Deal)정책' 또한 이를 염두에 둔 것으로 보인다.

다섯째. 유연 근무제도의 활성화이다. 코로나 확산 방지를 위해 시행한 사회적 거리두기가 재택근무, 원격근무, 탄력근무 등 유연근무 제도를 활성화시키는 계기가 되었다. 앞으로 기업들은 화상회의, 메신저를 통한 소통, 클라우드 확대 등 시스템을 구축·강화함으로써 유연근무 분위기를 더욱 확산시켜 나갈 필요가 있다. 정부 또한 규제완화를 통해 이런 분위기 확산을 적극 지원해야 할 것이다.

끝으로 인류가 한시바삐 코로나 사태를 극복하여 일상생활을 되찾고, 경제 또한 회복하기를 기대한다.

한국 경제 미래 담론

4

미래 경제

4차 산업혁명과
인공지능 시대의 도래

18세기 후반부터 20세기 초반까지에 걸쳐 제 1,2차 산업혁명이 일어났다. 인간은 이 과정을 거치면서 노동에 대한 예속으로부터 벗어나 남는 힘과 시간을 자기를 위하여 사용할 수 있게 되었다. 20세기 후반으로 들어서면서 컴퓨터와 인터넷의 발달은 또 하나의 혁명, 제 3차 혁명을 가져왔다. 세계적인 문명비평가이자 '제 3차 산업혁명(The Third Industrial Revolution)'의 저자인 제러미 리프킨(Jeremy Rifkin) 교수는 3차 산업혁명을 '인터넷에 의한 의사소통 시스템의 발달과 재생 에너지의 발달에 의해 수평적 권력구조로 재편되는 혁명'이라고 하였다.

그런데 주목할 것은 제 1차 산업혁명부터 3차 산업혁명까지 전개되는 시간의 간격이 급격히 짧아지고 있다는 점이다. 1차 산업혁명이 시작된 이후 불과 200여 년 만에 3차 산업혁명까지 이루어짐으로써, 이전까지 7만 년 동안 크게 변하지 않은 채 진행되어 온 인간의 역사와는 완전히 다른 양상을 보여 주고 있는 것이다.

이제 인간은 또 한 번의 도약을 앞두고 있다. 그것은 인간의 물리적 한계를 넘어선 지금까지의 과정과는 완전히 다른 맥락에서 진행되고 있다는 것이다. 즉 인간의 지능을 닮은 기계를 만들어 인간이 하던 많은 일을 대신하게 한다는 것이다. 이렇게 되면 인간의 역사와 삶은 또 다른 차원으로 넘어가게 된다. 기계가 인간을 대신할 정도가 아니라 아예 인간의 지능을 초월하는 세계도 상정할 수 있다.

2016년 1월, 스위스 다보스 포럼에서 세계경제포럼 회장인 클라우스 슈밥(Klaus Schwab) 교수는 지금 우리는 '4차 산업혁명'의 시대를 맞이하고 있다고 말했다. 그는 제4차 산업혁명(The Fourth Industrial Revolution)이란 인공지능(AI), 사물 인터넷(IoT), 클라우드 컴퓨팅, 빅 데이터, 모바일 등 지능정보 기술이 경제사회 전반에 융합되어 혁신적인 변화가 나타나는 차세대 산업혁명을 뜻한다고 했다. 그런데 이들 지능정보 기술은 기존 산업과 서비스와 융합하기도 하지만, 3D 프린팅, 로봇공학, 생명공학, 나노기술 등의 신기술들과도 상호 결합함으로써 더 커다란 시너지 효과를 나타내기도 한다.

이처럼 4차 산업혁명은 초연결(hyper connectivity)과 초지능(super

intelligence)을 특징으로 하기 때문에 기존 산업혁명에 비해 더 넓은 범위(scope)에 더 빠른 속도(velocity)로 더 커다란 영향(impact)을 끼친다. 따라서 컴퓨터, 인터넷으로 대표되는 제3차 산업혁명에서 한 단계 더 진화한 혁명으로도 일컬어진다.

그런데 이따금 우리는 4차 산업혁명에 대한 개념을 잘못 이해하는 경우를 보게 된다. 통상 우리는 농림어업을 1차 산업, 제조업과 광업을 2차 산업, 서비스업을 3차 산업으로 정의하고 있다. 그리고 ICT(information & communications technology) 등 첨단 신산업은 4차 산업으로 분류하고, 이제는 이 '4차 산업'에 대한 혁명이 일어나고 있다고 생각한다. 그러나 정확한 개념은 기계화를 이룬 1차 산업혁명 시기, 산업화를 이룬 2차 산업혁명 시기, 정보화를 이룬 3차 산업혁명의 시기를 거쳐 이제는 지능화를 키워드로 하는 4차 산업혁명의 시대로 접어들었다는 것이다. 요약하면 4차 산업혁명이란 '4차 산업'에 대한 혁명이 아니라 네 번째의 산업혁명을 의미한다.

4차 산업혁명의 시발점은 '연결(connectivity)'에서 찾을 수 있다. 연결의 의미는 인간과 인간뿐만 아니라 인간과 사물, 사물과 사물의 연결까지로 확대된다. 온라인에서 오프라인으로, 오프라인에서 온라인으로 실시간 연결성을 의미하는 O2O(Online to Offline)의 가치 역시 연결에서 비롯된다. 사물인터넷은 이러한 연결을 가능하게 하는 기반이 된다. 더 나아가 현실과 사이버세계도 융합되고 있는데, 이것이 바로 증강현실(AR)과 가상현실(VR)의 기술과 산업이다.

기존의 산업들도 서로 연결을 증진함으로써 연결된 산업(connected industry)으로 발전하고 있다. 정보통신 기술 ICT와 제조업의 융합을 통해 산업기기와 생산과정이 연결되고, 상호 소통하면서 최적화, 효율화를 달성할 수 있다는 것이다. 기존의 전통적인 공장이 스마트 공장(smart factory)으로 혁신하는 것도 포함한다.

아울러 비즈니스와 창업의 방향도 연결로 전환되면서, 앞으로의 핵심 창업인프라는 아이디어와 이를 실현할 몇몇의 지식기반 구성원이 될 것이다. 즉 많은 자본을 통해 무언가를 생산하지 않아도 커다란 수익창출이 가능하다는 것이다. 대표적인 사례가 차량공유 서비스 우버(Uber)와 숙박공유 서비스 에어비앤비(Airbnb)이다. 이들이 성공을 거둔 비즈니스의 혁신과 공유경제 모델은 다른 서비스 분야로 확대되고 있을 뿐만 아니라, 새로운 경제사회 시스템으로까지 부상하고 있다.

4차 산업혁명은 인간의 삶에 엄청난 혜택을 줄 수 있을 것이다. 인간의 모든 경제활동에 최적의 솔루션을 제공하게 된다. 이와 함께 생활의 편의를 제공할 뿐만 아니라 라이프 스타일을 바꾸고, 인식의 전환을 가져오게 될 것이다. 그러나 예상되는 부작용도 작지 않다. 지금보다 더 큰 사회적 불평등, 빈부격차, 고용 불안 문제 등을 야기할 것으로 예상된다. 특히 자동화로 기계가 사람을 대체하면서 노동시장의 붕괴를 초래할 수도 있을 것이다. 아울러 저기술ㆍ저임금 근로자와 고기술ㆍ고임금 노동자 간 격차가 커지게 된다.

2016 세계경제포럼(WEF)의 '미래 고용 보고서(The Future of Jobs)'에 따르면, 인공지능ㆍ로봇ㆍ생명과학 등이 결합된 4차 산업혁명은 2020년까지 향후 5년간 200만 개의 일자리를 양산하겠지만, 710만 개의 일자리를 없앨 것으로 내다보았다. 이는 결국 500만 개 이상의 일자리가 사라지게 됨을 의미한다.

한편, 4차 산업혁명 시대를 견인하는 핵심적인 기술은 인공지능이 될 것이다. '인공지능(AI, artificial intelligence)'이란 사고나 학습 등 인간이 가진 지적능력을 컴퓨터를 통해 구현하는 기술로, 그자체로도 중요하지만 다른 산업과 기술에 지대한 영향을 미친다.

그런데 이 인공지능 기술이 제 역할을 할 수 있도록 하기 위해서는 무엇보다도 많은 입력 데이터가 필요하다. 이전에는 각 부문 전문가가 자신만의 노하우(know-how)로 데이터를 수집하고 판단하는 것이 가능했다. 그러나 경제사회가 복잡 다양화됨에 따라 문제 해결을 위해서는 다양한 정보가 요구되고 있다. 이처럼 방대한 양의 데이터와 전문가도 판단하기 힘든 비정형 데이터까지 수집하는 시스템을 빅 데이터(Big data)라고 한다.

그리고 이 빅 데이터 수집을 위해서는 사물인터넷(IoT, Internet of Things)이 반드시 필요할 수밖에 없다. 사람과 사물, 사물과 사물을 연결하여 실시간으로 모든 데이터를 수집해야 하기 때문에 IoT의 적용은 필수적이다. 좁게는 사람과 사물, 넓게는 산업과 산업 간의 융합을 뜻한다. 또 수많은 데이터를 수집하고 분석하고 학습하기 위해서는 시스템의 최적화를 위한 클라우드 컴퓨팅이 필요하다.

정리하면 체계적인 ICBM 기반의 플랫폼 구성이 필요하다는 말이다. ICBM은 사물인터넷(IoT), 클라우드(Cloud), 빅 데이터(Big data), 모바일(Mobile)을 뜻한다. 다만, 인공지능의 시대에서는 M이 기계학습(Machine Learning)의 의미로 활용하는 것이 더 합리적이다.

그런데 4차 산업혁명은 인공지능과 사물인터넷 등 기술혁신으로만 접근해서도 안 된다. 경제사회와 문화, 교육 등 전 영역에서 혁신이 함께 뒷받침되어야 한다. 4차 산업혁명은 따라하거나(follow), 빨리빨리(fast), 수직적인(vertical) 위계질서와는 완전히 다르기 때문이다. 4차 산업혁명은 연결(connect)이자 공유(share)이며 수평적인(horizontal) 것을 특징으로 한다. 따라서 4차 산업혁명에 걸맞은 근본적인 변화가 더욱 필요하다. 기본과 근본 개념에 대한 천착과 사회적 혁신 없이 서두르면 오히려 4차 산업혁명의 특성과 충돌해 역효과가 날 수밖에 없다.

기술은 기계기술, 정보기술을 넘어 지능정보 기술로 진화한다.

이에 따라 경제는 물질경제를 넘어선다. 서비스 경제화로의 진행이 이루어지고 더 나아가 공유경제와 체험경제로 발전한다. 사회의 지배양식은 예전의 수직적인 위계적 질서를 넘어 수평적 질서로 변화하게 된다. 문화는 다문화를 넘어 혼성문화로 변화한다. 이처럼 경제사회, 문화 전반에 걸쳐 이루어지는 변화에 걸맞은 지배구조(governance)를 갖추기 위한 준비도 필요하다. 시스템과 관행을 바꾸고, 공공부문과 민간부문의 역할도 달라져야 할 것이다.

클라우스 슈밥은 〈The Fourth Industrial Revolution〉에 이어 2018년 출간한 새로운 저서 〈The Next〉에서 다가올 4차 산업혁명 시대가 인류의 삶에 진정으로 도움이 될 수 있도록 하기 위해서는 다음과 같은 사항들을 고려해야 한다고 기술하고 있다. 첫째, 4차 산업혁명의 혜택이 공정하게 분배될 수 있도록 보장되어야 한다. 둘째, 4차 산업혁명으로부터 파생될 수 있는 리스크와 피해와 같은 외부효과를 제대로 잘 관리해야 한다. 셋째, 4차 산업혁명은 인간주도의 그리고 인간중심의 산업혁명이 되어야 한다.

기술이 패권인 시대, 미래 패권 다툼의 격화

　역사적으로 세계 패권경쟁의 승패는 시대를 변화시킬 혁신능력 확보에 달려있었다. 석탄·철의 활용과 총포의 발달, 석유산업의 발전, 핵 시대의 개막, 정보화 시대의 등장 등을 선도한 국가가 패권국이 되었다. 그런데 이들 혁신의 근원은 한마디로 기술과 정보라 하겠다. 한편, 현대사회를 눈부시게 변화시키고 있는 이 첨단기술은 '승자독식'의 성향이 매우 강하다. 선두는 스스로에게 유리한 표준과 규범을 만들기 마련이어서 후발주자들은 이를 역전시키기 더더욱 어려워지게 된다. 이에 따라 기술혁신에서 뒤질 때, 기존 패권국가나 선도기업도 순식간에 존폐를 위협받게 될 공산이 큰 것이다.

몇 가지 사례를 들어보자. 먼저, 비디오 시장에서 일본의 베타 방식이 미국의 VHS 방식에 밀려 생산이 중단된 사례이다. 베타 방식은 일본 소니사가 1975년에 개발한 VTR로, 고밀도 녹화를 특징으로 한다. 1cm 정도의 테이프에 VHS 방식보다 훨씬 많은 분량의 화상을 녹화할 수 있는 장점을 가지고 있었다. 그러나 곧이어 개발된, 장시간 녹화를 특징으로 하는 VHS 방식에 밀려 1988년 생산이 중단 되었다. 이는 VHS의 절반 정도에 불과한 짧은 녹화시간, VHS와 호환되지 않는 폐쇄적인 라이센스 정책 등으로 시장에서 외면당하게 되었기 때문이었다.

또 컴퓨터 경쟁에서 애플이 IBM에 백기를 든 사례이다. 애플사는 IBM보다 5년 앞서 개인용 컴퓨터(PC)를 출시했지만, 현재 전 세계 대부분의 사람들은 IBM PC 호환기종을 쓰고 있다. 1981년 처음 출시된 IBM PC는 컬러 화면에 그래픽 인터페이스를 가진 애플 PC와는 비교하기 힘들 만큼 초라했지만 값이 저렴했다. 그리고 PC 내부를 공개함으로써 많은 업체들이 PC와 관련된 하드웨어와 소프트웨어를 개발할 수 있게 했다. 그 일환으로 PC를 움직이는 운영체제(OS)로 마이크로소프트(MS)사의 DOS와 Windows를 선택했다. 이에 반해 애플사의 PC는 값이 비쌌으며 내부를 공개하지 않았다. 결과적으로 애플은 시장의 외면을 받게 된 것이다. 이후 애플사는 매킨토시를 개발해 만회를 시도했으나, 이미 기울어진 시장을 되돌리기는 어려웠다.

또 전기차와 수소차가 미래차의 표준을 두고 현재 치열한 경쟁을 벌이고 있다. 둘은 모두 석유 연료를 쓰지 않는다. 자동차의 핵심인 내연기관, 엔진도 필요 없다. 또 전기를 원동력으로 삼아 모터를 구동한다는 공통점을 갖고 있다. 하지만 원료와 전기를 만드는 방식에선 크게 갈린다. 일반적으로 전기차는 리튬이온전지, 수소차는 연료전지를 사용해 전기를 생산한다. 전기차는 배터리에 저장된 전기를 사용하고, 수소차는 고압 수소탱크에 충전된 수소와 공기 중의 산소를 화학 반응시켜 발생한 전기로 모터를 돌린다. 또 전기차는 부품 구조가 단순해 진입 장벽이 낮지만, 수소차는 제작에 상당한 자동차 기술이 필요하다.

두 차종 모두 기술적으로 장단점을 갖고 있어 앞으로 어떤 차종이 주류가 될지 예측하기는 힘들다. 지금까지는 전기차가 한발 앞서고 있는 양상이다. 그러나 미래에는 수소차가 전기차를 앞설 것이라는 주장도 만만치 않다. 전기차보다 더 친환경적일 뿐 아니라 충전 시간이 짧고 한 번 충전으로 훨씬 먼 거리를 주행할 수 있어 전기차가 가진 불편함과 한계를 뛰어넘을 수 있다는 것이다. 더욱이 앞으로 기술개발이 가속화되면 차량가격도 크게 떨어질 가능성이 있다.

과거 그러했던 바와 같이 미래의 세계 패권을 가늠하는 가장 중요한 '게임 체인저(Game changer)' 역시 기술혁신에서 나올 가능성이 크다. 그렇다면 과연 이 새로운 기술혁신 분야는 무엇일까?

268

다름 아닌 인공지능, 빅 데이터 등 제4차 산업혁명 분야일 것으로 예상된다. 그중에서도 인공지능은 가장 핵심적인 기술이자 산업이라 하겠다.

지금 세계 각국은 4차 산업혁명과 인공지능 시대의 리더가 되기 위해 전쟁을 방불케 할 정도로 치열한 기술패권 경쟁을 벌이고 있다. 미국은 이 경쟁의 대열에 구글, 페이스북, 애플, 아마존 등 글로벌 IT기업제국들이 앞장서고 있다. 이들은 전문가 영입과 양성, 핵심적인 기술을 상호 공유하는 오픈소스 전략, 그리고 기술력이 있는 스타트업들은 M&A를 통해 시너지를 높이는 전략을 취해 나가고 있다. 사실 이들의 영향력은 국가를 뛰어넘는다. 그리해 이들은 기업제국으로, 혹은 현대판 빅브라더라고도 불리고 있다.

한편, 세계 제2의 경제대국 중국은 '인공지능 굴기(崛起)'를 통해 미국을 기필코 따라잡겠다는 목표 아래 정부와 기업이 힘을 합쳐 인재양성과 기술투자에 혼신의 노력을 다하고 있다. 영국 옥스포드 대학은 2018년 3월 '중국 AI 꿈을 파헤치다(Deciphering Chinas AI-Dream)'라는 보고서에서 AIPI 지수가 중국 17점, 미국 33점으로, 중국 AI 역량이 미국의 절반 수준이라고 평가했다. AIPI란 하드웨어, 데이터, 알고리즘, 상용화 등의 4가지 영역에서 국가의 인공지능과 관련된 능력을 종합적으로 측정한 지표다. 특히 중국의 하드웨어는 미국에 크게 못 미쳤다. 이는 인공지능 발전의 아킬

레스건이 되고 있으며, 중국은 수입과 구매 방식을 통해 인공지능 하드웨어 능력을 높이고 있다고 평가됐다.

이처럼 아직은 인공지능 발전 면에서 미국이 크게 앞서 있는 것이 사실이다. 그러나 중국이 무서운 기세로 추격하고 있는 상황이 주목된다. 우선, 중국은 미국과 달리 정부의 강력한 지원시책이 펼쳐지고 있다. 중국은 인터넷에 이어서 인공지능을 국가목표로 설정하고 인간과 기기 간 상호작용, 빅 데이터 분석 및 예측, 자율자동차, 군사·민간용 로봇 등을 개발하는 '차이나브레인(China Brain) 프로젝트'를 13차 5개년계획(2016~2020)에 포함시켰다. 또 중국은 제조대국을 넘어서 제조강국을 목표로 첨단분야 10대 핵심산업 육성 프로젝트인 '중국제조 2025'를 야심차게 추진하고 있다.

중국 정부의 개인보호법이 미국보다 약하다는 점도 인공지능 개발에 유리한 점이다. 중국은 AI의 핵심기술인 머신러닝과 딥러닝의 재료가 되는 빅데이터에 대한 규제가 없으며, 오히려 정부가 개인정보를 더 적극적으로 활용하고 있다. 여기에 7억 3천만 명에 달하는 온라인 인구는 중국 인공지능 발전에 엄청난 무기가 되고 있다. 이에 따라 중국은 인공지능 개발을 위한 거대한 실험실이라는 평가를 받고 있다.

미국은 이에 대해 노골적으로 중국을 견제하고 있다. 대표적인

한국 경제 미래 담론

예가 '중국제조 2025' 계획을 통해 세계 최고의 첨단기술 대국으로 도약하겠다는 중국의 기술 굴기(技術崛起)가 미국의 안보를 심각하게 위협한다고 보고 관세폭탄을 투하한 것이다. 또 5G 이동통신과 관련해서도 호주·뉴질랜드·영국·이스라엘·일본 등 주요 동맹국에 중국 통신장비 업체 화웨이(華爲)를 보이콧 하도록 강력히 요청하였다. 이처럼 미국과 중국은 미래의 핵심 먹거리인 인공지능의 개발전략을 두고 총성 없는 전쟁을 이미 시작하였다.

일본과 유럽 또한 비슷한 상황으로 이 대열에 적극 뛰어들었다. 각국의 이러한 치열한 경쟁이 마치 인공지능 면에서 세계대전을 치루고 있는 것 같다. 일본은 한때 로봇 강국으로 통했다. 소니를 비롯한 여러 기업들이 다양한 휴머노이드(humanoid)로봇을 내놓으면서 세계시장을 선도했다. 하지만 최근 몇 년 사이 AI 경쟁에서 한발 뒤처졌다는 평가를 받았다.

일본 정부는 이에 대한 문제의식을 강하게 지니고 있다. 그래서 2015년 12월, '초 스마트사회(Society 5.0)'란 화두를 던졌다. 여기에는 일본이 강점을 가지고 있는 로봇, 센서 디바이스, 네트워크 인프라, 데이터, 컴퓨터 개발능력 등을 활용하여 경제 및 사회혁신을 추진하겠다는 전략이 포함되어 있다. '인공지능기술전략회의'도 이런 연장선상에서 나왔다. 경제부진 탈출과 초 스마트사회 건설을 위해서는 인공지능 기술육성이 필수조건이란 판단을 한 셈이다.

또 프랑스가 유럽의 AI 허브로 부상하고 있는 것도 눈여겨봐야 할 점이다. 사실 프랑스는 그동안 디지털 후진국으로 치부되어 왔다. 그러나 마크롱 대통령은 프랑스를 디지털 강국, 인공지능 강국으로 발돋움시키기 위한 파격적인 행보를 보이고 있다. 2018년 3월 발표된 '데이터 및 기술인재 육성책'에는 기술인재를 프랑스로 모으기 위해 인공지능 연구에 15억 유로를 지원하고 의료데이터 등을 연구목적으로 개방한다는 내용이 담겨 있다.

그러면 우리의 상황은 어떠한가? 우리나라의 인공지능 환경은 5G 이동통신 등 기본 인프라는 그런대로 갖춰져 있으나, 클라우드와 빅 데이터, 딥러닝 등 핵심 원천기술은 크게 뒤떨어져 있는 실정이다. 그리고 타 산업분야와의 협업 등 산업생태계 조성 측면에서도 아직 부족한 부분이 많다. 인공지능 기술을 선도하는 글로벌 기업들과 비교할 때 우리 기업들은 이제 막 걸음마를 뗀 수준에 불과하다.

인공지능 기술은 선점하는 것이 매우 중요하다. '빠른 추격자(fast follower)'가 아니라 '선도자(first mover)'가 되어야 한다. 그런데 이미 우리는 선두주자인 미국에 비해 기술력이 2년 이상 뒤처져 있다. 또 우리가 앞서간다고 평가되는 분야가 전혀 눈에 띄지 않고 있다. 자칫 인공지능 후진국으로 전락하기 십상이다. 우리는 지금이라도 투자를 확충하고 전문인력 양성에 힘써야 할 것이다.

그리고 이런 시책들은 전략적이면서도 체계적으로, 아울러 중장기적인 관점에서 이뤄져야 할 것이다. 이는 신기술과 산업에 대한 투자는 그 규모가 클 뿐만 아니라, 효과가 나타나는 데도 시간이 소요되기 때문이다.

정보가 권력인 세상,
가장 중요한 자원이 된 데이터

영국의 경제 주간지 〈이코노미스트(Economist)〉는 "세상의 가장 가치 있는 자원은 더 이상 석유가 아닌 데이터이다. 데이터경제가 도래했다."고 했다. 스마트폰과 인터넷이 데이터를 한층 더 가치 있고 풍부하게 만들고 있다. 또 자동차와 시계 등의 기기들이 인터넷에 연결됨에 따라 데이터의 규모는 점점 더 커지고 있다. 데이터가 과거 석유처럼 수집·채취·제련 등의 과정을 거쳐 새로운 사업기회의 독점체제를 만들고 있다며 다량의 데이터를 확보한 기업들이 권력이 되었다고 했다.

미국의 정보기술 연구 및 자문 회사인 가트너(Gartner, Inc.)는 미래가 밝은 IT기업들을 조사·발표했다. 그런데 이들의 특징은 모두가 디지털 관문, 즉 플랫폼을 차지하고 데이터를 수집한다는 것이다. 우리가 트윗하고, 문자 메시지를 보내고, 온라인에서 물건을 사고, 또 스마트폰으로 위치 정보를 보낼 때마다 생성되는 이 막대한 디지털 정보는 모두 어딘가에 저장된다.

구글은 모바일 검색시장을 점령하고 있고, 애플은 전 세계 2억 명 이상의 소비자에게 아이폰을 팔았다. 페이스북은 20억 명에 달하는 가입자들이 스스로 매일 수많은 사진과 동영상, 그리고 글을 올려주고 있어 손쉽게 데이터를 쌓고 있다. 아마존 역시 온라인과 오프라인의 상거래 데이터를 축적하고 있다. 반면 IBM은 서버와 스토리지 등 초기의 IT시장에서는 강자였지만, 클라우드 시대가 열리면서 동력을 잃고 있다는 평가다.

'빅 데이터(Big Data)'는 기존 데이터보다 너무 방대하여 기존의 방법이나 도구로 수집/저장/분석 등이 어려운 정형 및 비정형 데이터들을 의미한다. 세계적인 컨설팅 기관인 매켄지(Mckinsey)는 빅 데이터를 기존 데이터베이스 관리도구의 데이터 수집/저장/관리/분석하는 역량을 넘어서고 있다고 했다. 또한 그 정의는 주관적이며 앞으로도 계속 변화될 것으로 보았다.

빅 데이터의 특징으로는 흔히 크기(Volume), 속도(Velocity), 다양성(Variety) 등 3V 요소를 들고 있다. 여기서 크기는 일반적으로 수십 테라바이트(TB) 혹은 수 페타바이트(PB) 이상 규모의 데이터 속성을 의미한다. 속도는 대용량의 데이터를 빠르게 처리하고 분석할 수 있는 속성이다. 융복합 환경에서 디지털 데이터는 매우 빠른

속도로 생산되므로 이를 실시간으로 수집/저장/관리/분석 처리
가 가능한 성능을 의미한다. 다양성(Variety)은 다양한 종류의 데이
터를 의미하며 정형화의 종류에 따라 정형, 반 정형, 비정형 데이
터로 분류할 수 있다. 이외에 정확성(Veracity)이라는 요소와 가변성
(Variability)을 추가하여 4V 혹은 5V로 정의하기도 한다.

　빅 데이터가 활용되는 분야는 실로 다양하다. 우선 무엇보다
비즈니스 세계에서의 활용도가 가장 크다. 구글에서 제공하는 자
동번역 서비스인 구글 번역은 빅 데이터를 활용한다. 지난 수십
년 간 우리가 활용했던 IBM의 자동번역 프로그램은 컴퓨터가 명
사, 형용사, 동사 등 단어와 어문의 문법적 구조를 인식하여 번역
하는 방식으로 이뤄졌다. 이와 달리 2006년 구글은 수억 건의 문
장과 번역문을 데이터베이스화하여 번역 시 유사한 문장과 어구
를 기존에 축적된 데이터를 바탕으로 추론해 나가는 통계적 기법
을 개발하였다.

　아마존은 모든 고객들의 구매 내역을 데이터베이스에 기록하
고, 이 기록을 분석해 소비자의 소비 취향과 관심사를 파악한다.
이런 빅 데이터의 활용을 통해 아마존은 고객별로 '추천 상품'을
표시한다. 고객 한 사람 한 사람의 취미나 독서 경향을 찾아 그와
일치한다고 생각되는 상품을 메일, 홈 페이지 상에서 중점적으로
각 고객들에게 자동적으로 제시하는 것이다. 아마존의 추천 상품
표시와 같은 방식으로 구글 및 페이스북도 이용자의 검색 조건,

나아가 사진과 동영상 같은 비정형 데이터 사용을 즉시 처리하여 이용자에게 맞춤형 광고를 제공하는 등 빅 데이터의 활용을 증대시키고 있다.

의료와 기상정보 등 과학 분야에서의 활용도 또한 커지고 있다. 의료 분야의 경우 환자의 모든 진료 내용과 진단서 등의 정보가 하나의 서버에 저장되어 있기 때문에 어느 병원에 가더라도 의사가 환자의 과거 진료 기록을 확인할 수 있다. 이에 따라 외딴 섬이나 해외에 거주하는 환자들도 클라우드 컴퓨팅과 접속된 스마트 TV를 통해 손쉽게 진료 받을 수 있다. 비용절감 효과도 기대할 수 있다. 또 빅 데이터를 활용하여 기상정보를 사전에 정확히 예측할 수 있게 되면 홍수나 태풍 등의 자연재해에 사전 대응함으로써 피해를 크게 줄일 수 있다.

이제 빅 데이터가 정치 분야에도 본격적으로 활용되고 있다. 2008년 미국 대통령 선거에서 버락 오바마 후보는 다양한 형태의 유권자 데이터베이스를 확보하여 이를 분석 활용한 '유권자 맞춤형 선거 전략'을 전개했다. 당시 오바마 캠프는 인종, 종교, 나이, 가구형태, 소비수준과 같은 기본 인적사항으로 유권자를 분류하는 것을 넘어서서, 전화나 개별 방문 또는 소셜 미디어를 통해 과거 투표 여부, 구독하는 잡지, 마시는 음료 등 유권자의 성향까지 파악하여 선거전략에 이용하였다.

수집된 데이터는 캠프본부로 전송되어 유권자 성향 분석, 미결정 유권자 선별 등 유권자에 대한 예측을 해나갔다. 이를 바탕으로 '유권자 지도'를 작성한 뒤 '유권자 맞춤형 선거 전략'을 전개하는 등 오바마 캠프는 비용 대비 효과적인 선거를 치를 수 있었다. 우리나라 또한 19대 총선부터 소셜 네트워크 등 인터넷 상의 선거 운동을 허용함에 따라 정치에 빅 데이터가 활용되고 있다.

빅 데이터 기술의 발전은 다변화된 현대사회를 더욱 정확하게 예측하여 효율적으로 작동케 하고 있다. 또한 개개인마다 맞춤형 정보를 제공/관리/분석 가능케 하며 과거에는 불가능했던 기술을 실현시키기도 한다. 컴퓨터와 처리기술이 발달함에 따라 디지털 환경에서 생성되는 빅 데이터를 기반으로 사회현상의 변화에 관한 새로운 시각이나 법칙을 발견할 가능성이 커졌다.

이같이 빅 데이터는 정치 · 경제 · 사회 · 문화 · 과학기술 등 전 영역에 걸쳐서 사회와 인류에게 가치 있는 정보를 제공할 수 있는 가능성을 키우고 있다. 세계경제포럼(WEF)은 빅 데이터 기술을 2012년 떠오르는 10대 기술 중 그 첫 번째로 선정했다. 우리나라도 IT 10대 핵심기술 가운데 하나로 선정하는 등 최근 세계는 빅 데이터를 주목하고 있다.

하지만 빅 데이터의 발전은 커다란 문제점을 지닌다. 다름 아닌 바로 사생활 침해나 개인정보 유출의 문제가 발생할 수 있다는 것이다. 빅 데이터는 수많은 개인들의 수많은 정보의 집합이다. 그렇기에 빅 데이터를 수집/분석할 때 개인들의 사적인 정보까지 수집하여 관리하는 '빅브라더(Big Brother)'의 모습이 될 수도 있는 것이다. 그렇지 않아도 데이터 권력으로 불리는 빅 데이터가 절대적 권력자의 손에 들어가고 국민의 정보를 지속적으로 얻는 순간 사실상 사회의 완벽한 통제가 가능해진다.

오늘날 빅브라더는 중국 · 러시아처럼 정보기술을 통제하고 감시도구로 사용하는 국가만이 아니다. 오히려 페이스북 · 구글 같은 글로벌 인공지능 기술기업, 상세한 개인정보를 요구하는 빅 데이터, 다른 사람의 사적 영역을 엿보려는 사용자들의 끝없는 욕망이 더 강력한 새로운 빅브라더가 될 수 있을 것이다. 여기에다 디지털 세상을 살아가는 이용자들은 빅브라더에게 저항하지 않는 것은 물론이고, 오히려 편리함을 위해 개인정보(privacy)를 빅브라더들에게 자발적으로 제공해 주고 있는 실정이다.

사람들은 구글, 페이스북, 애플, 아마존 등의 글로벌 기업들을 '21세기 빅브라더'라고 부른다. 이들은 위치추적 시스템(GPS) 정보를 기반으로 사용자의 위치정보를 실시간으로 추적 · 제공하는 제품과 서비스를 판매하고 있다. 이를 통해 우리가 누군지, 어디에서 누굴 만나고 무엇을 좋아하는지 까지도 파악할 수 있다. 그들은 수년 간 수집한 빅 데이터를 활용해 은밀하게 우리를 살펴보고 있는 중이다. 마음만 먹으면 이용자의 사생활을 팔아 얼마

든지 돈을 벌 수 있는 디지털 공룡이 돼버린 이들은 전지전능한
독재자가 되어 가고 있다.

한편, 이렇게 모은 데이터가 보안문제로 유출된다면 이 역시
큰 문제가 될 것이다. 2018년 3월, 페이스북은 개인 정보유출로
커다란 논란에 휩싸였다. 페이스북에서 수천만 명 이상의 개인
정보가 영국의 한 정보회사로 넘어갔고, 유출된 정보들은 브렉시
트(Brexit) 여론전과 2016년 미국 대선 여론전 등의 선거전략에 이
용되었다는 사실이 밝혀졌다. 이 사실이 폭로되면서 페이스북의
주가는 하루 만에 7%가 하락했다. 아울러 CEO인 저커버그는 의
회청문회에 출석하여 공개사과를 하였다.
여기에다 사회가 감당하기 어려울 만큼 데이터가 폭증하고 있
는데 이걸 관리할 전문인력이 없다는 것, 그리고 데이터를 분석
하던 회사가 망해 버리면 그 데이터는 어디로 흘러가는지 등의
문제도 제기되고 있다.

이렇게 볼 때 우리는 빅 데이트 기술을 지속적으로 발전시켜
나가면서, 다른 한편으로는 개인 사생활 보호를 위한 여러 가지
안전장치를 마련하는 노력도 동시에 기울여야 한다. 만사가 그러
하듯 과유불급(過猶不及), 빅 데이트와 인공지능의 생태계에도 중용
(中庸)의 원칙이 중요한 것이다.

최적의 솔루션에 의한
'골디락스' 경제

인공지능 기술은 우리의 일상생활이나 기업 경영활동에 최적의 솔루션을 제공해준다. 이 가장 적합한 솔루션을 통하여 우리는 편익을 극대화하거나 혹은 불필요한 시행착오와 낭비요인을 줄일 수 있게 된다. 이것을 두고 사회적 편익증진 혹은 사회적 비용절감 효과라고 부르고 있다.

우선, 개인의 일상생활에서 인공지능이 가져오는 편익증진 효과부터 알아보자. 인공지능과 결합한 가상비서 서비스는 사용자의 감정 상태에 가장 적합한 편안함을 찾아줄 것이다. 또 고도의 인공지능을 탑재한 의료용 로봇은 병원에서 활동하면서 진단, 수술과 치료, 처방 등에서 인간이 저지를 수 있는 오류나 실패의 가능성을 최소화시켜 준다. 그리고 자신의 적성과 능력에 적합한 일자리와 일처리 방식을 찾아주기도 한다.

합리적인 소비생활을 하는 데도 도움을 주게 된다. 우리가 정보 부족이나 판단 오류로 인해 합리적인 가격결정을 하지 못하고 주저할 때 인공지능은 최적의 솔루션을 제시해 준다. 아울러 과소비나 충동구매 등 비합리적인 소비지출 행위를 막아 줄 것이다. 국가의 재정지출 측면에서도 합리적 의사결정을 하게 할 것이다. 한정된 예산을 가장 효율적으로 사용할 수 있도록 지출의 우선순위를 정하여 주고 또 불필요한 예산 낭비행위도 일어나지 않도록 도와 줄 것이다.

인공지능은 기업이 경영활동을 함에 있어서도 최적의 솔루션을 제시해 줄 것이다. 원래 기업의 경영환경은 모든 것이 불확실하고 위험이 도사리고 있다. 원재료·노동력·기계장비를 얼마나 많이 확보해 두어야 하는지, 시장에 내놓을 제품과 서비스에 대한 소비자들 반응은 어떨지, 경쟁기업들은 어떻게 대응할 것인지, 수급상황은 어떠할지 등 모두가 불확실한 요소이다.

그런데 인공지능은 이러한 문제 속에서 제반 생산요소와 제품들을 적절하게 관리해 주게 된다. 그리고 상품의 설계·개발, 제조·유통·물류 등 전 생산과정에 최적의 솔루션을 제시하는 스마트 팩토리(Smart Factory)를 통하여 생산성, 품질, 고객만족도를 향상시켜 주게 될 것이다. 한마디로 제조업의 패러다임을 송두리째

한국 경제 미래 담론

바꾸어 놓게 된다.

'스마트 팩토리(smart factory)'란 제품을 조립·포장하고 기계를 점검하는 전 과정이 자동으로 이뤄지는 공장을 뜻한다. 스마트 팩토리에서는 공장 곳곳에 사물인터넷 센서와 카메라를 부착시켜 데이터를 수집하고, 이를 플랫폼에 저장해 분석한다. 이렇게 분석된 데이터를 기반으로 어디서 불량품이 발생하였는지, 이상 징후가 보이는 설비는 어떤 것인지 등을 인공지능이 파악하여 전체적인 공정을 제어한다.

이 스마트 팩토리로 인해 기존의 대량생산과 대량공급이라는 생산자 중심의 자동화 공장에서 소비자 수요에 맞춘 지능화 공장으로 변신하게 된다. 이는 IoT, 빅 데이터 및 인공지능 등이 접목된 스마트공장의 도입으로 차별화된 제품을 대량생산 가격에 맞추어 제공하는 것이 가능해지는 것을 의미하며, 단순한 자동화와는 차이가 있다.

공장 내부의 설비 및 기계가 서로 연결되고 자율화된 형태로 작동이 가능해지면서 제품수요에 대해 다양한 개인 요구사항을 반영하되, 비용상승 없이 생산할 수 있는 유연하고 가벼운 생산 구조로 전환할 수 있게 된다. 이에 따라 제품 불량률과 인건비를 대폭 절감할 수 있게 된다. 아울러 실시간 제어, 위험의 사전 예측 등 생산공정의 안전성이 향상되면서 근로자들의 산업재해 발생 확률도 낮출 수 있다.

제조업과 서비스 간의 융합도 진행되고 있다. 산업의 디지털 전환, 온디맨드 경제(On demand Economy), 인공지능 등의 영향으로 제조업과 서비스업, IT 경제의 구분과 경계는 모호해지고 상호 융합하고 있다. 흔히 이를 '서비타이제이션(Servitization)'이라고도 부른다. 이에 따라 제조업은 결국 스마트 시스템과 연계된 플랫폼 기반의 비즈니스로 변모할 가능성까지 대두되고 있다.

이와 같이 인공지능이 기업의 생산활동과 개인과 정부의 소비 지출 행위에 최적의 솔루션을 제공함으로써 거시경제 전체는 골디락스를 이루게 될 것이다. '골디락스(goldilocks)'란 뜨겁지도 차갑지도 않은 이상적인 경제상황을 뜻한다. 즉 인플레이션을 우려할 만큼 과열되지도 않으면서 잠재성장률에 육박하는 성장이 장기간 이어지는 경제국면을 말한다.

원래 영국의 전래동화 〈골디락스와 세 마리의 곰〉에서 유래한 용어이지만 지금은 경제용어로서 더 많이 활용되고 있다. 기업의 마케팅에서도 상품을 판매할 때 전략제품인 중간가격의 제품을 고가의 제품과 저가의 제품 사이에 진열하여 중간가격 제품을 선택하도록 유도하는 '골디락스 가격전략'을 사용한다. 나아가 이제 골디락스란 용어는 극단이 아닌 중립, 포용과 합리, 실용과 효율, 융합 등 다양한 함의가 녹아 있는 뜻으로도 사용되고 있다.

골디락스 경제는 통상적으로 불황기와 호황기 사이에 나타나

한국 경제 미래 담론

는 것으로 알려져 있다. 골디락스 경제가 바람직하지만, 경기란 계속해서 순환하는 과정을 거치므로 이를 계속 유지시켜 나가는 것은 현실적으로 매우 어려운 일이다. 그런데 인공지능이 최적의 솔루션을 제시할 때 이것이 가능해지게 될 것이다.

로봇, 인간의 협력자이자
경쟁자가 되다

로봇이 이 세상에 선을 보이게 된 배경은 산업현장의 능률을 제고하는데 있었다. 즉 최초의 로봇은 산업용 로봇으로, 1960년 미국에서 개발된 '유니메이트(Unimate)'였다. 이는 포드자동차에서 금형주조 기계의 주물부품을 하역하는 데 사용되었다. 이후 산업용 로봇을 본격적으로 발전시켜 나간 나라는 일본이다. 지능형 로봇 또한 1997년 혼다사가 인간형로봇 아시모를 등장시킨 이후, 2000년 소니사가 애완로봇 아이보등을 탄생시키면서 본격적인 서비스 로봇 시대를 열어 나가게 되었다.

로봇의 종류는 분류 목적에 따라 여러 갈래로 나눠진다. 우선 용도에 따라 산업용 로봇, 서비스용 로봇, 특수목적용 로봇으로

한국 경제 미래 담론

구분할 수 있다. 산업용 로봇은 산업 현장에서 인간을 대신하여 제품의 조립이나 검사 등을 담당하는 로봇이다. 처음 만들어진 로봇도 반복적이고 위험한 노동에서 인간 노동력을 대신하기 위한 산업용 로봇이었다. 서비스용 로봇은 청소, 환자보조, 장난감, 교육실습 등과 같이 인간 생활에 다양한 서비스를 제공하는 로봇이다. 특수목적용 로봇은 전쟁에서 사용되거나 우주, 심해, 원자로 등에서 극한 작업을 수행할 수 있는 로봇이다.

로봇이 지능을 지니고 있는지 여부에 따라서는 일반 로봇과 지능형 로봇으로 구분된다. '지능형 로봇(Intelligent Robots)'은 일반로봇과 달리 주변 환경을 스스로 인식한 후 자신의 행동을 조절하고 결정하는 기능을 지닌다. 로봇분야에 인공지능을 도입하고자 하는 시도는 상당히 오래전부터 시작되어 산업용 로봇이나 서비스 로봇에서 큰 효과를 보고 있다. 이는 로봇 자체의 조작기능이나 제어기능에 중점을 두기보다는 사용자와의 상호작용에 집중하여 정보를 제공하거나 감성적인 교감이 가능하도록 유도하고 있다. 로봇의 최고 단계는 스스로 생각할 수 있는 인공지능과 인간의 몸을 결합한 것이 될 것이다.

로봇은 어떤 분야에 활용되고 있을까? 과거의 로봇은 주로 산업용으로 사용되었으나, IT기술과 인공지능의 발달로 그 범위는 가정, 복지, 교육, 오락, 의료, 국방, 사회 안전, 해양, 환경 등으로 점차 확대되고 있다.

우선, 산업용 로봇이다. 산업 현장에는 단조로운 반복 작업이나 따분한 작업, 불쾌한 작업들이 많은데, 이와 같은 작업을 로봇에게 맡기고 있다. 이런 종류의 작업은 로봇 쪽이 인간보다 더 잘해낼 수 있다. 왜냐하면 로봇은 언제나 일정한 수준의 정밀도와 정확도로 작업을 계속할 수 있기 때문이다. 따라서 제품의 품질은 항상 일정하며 게다가 휴식을 취할 필요가 없기 때문에 많은 양의 제품을 만들 수 있다.

그러나 점차 고도의 분석과 판단 능력을 요하는 업무영역에도 로봇의 활용도가 커지고 있다. 대표적인 사례가 금융업에서 활용하는 챗봇과 로보어드바이저이다. '챗봇(chatbot)'은 지능형 로봇의 한 형태로, 인간 방식의 대화를 하는 컴퓨터 프로그램이다. 쉽게 말해 채팅(chatting)하는 로봇으로, 정해진 응답 규칙에 따라 사용자 질문에 응답할 수 있도록 만들어진 시스템이다. 인공지능을 기반으로 사람과 자동으로 대화를 나누는 소프트웨어라고 보면 된다.

'로보어드바이저(Robo Advisor)'는 자동화된 지능형 투자자문 서비스 제공 로봇 시스템이다. 빅데이터 분석을 바탕으로 보다 정확한 미래를 예측한 뒤, 고수익 상품을 추천하고 또 고객 맞춤형 자산관리 서비스를 제공한다. 즉 투자자의 위험성향과 투자 목적을 분석하는 투자자 프로파일링은 물론 투자권유, 자산관리, 트레이딩까지 담당하는 전문인력 기능을 수행한다.

둘째, 로봇은 위험한 작업을 대신할 수가 있다. 방호복을 입지 않고 원자력 공장에서 방사성 물질을 취급하거나 유독화학 물질을 취급할 수가 있으며, 인간에게는 너무 덥거나 추운 환경에서도 일할 수가 있다. 폭발물을 수색하거나 폭탄의 뇌관을 제거하는 일 등 인간의 생명이 위험에 노출될 수 있는 곳에서도 로봇을 사용할 수 있다. 로봇은 우주 공간에서의 작업에도 활용되고 있다. 지구를 돌고 있는 인공위성을 수리하거나 유지하는 데 사용되기도 하고, 보이저호와 같이 탐사와 발견을 목적으로 먼 천체까지 비행하는 데도 로봇이 사용된다.

셋째, 가정과 교육현장에서 활용도가 커지고 있다. 점점 많은 로봇이 가사를 돕기 위해 사용되고 있다. 가사지원 로봇은 청소 로봇에서 심부름로봇에 이르기까지 집안일을 도맡아 하는 로봇이다. 그리고 육체적인 장애를 가진 사람들과 거동이 불편한 노인들을 돌보는 일에도 많이 이용될 것으로 기대된다. 로봇 간호 보조자는 장애나 노령으로 인해 체력이 약해진 사람들이 혼자서도 살 수 있도록 도와주게 될 것이다. 또 교육 로봇도 출현할 것이다. 교육 콘텐츠와 연결되어 지능형로봇이 보급된다면 교육 산업의 핵심으로 막대한 시장창출을 할 것으로 전망된다.

로봇은 점차 진화되어 마침내 인간처럼 말하고 자신의 감정과 의사를 표현할 줄 아는 인공지능 로봇이 탄생하였다. 2016년 대중 앞에 처음 공개된 휴머노이드(Humanoid Robot) 인공지능 로봇 '소피아(Sophia)'는 세상 사람들의 관심을 한 몸에 받고 있다. 인간처럼 표정을 지으며 자연스럽게 말하는 모습에 사람들은 열광했다. 소피아는 홍콩에 본사를 둔 핸슨 로보틱스(Hanson Robotics)사가 인공지능 시스템을 이용해 학습시켜 사람들과 눈을 맞추거나 얼굴을 인식하고, 인간의 언어를 이해하며 인간처럼 감정도 표현할 수 있도록 만들었다.

소피아는 사우디아라비아의 시민권을 취득한 최초의 인공지능 로봇이기도 하다. 그녀의 얼굴은 오드리 헵번을 본떠 만들어졌다고 한다. 소피아는 다양한 표정을 지으며 농담을 하고 사람과 대화를 나눈다. 사람과 대화를 나눌수록 소피아는 더욱 진화한다고 한다. 즉 상황에 따른 사람의 표정과 제스처 등을 관찰하고 습득해 더욱 인간과 흡사한 표현을 하게 된다. 다만, 아직까지 소피아는 실제 사람처럼 보이기에는 다소 어색한 표정과 부자연스러운 움직임이 있는 것이 사실이다. 대화 능력 또한 일상대화는 즉석에서 가능하지만, 깊이 있는 토론은 학습이 필요하다.

그러나 소피아의 등장이 휴머노이드 인공지능 로봇 시장 발전에 가속도를 불러일으킬 것으로 기대되고 있다. 이들의 최종 목표는 사람과 동일한 지능을 가진 살아있는 로봇, 인지능력과 상상력을 지닌 인간 같은 로봇을 만드는 것이다. 언젠가는 영화 '바이센테니얼 맨(Bicentennial Man)'에서의 남자 주인공 앤드류 마틴처럼, 그리고 영화 '허(Her)'에서의 여자 주인공 사만다처럼 사랑의 감정을 가지고 살아가거나 혹은 실제로 사랑을 나누는 그런 로봇이 탄생할 수도 있을 것이다.

이처럼 인공지능 기술과 로봇의 발전은 경제사회에 생산성 향상과 삶의 질 개선이라는 긍정적 효과를 초래하겠지만, 또 다른 한편으로는 부정적인 영향도 미칠 것으로 예상되고 있다. 부정적인 요소 중에서도 가장 큰 것은 다름 아닌 노동시장의 대 격변과 고용의 대폭적 감소라는 문제이다. 즉 수많은 사람들이 로봇 때문에 일자리를 잃게 된다는 것이다. 이에 대처하기 위해 '로봇세'의 도입 문제가 논의되고 있기도 하다. 이는 노동자에게 소득세를 비롯하여 각종 세금을 부과하는 것처럼 인간의 일자리를 대체해 간 로봇에게도 비슷한 수준의 과세를 해야 한다는 것이다.

실제 유럽의회는 2016년 5월부터 로봇세 도입 논의를 시작하였다. 비록 로봇세 도입은 아직 시기상조라는 결론을 내렸지만, 2017년에는 로봇에게 '특수한 권리와 의무를 지닌 전자인간'이라며 법적 지위를 부여했다. 로봇에게 인격권을 주고 언젠가 세금을 매길 수 있는 근거를 마련해 둔 것이다. 과세를 하기 위해선 일반 사람과 같은 '시민격(市民格)', 기업과 같은 '법인격(法人格)'이 필요하기 때문이다.

이뿐만이 아니다. 인공지능 격차(AI divide)를 통해 빈부의 격차를 한층 더 심화시킬 수도 있다. 아울러 대공황을 초래해 경제를 파탄시킬 우려도 없지 않다. 로봇 때문에 해고된 노동자들은 생산자인 동시에 소비자인데, 로봇은 노동만을 대체할 뿐 소비는 대체할 수 없다. 노동자가 돈을 벌지 못하면 소비 또한 할 수 없게 된다. 이에 따라 기업이 기계화를 통해 생산량을 늘려도 일자리를 잃게 된 노동자들은 소비를 제대로 할 수 없게 될 것이다. 다시 말해 소비계층이 붕괴되어 물건이 팔리지 않게 된다는 것이다. 그 결과 세계에 대공황 수준의 큰 경제위기가 올 수도 있다.

유비쿼터스 세상의 구현과
5G 이동통신

우리는 꽤 오래 전부터 유비쿼터스 세상에 진입해 살고 있다. '유비쿼터스(Ubiquitous)'란 '언제 어디서나 존재한다'는 뜻의 라틴어로, 사용자가 시간과 장소에 상관없이 자유롭게 네트워크에 접속할 수 있는 환경을 말한다. 이 개념은 원래 유비쿼터스 컴퓨팅에서 출발했지만 점차 유비쿼터스 네트워크로 확장되어 왔다.

유비쿼터스 네트워크란 휴대용 정보기기를 가지고 다니면서 멀리 떨어져 있는 각종 사물과 연결하여 그 사물을 사용한다는 개념이다. 즉 컴퓨터에 어떠한 기능을 추가하는 것이 아니라 자동차 · 냉장고 · 안경 · 시계 · 스테레오장비 등과 같이 어떤 기기나 사물에 컴퓨터를 집어넣어 의사소통이 가능하도록 해 주는 정보기술 환경을 뜻한다. 이 때문에 근거리 및 원거리 무선 네트워크 기술이 핵심 요소가 된다.

유비쿼터스의 키워드는 통상 6가지(6A)로 정의되고 있다. 이는 '언제(Anytime)', '어디서나(Anywhere)', '누구나(Anybody)', '어떤 네트워크(Any-network)', '어떤 기기(Any-device)', '어떤 서비스(Any-service)'에의 접속이다. 이를 통해 유비쿼터스는 휴대성과 편의성뿐 아니라 시간과 장소에 구애받지 않고도 네트워크에 접속할 수 있게 만들었다. 나아가 인류의 사회문화 생활까지 송두리째 바꿔놓고 있다. 그런데 이처럼 신속하고 편리하며 유용한 유비쿼터스 세상은 모바일 혁명과 정보통신 기술의 발전이 있었기에 가능했다.

1980년대 이전이 TV 중심의 매스미디어 시대였다면, 1980년대부터는 PC중심의 온라인 시대, 1990년대부터 2000년대까지는 PC통신 기반의 인터넷시대라고 평가할 수 있을 것이다. 그리고 또다시 2010년대는 모바일시대로 패러다임이 변하였다. 2015년 기준 전 세계 이동통신 가입자 수는 70억 명, 인터넷 사용자 수는 30억 명에 달하고 있다. 이처럼 세상의 질서가 모바일을 중심으로 재편되면서 전 세계인은 이제 생활방식뿐만 아니라 사고의 틀까지도 바뀌는 것을 경험하며 살아가고 있다. 따라서 이를 '모바일 혁명'이라고도 부른다.

정보통신에서의 '모바일(mobile)'은 스마트폰과 태블릿PC 등과 같이 이동 중 사용이 가능한 컴퓨터 환경을 뜻한다. 일반적으로는 사람이 휴대하면서 사용할 수 있는 소형화된 전자기기, 즉 모바일 기기를 나타낸다. 휴대폰 전면을 터치스크린으로 사용하는 형태의 스마트폰이 세상에 처음 선보인 것은 2007년 1월, 애플의 스티브 잡스가 들고 나온 아이폰(iPhone)이었다.

스마트폰은 전 세계 사람들의 개인 일상생활부터 주요 산업지형에 이르기까지 모든 것을 혁명적으로 변화시켰다. 음성통화와 문자메시지 기능에 머물던 휴대전화는 손안의 컴퓨터로 진화했다. 길 찾기, 게임, 공연 예약 등을 길을 걸으면서도 할 수 있게 만들었다. 책과 신문을 읽던 지하철 안 풍경은 이제 스마트폰 화면이 점령했다. 여행을 하면서 숙박할 곳을 실시간으로 찾을 수 있고, 해외에서도 카카오톡을 이용해 무료로 통화할 수 있게 됐다. 모바일 뱅킹으로 송금도 편리해졌고, 모바일 쇼핑은 백화점 갈 일을 줄였다.

언제 어디서나 모바일 접속이 가능해지자 페이스북, 트위터 등의 사회관계망 서비스(SNS)가 활성화됐다. 실시간으로 전파되는 SNS가 여론에 미치는 파급력은 기존 언론을 위협할 정도가 됐다. 쇼핑 · 배달 · 공유서비스 등 O2O(Online to Offline) 서비스는 그 영역을 계속 확장해 나가고 있다. 스마트폰 하드웨어 자체도 이에 맞춰 진화하고 있다. 기존의 피처폰, 카메라, MP3, 캠코더, PC의 성능이 스마트폰으로 집약됐다. 스마트폰 애플리케이션 시장이 커지면서 소프트웨어와 콘텐츠의 중요성이 어느 때보다 부각된 것도 모바일 혁명이 가져온 변화다.

이른바 현대인들이 겪고 있는 '노모포비아(Nomophobia)' 증상은 이러한 모바일의 지배력을 단적으로 보여준다. 노모포비아는 '노 모바일폰 포비아(No mobile-phone phobia)'의 줄인 말로, 스마트폰 등 휴대전화가 없을 때 초조해하거나 불안감을 느끼는 증상을 일컫는다. 스마트폰 소유자의 약 80%가 잠자리에서 일어난 후 15분 동안 문자와 뉴스 등을 확인한다는 조사 결과도 있다.

이렇듯 인터넷 생태계가 모바일 위주로 구축되면서 일상생활과 비즈니스 세계의 패러다임은 '모바일 퍼스트(Mobile First)' 시대를 넘어 이제 '모바일 온리(Mobile Only)' 시대로 바뀌고 있다. PC에서 모바일로 옮겨가는 시대를 '모바일 퍼스트' 시대라고 한다면, '모바일 온리'는 모바일에서만 음악 · 영화 · 소비 등 일상생활을 하고, 전자상거래와 은행 거래 등의 비즈니스를 처리하는 환경으로 이해하면 되겠다.

모바일 온리 세상에선 기존의 비즈니스 관행이 별로 중요하지 않다. 모바일 이용자들의 눈길을 끌 혁신적 아이디어와 이를 구현할 수 있는 기술력만 있으면 디지털 비즈니스를 주도하기에 충분하다. 아이디어와 기술력만으로 10~20대의 젊은 나이에 억만장자에 등극하는 사람들이 적잖게 등장하는 게 이를 잘 말해준다.

한편, 지금 세계는 5G 이동통신 기술의 상용화와 혁신을 두고 거의 전쟁을 치르다 시피하고 있다. 모바일이 가능토록 하는 핵심 인프라인 이동통신은 계속 진화한다. '5G 이동통신'은 5세대 (Generation) 이동통신을 의미한다. 여기서 세대는 기술이 획기적으로 달라질 때를 기준으로 구분하는데, 일반적으로 많은 데이터를 빠른 속도로 주고받을 수 있는 기술이 얼마나 발전했는지에 따라 세대 구분을 한다.

1980년대 1세대 이동통신 즉 1G시대에는 아날로그 방식의 음성통화만 가능했다. 이후 1996년 아날로그에서 디지털로 전환되는 2G 이동통신이 시작되면서 휴대전화에서 문자 메시지를 주고받을 수 있게 됐다. 당시 우리나라는 퀄컴의 코드분할 다중접속 방식(CDMA)을 적용하였다. 2002년부터 시작된 3G 이동통신 서비스부터 음성 데이터와 메일, 문자, 데이터 등의 비 음성 데이터 모두 전송이 가능해져 휴대전화에서 사진을 보내고 동영상 같은 멀티미디어 통신이 가능해졌다. 이때부터 휴대전화에 유심(USIM)을 사용하기 시작했다.

그리고 2011년 여름, 지금의 4세대 이동통신, 이른바 스마트폰의 시대가 열렸다. 4G가 3G와 구별되는 가장 큰 특징은 속도다. 우리가 흔히 얘기하는 LTE가 바로 4G 이동통신 기술을 일컫는 말로, 모바일 기기의 데이터 다운로드 속도가 최대 300Mbps에 이른다.

그러면 5G 이동통신은 어떤 수준일까? 5G는 기존 3G나 4G와는 질적으로 확연히 다른 통신기술이다. 3G나 4G는 단순히 속도를 더 빠르게 하는 데 주안점이 맞춰져 있었다. 물론 5G도 4G(LTE)보다 속도가 최소한 20배 이상 빨라진다. 하지만 5G는 3G나 4G와는 확연히 다른 초연결성과 초저지연성이란 특성을 지니고 있다.

초연결성은 1㎢ 반경 안의 100만개 기기에 사물인터넷(IoT)을 연결한다. 동시에 100만개 기기가 동시 접속하더라도 문제가 없다는 얘기다. 사물인터넷(IoT) 기기가 늘어날수록 5G의 가치도 더 커진다. 초저지연성은 사물과 사물 간 통신 응답 속도가 빨라져 거의 실시간으로 전송이 가능한 것을 말한다. LTE는 지연시간이 10밀리세컨드(0.01)초이기 때문에 원격 서비스에 활용하기에는 한계가 있다. 그러나 5G는 전송지연시간 1밀리세컨드(0.001초)에 불과해 멀리 떨어진 곳에서도 거의 같은 시간에 동일한 서비스가 가능하게 된다.

앞으로 이 5G기술이 추구하는 목표가 이뤄지면 모바일 환경이 개선될 뿐만 아니라 우리의 일상생활과 산업활동도 크게 달라질 것이다. 기존에 단순 모니터링 수준에 그치던 서비스들이 실시간, 그리고 지능형 서비스로 업그레이드된다. 지연속도가 없어지면 화상회의는 물론이고, 가상현실 등의 가능성이 넓어지게 된다.

또 자율주행 자동차 운행과 인공지능 활용은 물론, 촌각을 다투는 원격수술도 5G 기술로 가능하다. 아울러 인간만 온라인에 진입하는 것이 아니다. 5G 네트워크의 성능은 IoT, VR과 AR, 스마트 카, 지능형 로봇등과 긴밀하게 연동되어 인류의 생활을 획기적으로 변모시킬 혁신 플랫폼이 될 것으로 예상된다. 이것이 5G가 4차 산업혁명의 신경망으로 불리는 이유이다.

5G의 활용 가능성 사례를 보다 구체적으로 알아보자. 자율주행차가 대표적이다. 자율주행차는 전방에 장애물이 있으면 통신 신호로 이를 탐지하고 빅 데이터 시스템 분석을 통해 판단을 내려 정지하거나 방향을 바꾼다. 그런데 시속 100㎞로 고속 주행하던 차가 갑자기 튀어나온 사람이나 장애물을 발견하고 급정거하려면 매우 짧은 시간 안에 이 같은 프로세스가 이뤄져야 한다. 지연시간이 긴 LTE로는 어렵지만 5G로는 가능하다.

공장 근로자가 실수로 절삭기에 손을 넣었을 때 이를 감지하고 기기 작동을 멈추게 하는 일도 5G로 가능해진다. 의사가 원격으로 수술을 할 때, 의사의 손동작과 원격지 수술실 로봇팔이 동시에 움직이게 하는 것도 5G가 아니면 어렵다. 가상현실(VR)이나 증강현실(AR)의 완성도도 5G로 높아진다. VR/AR 서비스를 위해서는 대용량 데이터를 빠르게 전달해야 하는데 5G의 초고속, 초저지연 특성이 필요하다. 개인 스마트폰에서 VR/AR 콘텐츠를 이용하는 일이 일반화되고 향후엔 홀로그램을 통해 더 실감나는 통화도 가능해질 전망이다.

이처럼 5G는 우리 생활과 산업 전반의 혁신을 가져올 미래의 산업 인프라로 인식되고 있다. 지금 미국과 중국 간 벌어지고 있는 무역분쟁의 근본원인도 5G 기술 패권 다툼에서 비롯되고 있다. 또 미국이 중국의 대규모 통신 네트워크 설비업체인 ZTE나 다국적 IT기업인 화웨이 때리기를 계속하는 밑바탕에는 이들이 미래 산업의 인프라인 5G를 장악하는 것을 가만히 지켜볼 수 없다는 경계심이 깔려 있다. 미국은 제조업 경쟁력 부활에 5G를 필수적인 인프라로 활용하겠다는 구상이다. 중국 또한 제조업을 선진화하겠다는 '중국 제조 2025'의 목표 달성을 위해 5G 기술 선점을 노리고 있다. 결국 세계 패권을 노리는 양국의 충돌이 일어나게 된 것이다.

생명공학이 현실화시키는
무병장수의 꿈

　이제 세상은 얼마 전까지만 해도 상상하기 어려웠던 일들이 인공지능 기술 덕분에 점차 현실화되어 나가고 있는 중이다. 그러나 과학기술이 발전하더라도 인간이 이루지 못한 채 어쩌면 영원히 꿈으로만 남게 될 분야가 여전히 존재한다. 그 대표적인 꿈들은 다름 아닌 시간여행과 불로장생(不老長生)을 이루는 것일 게다. 이 꿈의 실현은 우주의 원리와 역사를 뒤흔들어 놓으면서 어쩌면 신의 영역을 침범하게 되는 매우 위험한 일이라 할 것이다.

　우리가 소설이나 영화 속에서 보았던 바와 같이 인간이 타임머신을 타고 과거나 미래의 세계로 여행을 떠나거나, 순간적으로 공간이동을 실현하는 것은 매우 흥미롭고 매력적인 일들이다. 물론 이는 인공지능의 영역이라기보다 물리학과 양자역학의 영역이다. 알려진 바로는 빛의 공간이동은 어느 정도 이루어진 상태라고 한다. 그런데 사람들은 이런 시간여행과 공간이동 기술보다도 무병장수(無病長壽)와 불로장생에 대한 꿈이 훨씬 더 큰 편이다.

사실 이에 대한 꿈은 어느 정도 진전되고 있는 상황이다. 이제 웬만한 병은 인공지능이 알아서 처방과 치료를 해줄 뿐만 아니라, 아예 병이 발생하지 않도록 하는 사전예방 기술도 발전하고 있다. 현재 의료분야에서 인공지능을 가장 많이 활용하고 있는 플랫폼은 IBM의 '왓슨(Watson)'이다. IBM은 왓슨을 기반으로 유전체 분석, 신약 개발, 임상시험, 의료영상 분석, 암 진단이 가능한 의료 생태계를 구축하고 있는 중이다. 나아가 이제는 의사의 도움 없이 스스로 병을 진단할 수 있는 인공지능 의료기기도 시중에 판매되고 있다. 기존 IBM '왓슨'이 의사를 보조해 암 진단을 했다면, 이번 인공지능 의료기기는 한발 더 나가 사람을 대신하는 단계로 발전했다. 이는 전문의처럼 환자에게 진단서를 발급할 수 있는 인공지능 의사가 탄생했음을 의미한다.

신약 연구개발에도 인공지능이 활용되고 있다. 유전체, 약 사용량, 약물 부작용 등 방대한 바이오·보건의료 빅데이터 분석에 인공지능을 활용한다. 일반적으로 신약개발을 위해 한 명의 연구자가 조사할 수 있는 자료는 한해 200~300여 건이다. 이에 비해 인공지능은 한 번에 100만 건 이상의 논문을 탐색할 수 있다. 분석 능력 또한 비교할 수 없을 정도로 뛰어나다. 글로벌 제약·바이오 업체에서 AI의 가능성에 주목하는 배경이다. 세계 최대 제약사인 화이자는 IBM의 인공지능 왓슨과 손을 잡고 새로운 면역 항암제 개발에 나서고 있다.

이에 머지않아 아프거나 병원 신세를 지게 될 일이 없게 될 것이며, 늙지 않고 젊음을 유지하면서 지금보다 훨씬 더 오랫동안 살게 되는 무병장수의 시대가 열릴 것으로 기대되고 있다. 더욱이 앞으로 유전자(gene)와 염색체(chromosome), 즉 게놈(genome)에 대한 연구까지 더 발전한다면 언젠가 인간은 영원히 젊음을 유지한 채 죽지 않는 이른바 불로영생의 세상이 열리게 될 것이다.

냉동인간 프로젝트도 활발히 진행 중에 있다. 이는 생체시간이 멈추어 세포가 노화하지 않은 그대로 보존되며, 그 목적은 의학이 발달한 미래에 다시 소생시켜 병을 치료하거나 생명을 연장시키려는 것이다. 간암으로 시한부 인생을 살던 미국의 심리학자 제임스 베드퍼드가 냉동인간의 시조로서, 1967년 75세의 나이로 미래에 암 치료법이 나올 때까지 영하 196℃의 질소탱크 속에 들어가기를 자청하였다. 이후 냉동인간 지원자는 계속 늘어나고 있으며, 미국 애리조나 주에 위치한 알코어 생명연장재단에만도 150여명이 일종의 부활을 꿈꾸며 냉동고에 잠들어 있다. 재단은 이들을 '냉동시신'이 아닌 환자로 규정한다. 스스로 21세기 판 불로장생 프로젝트의 개척자를 자임한 셈이다.

이처럼 불로장생에 대한 연구는 오래전부터 진행되어 왔지만 인간의 노화방지 연구가 보다 본격적으로 진행되기 시작한 시점은 2009년이다. 세포 속 생명시계인 '텔로미어'의 역할을 확인한 엘리자베스 블랙번 교수 등이 노벨 의학상을 타면서다. '텔로미어(Telomere)'는 세포 속 유전자의 끝부분을 감싸고 있는 유전자 조각으로 그 길이가 줄어들지 않으면 노화가 일어나지 않는다. 한마디로 인간의 노화와 건강악화의 유발과 밀접한 연관이 있는 핵심적인 요소라는 것이다. 이후 구글과 페이팔, 오라클 등의 기업들이 뛰어들면서 실리콘밸리가 생명공학과 노화 연구의 산실로 떠올랐다.

그중에서도 '인간수명 500세 프로젝트'를 추진 중인 구글은 보다 가시적인 성과를 나타내고 있다. 구글의 생명공학 계열사인 칼리코는 2018년, 늙지 않는 동물인 '벌거숭이두더지쥐'를 발견했음을 밝혔다. 벌거숭이두더지쥐는 아프리카에 사는 몸길이 8㎝의 땅속 동물로, 이름처럼 몸에 털이 거의 없다. 수명이 32년으로 같은 몸집의 쥐보다 10배나 길다. 사람으로 치면 800세 이상 사는 것이다. 암에도 걸리지 않고 통증도 느끼지 않는다. 심지어 산소가 없어도 18분을 견딜 수 있다. 즉 수명이 다할 때까지 노화가 거의 진행되지 않는 동물을 처음으로 확인한 것이다. 칼리코는 이 벌거숭이두더지쥐가 늙지 않는 비결을 밝혀내 인간의 수명 연장에 적용하겠다는 계획이다.

이와 함께 구글의 자회사 딥마인드는 인체의 복잡한 단백질의 생성과정과 구조를 예측하는 기술도 연구하고 있다. 이 프로젝트가 성공할 경우 그동안 불치의 병으로 치부되던 각종 질병을 고치거나, 전혀 다른 새로운 기능을 하는 새로운 단백질을 디자인할 수도 있게 된다. 이렇게 된다면 인간의 불로장생의 꿈은 마침내 현실로 다가오게 될 것이다.

유전자 변형과 조작에 대한 실험 또한 활발히 진행되고 있으며 실제로 성과를 거두고 있다. 유전자 변형 생물(GMO, Genetically Modified Organism)이란 생명공학 기술을 이용하여 유전자를 인위적으로 변형시킨 새로운 생물을 말한다. 이는 해충에 대한 저항성과 화학 살충제와 제초제에 내성을 지니고 있어 생산성이 높고, 영양학적으로도 우수하다. 바이오 연료의 원료로도 사용될 수 있다. 이에 식량 문제와 기아 문제를 해결할 수 있으며, 청정에너지 수급문제에도 도움이 된다.

유전자 변형과 조작은 그동안은 주로 식물에 대해 이뤄져 왔으나, 점차 동물에도 성공을 거두고 있다. 세계 최초로 포유류 동물에 유전자 조작을 통해 체세포 복제를 성공시킨 사례는 1996년 영국에서 탄생한 아기양 '돌리(clone sheep Dolly)'다. 이후 같은 방식으로 개·고양이·돼지 등의 많은 포유동물들이 복제됐다. 1999년 당시 서울대 황우석 교수 팀이 개발한 '영롱이'도 그 중 하나다.

이제는 영장류의 복제도 이루어지고 있다. 대부분 국가는 영장류 복제가 인간 복제로 이어질 수 있다는 우려로 영장류 복제를 금지하고 있다. 그러나 새로운 기술을 발전시키고 불로장생을 향한 인간의 욕망은 끝이 없었다. 2018년 이후 중국과 러시아에서 연이어 유전자를 변형한 '유전자편집 아기'를 탄생시켰다. 이에 앞으로는 수정란을 유전자 편집함으로써 부모가 원하는 형질의 아이, 예를 들어 지능이 뛰어난 아이, 운동신경이 좋은 아이, 키가 큰 아이 등 소위 맞춤형아이(Designer Baby)를 만들어내는 것도 가능해 질것이다.

그런데 이처럼 생명공학과 인공지능의 발달로 사람이 죽지 않고 오랫동안 혹은 영원히 살 수 있게 된다면, 이는 정녕 축복일까? 꼭 그렇지 않고 오히려 재앙이 초래될 것이라는 의견이 더 지배적이다. 불로장생이 현실화되면 지구촌에는 인구가 폭발적으로 증가하게 되고, 그 결과 자원고갈의 문제, 범죄의 창궐, 윤리적 문제, 법률적 문제 등 상상하기 어려운 난제들이 쏟아져 나올 것으로 예상되기 때문이다.

성큼 다가온
우주여행의 시대

우주개발은 냉전 시대의 산물이다. 미국과 구소련의 자존심을 건 개발경쟁으로 우주선·달 착륙·행성 탐사선·국제우주정거장(ISS) 등 인류 역사에 굵직한 성과들이 나왔다. 이런 국가 주도 우주개발이 시들할 무렵, 스페이스X 등 민간 우주기업들이 나타나 분위기를 반전시킨다. 스페이스X의 첫 민간 유인 우주선 '크루 드래곤'이 2020년 5월 30일, 발사에 성공하였다. 이는 본격적으로 '뉴 스페이스(New Space)' 시대가 열렸음을 의미한다.

과거 우주개발은 군사 안보, 국가위상 제고 등을 이유로 정부 주도로 시행되었다. 민간 기업이 뛰어들기에는 우주산업은 상업성이 부족할 뿐더러 위성과 같은 하드웨어 개발에 엄청난 비용이 소요되었다는 이유도 있었다. 그래서 우주개발은 국가밖에 할 수밖에 없었던 영역이었다. 이를 '올드 스페이스(Old Space)'라고 한다.

그러나 4차 산업혁명과 함께 우주산업도 변하기 시작했다. 우주산업이 위성과 발사체 같은 하드웨어 중심에서 상상력과 아이디어를 기반으로 한 소프트웨어 산업으로 변하고 있다. 이에 우주산업에 민간 기업들이 뛰어들고 있다. 이들은 수차례 다시 쓸 수 있는 재사용 로켓 기술부터 민간 우주여행 상품, 소형위성서비스부터 발사대행, 빅 데이터와 인공지능(AI) 기술을 활용한 위성영상 분석서비스 등 우주 비즈니스 모델의 혁신을 가속화하며, 국가 전유물이었던 우주개발 산업의 대중화를 이끌고 있다. 이처럼 우주개발의 패러다임이 정부주도의 올드 스페이스에서 민간 주도의 뉴스페이스 시대가 펼쳐지고 있다.

과거 올드 스페이스 시대의 우주전쟁은 제2차 세계 대전 후 미국과 구소련 사이의 경쟁을 뜻했다. 그러나 현재의 우주전쟁은 냉전 시기와는 다른 양상을 보이고 있다. 뉴스페이스의 등장은 정부의 역할이 변화하고 있는 것과도 관련이 있다. 과거 냉전시대의 정부는 국제사회에서 군사적·정치적 우위를 점하는데 국력의 대부분을 쏟아 부었다. 이에 미국 정부는 1960년대 아폴로 프로그램에 정부 예산의 5%, 많을 때는 10%까지도 투입하였다. 구소련과의 경쟁에서 이겨야 한다는 뚜렷한 목표가 있었기 때문이다.

하지만 냉전이 무너지고 전 세계가 경제부흥에 진력하는 시대

한국 경제 미래 담론

에 접어들면서 더 이상 이런 조치는 의미를 찾기 어렵게 됐다. 지금 NASA의 예산 비중이 아폴로 때의 10분의 1 수준으로 떨어진 데는 이런 시대적 변화가 자리하고 있다. 이에 미국정부는 우주개발에 민간 기업들을 적극 유치하고 있다.

과거 우주탐사는 미국의 '아폴로 프로그램'처럼 기술적 우위 확보 등 국가적 목표와 과업수행에 연계된 프로그램이 대다수였다. 그러나 최근에는 우주도시 건설, 우주 자원 채굴 등 경제적 이익을 위한 투자가 늘고 있다. 우주관광 등 새로운 우주상품·서비스를 통한 이익추구 활동이 강조된 우주공간의 상업화가 뚜렷해지고 있는 것이다. 올드 스페이스 시대에는 발사체·위성과 같은 하드웨어 시장이 주를 이뤘다면, 뉴 스페이스 시대에는 다양한 우주상품·서비스 위주로 재편되고 있다.

우주산업에 참여하는 주체도 다양해졌다. 아마존, 페이스북 등 ICT(정보통신기술)를 기반으로 한 민간 우주기업 비중이 늘고 있다. 아울러 스페이스X의 스타링크 프로젝트처럼 네트워크 형태의 소형 시스템 증가도 눈에 띈다. 뉴스페이스 기업들의 공통된 특징은 ICT와 인공지능을 기반으로 한 혁신기술을 통해 우주산업 확장을 꾀하고 있다는 점과 초기 투자금 회수에 대한 위험 요소를 감수한다는 점이다.

그래서 이들 기업에게는 발사체·위성 개발과 운용에 드는 막대한 비용을 최대한 절감하는 게 중요해졌다. 우주 수송비용을 낮춘 재사용 로켓, 소형 발사체을 비롯해 50kg 이하 초소형 위성 등이 각광 받는다. 큰 비용이 들더라도 높은 성능과 안정성 확보를 최우선으로 추구한 전통 우주산업과 비교되는 대목이다.

'뉴 스페이스' 프로젝트의 최대 격전장은 우주여행이다. 2001년 미국의 데니스 티토는 200억 원이 넘는 돈을 지불하고 인류 최초의 우주 여행객이 되었다. 이후 보다 저렴한 가격에 우주여행을 할 수 있는 우주관광 상품이 잇달아 출시되고 있다. 이 우주여행 사업에는 아마존 창업자 제프 베조스의 블루 오리진(Blue Origin), 전기차업체 테슬라 창업자 일론 머스크의 스페이스X, 영국의 우주항공 기업가인 리처드 브랜슨의 버진 갤럭틱(Virgin Galactic) 등이 치열한 경쟁을 벌이고 있다.

제프 베조스 아마존 최고경영자는 우주개발은 선택의 문제가 아니라 인류생존을 위해 반드시 필요한 일이라고 말했다. 그리고 화성보다는 달에 인간이 거주할 수 있는 시설을 짓는 게 더 현실적이라고 보았다. 그래서 매년 아마존 주식 10억 달러를 매각해 달에 인간이 살 수 있는 정착촌 마을을 건설하겠다고 밝혔다.

베조스가 설립한 우주탐사기업인 블루 오리진(Blue Origin) 사는 지구로 다시 귀환시킬 수 있는 재활용 로켓 '뉴 글렌(New Glenn)'을 이용해 달 표면에 착륙선을 내려놓는 미션을 조만간 진행할 예정이다. 목적지를 정하고 어디 멀리까지 가는 것은 아니지만, 우주선을 수직으로 쏴 탑승객이 무중력 체험을 할 수 있게 돕는다. 지상

100㎞까지 올라가서 둥글고 푸른 지구의 모습을 구경한 뒤 지상으로 내려오는 상품이다. 모든 과정에 걸리는 시간은 모두 12분, 이 중 5분 정도를 무중력을 느낄 수 있는 우주 공간에 머문다.

테슬라 CEO 일론 머스크가 이끄는 민간 우주탐사업체 스페이스X에서는 우주 택시로 불리는 캡슐 형태의 유인 우주선 드래곤 V2에 사람을 태우고 국제우주정거장까지의 우주여행을 계획 중이다. 또 스페이스X는 2018년 9월, 자사의 우주선인 '빅팰컨로켓(BER)'에 관광객을 태워 달에 보내는 계약을 성사시켰다고 발표하였다. 2023년 약 일주일간에 걸쳐 이루어질 이 최초의 민간인 달 여행계획을 성사시킨 사람은 일본인으로 알려졌다. 그는 이 여행에는 자신만이 아니라 전 세계 6~8명의 예술가와 건축가 등의 창의적인 사람을 초대하겠다는 뜻을 밝혔다. 또한 CEO인 일론 머스크 자신도 동참할 의사를 내비친 상태이다. 아울러 이 회사는 2026년경에는 지구와 화성을 왕복하는 우주관광 상품을 5억 원 수준에서 내놓겠다고 한다.

영국의 버진 갤럭틱(Virgin Galactic)은 항공과 결합된 새로운 우주 체험을 선보이고 있다. 항공기가 먼저 이륙하고, 이후 높은 고도에서 충분한 속도를 보유한 발사체가 항공기에서 카운트다운을 시작한다. 이처럼 모선과 우주선이 이착륙하기 때문에 '스페이스 포트 아메리카(Spaceport America)'라는 허브 공항을 두고 있다. 이렇게 하면 지상에서 발사하는 것보다 저항을 훨씬 적게 받고, 가속도 면에서도 이득이라 비용이 꽤 절감된다. 지상 100㎞를 넘는 우주공간에서 약 5분 동안 이루어지는 우주 체험에 3억 원이 넘는 비용이 들지만, 대기자만 벌써 600명 이상에 이르는 것으로 알려졌다.

이제는 우주호텔도 등장할 것으로 보인다. 2024년 임무 종료가 예정된 국제우주정거장(ISS, International Space Station)이 우주호텔로 변신 중이다. 미국 항공우주국 NASA는 2019년 6월, 국제우주정거장을 관광 등 민간 상업 용도로 개방한다는 계획을 밝혔다. 이 국제우주정거장의 하룻밤 숙박비용은 3만 5천 달러에 달할 것으로 알려졌다. 여기엔 국제우주정거장 내의 공기와 물·화장실 등을 사용하는 데 드는 비용이 포함돼 있다. 또한 숙박비용이 전부가 아니다. 국제우주정거장에 가려면 유인 우주선을 타야 하는데, 그 비용이 5,800만 달러 이상 들 것으로 예상된다.

물론 돈만 있다고 우주정거장에 갈 수 있는 것도 아니다. 우주 관광객들도 NASA의 우주 비행사들과 마찬가지로 메디컬 테스트를 통과한 후 훈련 과정을 거쳐야 한다. 국제우주정거장이 항상 민간 상업용도로 개방되는 것은 아니다. NASA는 일단 1년에 두 차례, 한 번에 최대 30일까지만 방문을 허용할 예정이다. 우주정거장엔 최대 6명이 한 번에 머물 수 있어 1년에 최대 12명이 방문할 수 있는 셈이다.

한국 경제 미래 담론

우주에 짐을 실어 나르는 택배업무도 민간 우주업체가 맡게 된다. NASA는 2018년 11월, NASA의 과학기술 장비를 민간이 배달하는 프로그램인 '상업용 달 화물 서비스(CLPS, Commercial Lunar Payload Services)' 계획을 발표한 바 있다. 2028년까지 10년간 26억 달러가 투입될 예정인 이 프로그램에는 9개 회사가 참여해 달의 과학을 연구하고, 착륙 위치를 파악하며 달의 방사선 환경을 측정하는 등 각종 과학기술 임무를 수행하는 기기들을 실어 보내게 된다.

스마트 홈, 스마트 시티, 스마트 정부

집 안에 있는 가전제품과 보안 시스템, 조명 등을 서로 연결해 원격으로 제어하는 시스템인 '스마트 홈(Smart Home)'은 생활혁명을 초래하고 있다. 집안의 냉장고, 에어컨, 난방, 가스, 조명 등을 스마트폰 앱 하나로 제어할 수 있는 시스템은 이미 몇 년 전부터 대중적인 기술로 자리 잡았다. 여기에 음향, 영상, 통신기술의 발달은 스마트 홈 기술을 더욱 진화시키고 있다. 특히 상용화가 커지고 있는 인공지능 스피커는 내 기분에 맞추어 대화상대가 되어주고 또 분위기에 맞는 음악을 선사한다. 그리고 집의 다양한 부분을 관리하는 데 활용되고 있다.

현관출입문은 기존 비밀번호를 누르던 시스템과 지문인식에서, 더욱 빠르고 편리한 안면인식으로 진화를 거듭하고 있다. 종전에는 집을 비운 동안 다녀간 사람이 누군지 확인하는 수준이었지만, 이제는 실시간으로 연결된다. 예컨대 외출한 동안 택배기사가 초인종을 누르면 스마트폰으로 연결돼 화상통화를 할 수 있고, 현관문도 열 수 있다. 출입기록 관리도 정교해졌다. 인공지능기반의 빅 데이터 분석 플랫폼이 평소 출입기록을 분석하고 학습해 특이사항이라고 판단하면 메시지를 보낸다. 예컨대 평소 밤 12시 이후 출입이 없었는데 문이 열리면 '이상 시간대 출입이 감지되었습니다!'라는 메시지가 스마트폰으로 전송된다.

인공지능은 관리비도 아껴 준다. 아파트단지 내 세대별 실시간 에너지 사용 기록을 분석하고 비교해 맞춤 알림을 제공한다. 전기사용이 많으면 '전기사용이 과다합니다'라는 알림을 보내는 식이다. 보안도 강화됐다. 집 안에 작은 카메라가 있어 방범 모드를 설정하면 집 안 움직임을 분석해 집주인의 스마트폰과 경비실에 동시에 경고 메시지를 보낸다. 집 밖에서 집 안과 현관 앞 영상도 확인할 수 있다.

앞으로 스마트 홈은 더 발달할 것으로 보인다. 1인가구가 늘고 있고 노인만 거주하는 가구도 증가하고 있어서다. 고독사 등이 사회문제가 된 일본에서는 일찌감치 스마트 홈이 발달했다. 비슷한 구도로 움직이고 있는 우리나라도 1인가구 등에 맞춘 스마트 홈 발달이 빨라질 것으로 예상되고 있다.

전 세계적으로 도시문제가 증가하고 있다. UN 보고서는 앞으로 도시화는 더욱 가속화돼 2050년에는 세계 인구의 3분의 2인 66억 명이 도시에 거주할 것으로 예상한다. 특히 인도, 중국과 같은 신흥국은 농촌 인구가 많고 인구가 지속적으로 증가하고 있어 국민 삶의 질 개선과 고용창출 등을 위해 도시화를 확산시키고 있다. 하지만 급속한 도시화는 교통난, 에너지 부족만이 아니라 실업, 범죄와 같은 다양한 문제들을 야기하고 있다.

선진국도 경우는 다르지만 스마트 시티의 필요성을 절감하고 있다. 유럽, 북미 등은 노후 도시들의 경쟁력 제고와 경기 활성화를 위해 지속적인 도시환경 개선이 필수적인 상태다. 선진국은 국민 대부분이 도시에 거주하고 있어 전반적인 국민 삶의 질을 개선하기 위해서도 도시환경의 지속적인 재정비가 필요하다. 유럽, 미국 등 선진국들의 도시인구 비중은 80% 이상이며 특히 우리나라 도시 인구비율은 90%를 넘어서고 있다.

이처럼 도시는 더는 행복한 삶을 만드는 지속가능한 공간이 못된다. 이제 그 답을 '스마트 시티(Smart City)'에서 찾고 있다. 스마트 시티란 사물 인터넷, 빅데이터 솔루션 등 최신 정보통신기술을 적용한 스마트 플랫폼을 구축하여 도시인의 삶의 질과 행복을 높이는 맞춤형 예측 서비스를 제공하는 도시를 뜻한다. 모든 서비스와 도시가 유기적으로 연결돼, 시민들이 안전하고 쾌적한 도시 생활을 영위할 수 있는 사람 중심의 도시를 만들자는 것이 스마트 시티의 취지다.

스마트 시티의 수요가 증가하면서 세계 스마트 시티 건설경쟁이 본격화되고 있다. 현재 추진 중인 스마트 시티 프로젝트만 해도 600여개나 되는 것으로 알려져 있다. 이 가운데 80% 이상을 중국, 미국, 일본, 유럽, 그리고 우리나라가 주도하고 있다.

스마트 시티를 구현하는 몇 개 도시의 사례를 들어보자. 중국 저장(Zhejiang)성의 중심도시 항저우(Hangzhou)시는 인공지능 기술로 공공업무를 관리하는 세계 최초의 지능도시로 평가받고 있다. 인구 900만 명이 거주하고 있는 이 도시는 원활한 교통흐름을 위해 인공지능 교통제어 시스템인 '시티브레인(City Brain)'을 도입하고 카메라로 감지한 교통량을 실시간 분석해 128개 교차로의 신호등을 자동으로 제어해 준다.

주민들은 스마트폰만 가지면 슈퍼마켓 및 편의점은 물론이고 60개가 넘는 공공서비스, 교통요금, 의료비 등을 모바일로 결제할 수 있다. 따라서 시티브레인은 교통량뿐 아니라 시민들의 통근, 구매, 이동 및 상호작용 등 모든 활동을 데이터로 수집해 인공지능으로 패턴화하는 학습을 하고 있다. 도시 전 지역에서 차량과 시민을 구분해 내는 안면인식 시스템이 가동되므로 모든 범죄가 추적되고 사건사고가 신속히 처리되는 지능도시로 탈바꿈했다. 시티브레인의 성공 사례는 이미 600여개 중국 전역의 다른 도시들, 그리고 싱가포르와 홍콩 등에도 전수되고 있다.

또 세계 스마트 시티 1위라 불리는 바르셀로나는 도시 전체를 공유경제 플랫폼으로 바꾸는 시도를 하고 있다. 이를 통해 자전거 공유 같은 공유경제 서비스를 보편화하려는 것이다. 아울러 도시문제를 해결하기 위해 가상의 도시를 컴퓨터에서 만들어 도시에서 벌어지는 현상을 고스란히 그 안에 담아 해법을 찾을 수도 있다. 이른바 '디지털 트윈 (digital twin)'이라 불리는 이 시뮬레이션 프로젝트는 싱가포르가 시도해 주목받고 있다.

우리나라도 2000년대 중반부터 스마트 시티 구축을 추진해 왔다. 그러나 수요자 중심의 채산성 있는 사업모델 부재 등으로 기업 및 국민의 관심이 저조한 상황이었다. 그러던 중 최근 들어 다시 스마트 시티에 대한 관심이 높아지고 있다.

정부 역시 시대의 흐름에 맞춰 빠르게 변해야 한다. 정부의 일하는 방식과 대국민 서비스를 혁신하고, 국민의 참여를 촉진시키는 스마트 정부가 되어야 한다는 것이다. 이를 위해서는 우선 전자정부가 선행되어야 할 것이다. 전자정부란 정보기술과 인공지능 기술을 활용하여 행정기관 및 공공기관의 업무를 전자화하고, 행정기관 등의 상호 간의 행정업무 및 국민에 대한 행정업무를 효율적으로 수행하는 정부를 뜻한다.

아울러 국정운영에 대해 국민들의 의견을 빠르게 모으고 그에 따라 행정 처리를 하는 '스마트 지배구조(Smart Governance)'를 구축해야 한다. 이는 국민을 위한 앱을 개발해 여론을 묻고 의회나 정부기관이 국민의 의사를 반영한 행정활동을 수행하는 것을 의미한다. 예전 같으면 본인확인이 어렵고 해킹 위험이 있어 구현하기 어려웠지만 이제는 생체인식과 블록체인 기술이 이를 가능하게 만들고 있다.

스마트 정부가 실현되면 국민의 의사가 행정에 제대로 반영되어 대의정치 실현이 가능하게 되며, 행정의 투명성도 높일 수 있을 것이다. 이를 통해 정경유착을 방지하고 지하경제를 와해시킬 수도 있을 것이다. 또 예산운영의 효율성도 기할 수 있게 될 것이다. 예산이 할당되고, 그 예산이 누구를 통해서 언제, 어떤 명목으로 지출이 되었는지를 실시간으로 볼 수 있게 된다. 아울러 목적에 맞지 않는다면, 아예 지출 자체를 막아버리는 게 시스템적으로 가능해진다.

가상비서와 가상현실
세계의 일상화

스마트 기기는 우리 삶을 편리하게 해주는 데서 나아가 휴식에까지 영향을 미치고 있다. 단순 기기가 아니라 없어서는 안 될 생활의 일부가 된 셈이다. 기계와 인간이 음성으로 대화를 나누는 장면 또한 더 이상 놀랍지 않다. 아마존의 알렉사(Alexa), 애플의 시리(Siri), 구글의 구글 어시스턴트(Google Assistant) 등 인공지능 가상비서에 이어 최근 수많은 인공지능 스피커가 쏟아지고 있다.

인공지능 가상비서는 개인 비서처럼 사용자가 요구하는 작업을 처리하고 사용자에게 특화된 서비스를 제공하는 소프트웨어 에이전트이다. 인공지능 엔진과 음성 인식을 기반으로 사용자에게 맞춤정보를 수집하여 제공하고, 사용자의 음성명령에 따라 일정관리, 이메일 전송, 식당예약 등 여러 작업을 수행한다. 한편,

인공지능 스피커란 인공지능 음성인식 기술을 이용해 사용자와 의사소통하는 인공지능 가상비서로 보면 된다.

인공지능 스피커(AI speaker)는 얼마 전까지만 해도 정보기술과 첨단 기기에 관심이 많은 소수 사람의 전유물로만 여겨졌다. 이제는 다르다. 어린아이를 키우는 주부부터 직장인까지 기기를 구매하는 세대가 다양해졌다. 이에 따라 세계 인공지능 스피커 시장 규모는 폭발적인 증가세를 보이고 있다.

인공지능 스피커가 대중화되면서 이용자들의 생활패턴도 확 바뀌고 있다. 인공지능 스피커에 탑재된 첨단 음성인식 기술은 과거 고가 스마트폰이나 차량에 탑재된 인식 기술과는 차원이 다르다. 더 이상 날씨·미세먼지 교통정보를 찾기 위해 스마트폰 키보드를 두드리거나 TV 리모컨을 맞출 필요 없다. 말 한마디면 원하는 답변을 들을 수 있다. 자동차 안에서 가고자하는 길을 찾을 때도 마찬가지다.

이제는 그냥 말을 알아듣는 수준을 넘어 얼마나 이용자에게 최적화된 정보를 찾아주느냐가 관건이 되고 있다. 가령, 이용자가 최신 노래를 찾아달라고 명령하면 그간의 명령어를 분석해 이용자 취향에 맞는 최신 노래를 찾아주는 식으로 진화되고 있다. 인공지능 스피커가 TV와 사물인터넷과 연결되면서 조명과 냉난방기를 끄고 켜거나 현관문을 열 때도 이제 말로 명령한다.

이 인공지능 음성서비스는 금융, 쇼핑, 자동차 등 다양한 영역으로 빠르게 저변을 넓히고 있다. 정보 검색에서부터 가전기기, 자동차까지 모든 걸 음성으로 조작할 수 있는 시대가 열리고 있다. 그야말로 음성 혁명이 시작된 셈이다.

한편, 공상과학 영화에 나왔던 장면들이 이제는 현실에서 재현되고 있다. 고글형 기기를 착용하면 내가 서있는 자리에서 어디든 갈 수 있는 가상현실(VR)이 등장했다. 여기에 가상현실이 진화된 증강현실(AR)도 선을 보였다. 이는 실제 환경에 가상 사물이나 정보를 합성하여 원래의 환경에 존재하는 사물처럼 보이도록 하는 컴퓨터 그래픽 기법이다. 실제 활용도는 AR이 VR보다 오히려 더 많다.

'가상현실(假想現實, Virtual Reality, VR)'이란 현실과 유사한 체험을 할 수 있도록 구현된 가상의 공간을 가리킨다. 다시 말해 컴퓨터 등을 사용한 인공적인 기술로 만들어낸, 실제와 유사하지만 실제가 아닌 어떤 특정한 환경이나 상황 혹은 그 기술 자체를 의미한다. 이때 만들어진 가상의 환경이나 상황 등은 사용자의 오감을 자극하며 실제와 유사한 공간적 · 시간적 체험을 하게 함으로써 현실과 상상의 경계를 자유롭게 드나들게 한다. '나'를 제외한 눈에 보이는 모든 것이 디지털 가상의 그래픽일 경우에 VR로 정의할 수 있다.

VR은 게임과 공연, 스포츠 관람 등 엔터테인먼트 등에서 특히 강점을 가지고 있다. 가장 먼저 가상현실 기법이 적용된 게임의 경우 입체적으로 구성된 화면 속에 게임을 하는 사람이 그 게임의 주인공으로 등장해 문제를 풀어나간다. 이제는 가상현실이 다양한 분야에서 활용되고 있다. 의학 분야에서는 수술 및 해부 연습에 사용되고, 항공·군사 분야에서는 비행조종 훈련에 이용되고 있다. 특히 의료분야에서의 활용도가 크게 늘어나고 있다. 우울증, 고소공포증, 발표불안 등의 치료에 사용되고 있으며, 재활의학 분야에도 활용되고 있다. 미국 워싱턴대학교가 개발한 VR 영상게임 '스노월드(Snow world)'는 모르핀보다 더 나은 진통효과를 거두었다는 임상실험 결과를 발표하기도 했다.

'증강현실(增强現實, Augmented Reality, AR)'은 증가된 현실, 즉 실제 현실에 가상의 영상을 더했다는 뜻을 지닌다. 이는 사용자가 눈으로 보는 현실세계에 가상물체를 겹쳐 보여주는 기술이다. 현실세계를 가상 세계로 보완해주는 개념이지만 주역은 현실 환경이다. 사용자가 보고 있는 실제영상에 3차원의 가상영상을 겹침(overlap)으로써 현실 환경과 가상화면의 구분이 모호해지도록 한다는 것이다.

증강현실은 현실세계에서 보이는 화면에 정보를 추가적으로 주는 것이 그 목적이자 장점이다. 이처럼 가상현실과는 달리 사용자가 현재 보고 있는 환경에 가상정보를 부가해주기 때문에 사용자가 실제 환경을 볼 수 있다. 또한 AR은 현실의 정보를 수집하고 가상의 이미지를 보여주기 때문에 현실감이 높고, VR 기기를 착용했을 때 느끼는 어지러움이 없거나 덜하다. 더욱이 VR과 같은 장비를 착용할 필요도 없다.

AR 기기는 첨단기술을 만나면서 더욱 다양하게 발전하고 있다. 지금은 스마트폰이 주로 활용되고 있지만 이 외에도 증강현실을 체험할 수 있는 기기들이 개발되고 있다. AR 기기를 개발하는 회사들은 사람들이 편리하게 사용할 수 있도록 가볍고 휴대성이 좋은 제품을 만들기 위해 애쓰고 있다. 그런데 이 기기들이 공통점은 렌즈다. 현실에 존재하지 않는 가상의 모습을 렌즈를 통해 보는 것이다. 즉 렌즈는 증강현실을 보는 눈인 셈이다.

VR과 AR 기술은 따로 혹은 같이 발전하며 오락으로부터 생활편의, 공공, 의료, 유통 등 더 다양한 영역에서 그 역할을 수행할 것으로 기대된다. 그리고 지금까지의 정보소비 양상을 넘어 생활양식에 큰 변화를 가져다 줄 것으로 예상된다. 당연히 앞으로 이들 시장 또한 폭발적인 증가세를 보일 것이다. 골드만삭스는 이들 시장규모가 2025년까지 약 800억 달러에 달할 것으로 예측하고 있다. 이는 현재의 PC시장과 거의 필적할 정도이다. 이에 따라 세계적인 IT 기업 치고 VR/AR 분야에 진출하지 않은 기업이 없을 정도다.

자율주행 자동차와
드론 시대의 개막

주말이나 연휴에 꽉 막힌 도로에 갇혀 시간을 소비할 때, 장거리를 이동하면서 몸이 피곤하고 잠이 올 때, 회식 후 음주로 인해 운전하지 못할 때, 목적지 근처에 도착했는데 주차를 하지 못해 방황할 때, 초보 운전이나 초행길에서 진땀을 뻘뻘 흘리며 운전할 때면 누구나 한 번쯤 차가 알아서 운전을 해줬으면 하는 상상을 하게 된다. 이런 자율주행 자동차에 대한 상상이 이제 점차 현실화되어 가고 있는 중이다.

'자율주행 자동차(Autonomous Vehicle)'란 운전자의 개입 없이 주변 환경을 인식하고 주행 상황을 판단해 차량을 제어함으로써 스스로 주어진 목적지까지 주행하는 자동차를 말한다. 자율자동차에는 최첨단 기술이 집약돼 있다. 특히 인공지능 및 센서, 5G 이동통신 기술 등의 발전과 맞물려 비약적으로 발전하고 있다. 자율주행 자동차의 기술수준 발전단계는 일반적으로 5~6단계로 나눠지고 있다.

'레벨0'은 전혀 자율주행 기능이 없는 차량을 말한다. '레벨1'부터는 차량 스스로 제어하는 능력이 시작된다. 차량이 충돌이나 차선 이탈 위험을 감지해 스스로 속도를 줄이거나 방향을 바꾼다면 레벨1에 해당한다. '레벨2' 수준은 차량이 레벨1의 기능을 복합적으로 수행한다. 차량이 스스로 조향하면서 가속 또는 감속을 한다면 레벨2에 해당한다고 볼 수 있다.

'레벨3'부터는 차량이 스스로 운전한다고 말할 수 있는 수준이 된다. 조향 · 가속 · 감속 · 추월이 가능하며 운전자가 계속 운전대를 잡고 있거나 브레이크 또는 가속페달에 발을 올리지 않아도 된다. 다수의 업체가 2022년 상용화 목표로 잡는 것도 레벨3 수준이다. 하지만 레벨3은 차량이 요청할 경우 운전자가 즉시 운전에 복귀해야 한다. 또 사고의 책임 역시 운전자가 진다.

'레벨4'는 운전자가 차량의 운전 개입 요청에 즉시 응하지 못해도, 차량 스스로 안전주행을 하거나 속도를 줄여 안전한 곳에 주차할 수 있는 수준을 말한다. 레벨4 부터는 사실상 운전석이 필요 없다. '레벨5'는 완전 자율자동차로, 운전자는 원하는 목적지를 말하고 난 뒤 운전에 전혀 개입하지 않아도 된다. 이 단계에서는 운전자의 제어가 전혀 없어도 되기에 운전석이나 핸들 또는 여러 페달 등도 필요가 없다.

　전 세계의 자율주행 자동차 개발경쟁이 뜨겁다. 주요 경제 예측기관들은 세계 자율자동차의 시장 규모가 2020년 71억 달러에서 2035년 1조 달러까지 성장할 것이라고 전망했다. 자율주행 자동차의 성장과 함께 늘어나는 다양한 전자장비에 대한 필요성은 전통적인 반도체, 디스플레이 산업구조에 포함된 소재 부품 업체들에게도 큰 기회를 제공할 수 있다.

　지금까지 자동차 기술은 자동차 제조업체가 주도했지만, 자율주행 자동차만큼은 정보기술(IT) 업체에서 더 활발히 연구 중이다. 검색엔진으로 출발한 IT기업 구글과 그래픽기술 전문업체 엔비디아(Nvidia)가 대표적인 사례다. 이들은 주변 사물을 인식할 수 있도록 돕는 첨단 센서와 높은 성능을 내는 그래픽 처리장치(GPU)의 도움을 받아 자율주행 자동차를 개발하고 있다.

　특히, 가장 앞서 있다고 평가되는 구글의 자율자동차는 실제 도로 주행을 하여 주행거리 200만 km를 넘었다. 애플도 장기 프로젝트 중 하나로 자율자동차 개발을 진행하고 있다고 한다. 기존 자동차 제조업체들도 이에 질세라 자동차의 심장을 배터리로 바꾸고, 기술업체가 이룩한 각종 스마트 기능을 자동차에 적용하는 중이다. 스마트폰이나 스마트워치 같은 모바일 기기와 자동차를 엮으려는 시도가 대표적이다.

　자율주행 자동차 덕분에 사람이 운전을 할 필요가 없어지면 그만큼 시간을 절약할 수 있게 된다. 사람들은 이 시간을 이용해 다른 일을 할 수 있고, 잠을 잘 수도 있을 것이다. 자동차 사고도 현저히 줄어들 것으로 예상된다. 현재 자동차 사고의 90% 정도는 운전자의 판단 오류로 생긴다고 한다. 자율자동차 시대에는 인간의 실수로 인한 교통사고는 더 이상 일어나지 않게 될 것이다. 또 자율자동차가 널리 이용되면 이동이 불편해 외출하지 못했던 장애인이 사회적 고립에서 벗어날 수 있을 것이다.

자동차를 공유하는 시대도 올 것이다. 사람들이 자동차를 소유하는 이유는 원하는 시간에 원하는 곳으로 이동할 수 있기 때문이다. 그런데 자동차가 네트워크로 연결돼 있어서 터치 한 번으로 부를 수 있다면 굳이 소유할 필요가 없어지게 될 것이다. 차 할부금이나 보험료, 세금을 낼 필요가 없고, 주차 문제로 애먹을 이유도 없게 된다.

그러나 자율주행 자동차는 이처럼 단순히 운전하는 방식이 바뀌는 것만이 아니다. 자동차산업의 쇠퇴 및 휘발유 산업의 축소, 출퇴근 변화에 따른 부동산 시장의 수요 변화, 자동차 관련 금융 및 보험과 서비스 산업들의 변화를 포함하는 경제구조의 변화를 예고하고 있다.

그러면 향후 자율주행 자동차의 과제는 무엇일까?
첫째, 기술적 과제이다. 2016년 5월, 미국 플로리다 주에서는 테슬라의 자율주행차가 맞은편에서 오는 차를 인식하지 못해 충돌하는 사고가 발생했다. 자율주행 모드를 켜놓은 채 주행을 즐기던 탑승자는 현장에서 사망하였다. 햇빛을 정면으로 받는 역광 상태에서 자율주행 시스템이 맞은편에서 달려오는 하얀색 차를 하늘로 착각한 것이다. 또한 수년 간 무인자동차를 개발해 온 구글을 비롯해 우버, 애플 등도 도로 시험운행 중 추돌사고를 냈다.

둘째, 책임소재의 문제다. 사람이 탑승하지 않은 무인자동차와 일반차량이 부딪히는 사고가 난다면 누구의 책임일까? 자동차에 사람이 탄 채 자율주행 모드 상태였다면, 그리고 사람이 탑승하지 않은 무인자동차끼리 부딪힌다면 등 자율주행자동차 관련 사고가 났을 경우 책임의 범위를 어떻게 할 것인지 애매해질 수 있다. 따라서 사고발생 시 원인이나 책임을 규명하기 위해 영상기록 장치에 기록된 데이터 확보와 빠른 확인이 필요할 것이다.

셋째, 어떤 선택을 해야 할 것인지에 대한 과제이다. 자율주행자동차가 해결해야 하는 가장 어려운 문제는 기술적인 문제가 아닌 윤리적 문제일지도 모를 일이다. 예를 들어, 자율자동차 앞에 갑자기 사람이 뛰어든다면 이를 피하고 난간을 들이받도록 프로그램을 설계해야 할까? 만약 차에 일가족이 타고 있다면? 또 한 사람이 아니라 여러 사람이 갑자기 도로에 나타났다면 어떻게 하도록 설계해야 할까? 많은 사람들이 탑승자가 희생되더라도 여러 명의 생명을 구하는 쪽으로 설계되어야 한다고 했지만, 정작 자신이 그렇게 설계된 자율자동차를 타는 것은 꺼려진다고 밝혔다. 이처럼 윤리적인 문제는 앞으로 자율주행 자동차가 풀어야 할 큰 숙제다.

'드론(Drone)'은 조종사가 탑승하지 않고 무선전파 유도에 의해 비행과 조종이 가능한 비행기나 헬리콥터 모양의 무인 비행기를 뜻한다. 드론은 가격이 하락하고 소형화되며, 이동성이 강화되면서 수요가 급증하는 추세이다. 머지않아 1인 1드론 시대가 개막될 것이라는 전망도 나오고 있다. 현재까지 국내외에서 드론과 관련해 가장 주목받고 있는 분야는 드론 배송 서비스다. 아마존과 알리바바와 같은 전자상거래 업체와 DHL, UPS와 같은 물류업체, 벤츠와 같은 차량 제조업체, 통신사 등도 배송 효율을 높이기 위해 드론 활용을 적극 추진 중이다.

점차 다른 분야에서도 드론이 도입되고 있다. 의학 분야에서는 응급환자를 탐지하고 수송하는 용도로 활용한다. 기상 분야에서는 기상관측과 태풍 등 기상변화를 실시간으로 모니터하는 데 이용된다. 과학 분야에서는 멸종동물의 지역적 분포와 이동경로를 확인하고 지리적 특성을 파악하고 정밀한 지도를 제작하는 데 활용된다. 미디어 분야에서는 영화와 방송 등의 다양한 촬영에 활용되고 있다. 또 수난사고 예방을 위한 순찰활동은 물론 사고 발생 시 구조활동에 투입되기도 한다.

앞으로 드론은 인공지능이 더해져 사람처럼 생각하고 판단하는 게 가능할 것이다. 그리하여 지금보다 훨씬 더 어렵고 힘든 일도 척척 수행해 낼 것이다. 하늘을 스스로 날아다니며 자연재해

한국 경제 미래 담론

를 조사하기도 하고, 교통체증이나 화재 등을 찾아내 해결할 수도 있을 것이다. 우주탐사 활동에도 한층 더 유용하게 활용될 것이다. NASA(미국항공우주국)에서 개발 중인 드론은 화성을 정찰하기 위해 만들어졌다. 이동능력이 떨어지는 화성탐사 로봇보다 먼저 화성 곳곳을 돌아다니면서 연구가치가 높은 탐사대상을 찾고 최적의 탐사경로를 정하는 것이 이 드론의 주된 임무이다.

이처럼 드론은 사진·영상 촬영부터 수색·배송·레저·구조 활동 등 쓰임 폭이 넓어 구글, 인텔 등 글로벌 기업들이 잔뜩 눈독을 들이고 있다. 그러나 범죄에 악용될 수도 있다. 2015년 4월 일본에서는 정부의 원전 정책을 반대하여 총리 관저로 미량의 방사성 물질을 담은 소형 드론을 날려 보내는 일이 있었으며, 2018년 8월에는 마두로 베네수엘라 대통령을 겨냥한 드론 테러가 시도되었다. 2019년 9월에는 사우디아라비아 원유시설에 드론 테러가 가해져 시설가동이 중단되면서 국제유가가 출렁이는 사태가 벌어지기도 하였다.

4차 산업혁명 시대의
바람직한 인재 모습

교육의 중요성은 아무리 강조해도 지나치지 않다. 그것이 곧 국가경쟁력이기 때문이다. 다만, 지나친 교육열로 인해 파생되는 여러 가지 문제점은 해소해 나갈 필요가 있다. 아울러 교육의 방식과 내용도 백년대계(百年大計)의 관점에서 개혁되어야 한다. 유태인의 경전 「탈무드」에 '가난한 사람에게 물고기 한 마리를 주는 것보다 고기 낚는 법을 가르쳐 주라!'는 이야기가 있다. 돈을 쥐어 주기보다는 돈 버는 법을 가르치라는 교훈이다.

그런데 우리나라는 이와는 전혀 동떨어진 방식으로 교육이 이루어지고 있다. 오로지 대학진학만을 염두에 둔 암기식 내지 주입식교육, 취업을 위한 스펙 쌓기 등 보여주기 식 교육이 주류를 이루고 있다. 그러다 보니 창의력과 상상력을 키우는 데는 소홀

했다. 그 결과 우리 젊은이들의 학습능력은 세계최고 수준이라고들 하나 아직도 전문분야의 노벨상수상자는 단 한명도 없다. 노벨상은 차치하고 우리의 삶을 좀 더 자유롭고 풍요로워지게 하기 위해서라도 창의력과 상상력, 문화적 감수성을 키워주는 방향으로 교육의 내용과 방법을 바꾸어 나가야 한다.

이미 시작된 4차 산업혁명과 인공지능의 시대에서는 소위 '똑똑함'의 바로미터로 여겨지는 논리와 추론 능력, 수학적 사고력 등은 인간이 기계를 따라갈 수가 없게 된다. 아울러 일방적 주입식 교육을 통해 습득한 지식들은 더 이상 쓸모가 없을 것이다. 반면 문제를 인지하고 사유하는 능력, 그리고 옳고 그름을 판별하고 타인에게 공감할 줄 아는 인성 역량 등은 인간 고유의 것이기 때문에 더욱 강조될 수밖에 없을 것이다.

2016년 세계경제포럼(WEF)은 21세기 학생들이 갖춰야 할 핵심 역량으로 비판적 사고력(Critical Thinking), 창의성(Creativity), 의사소통 능력(Communication Skills), 협업(Collaboration) 등을 꼽았다. 주어진 정보를 비판적으로 받아들이고, 남과 다른 자신만의 독특한 관점에서 문제를 바라보며, 경계를 넘나들면서 타 분야 전문가와 소통하고 협력하는 능력은 인간만이 지닌 것이어서 아무리 과학과 기술이 발전하더라도 따라올 수 없다는 이유에서다.

4차 산업혁명과 인공지능의 시대를 맞아 사람들이 지녀야 할 무엇보다 중요한 능력과 자질은 창의성이라고 할 것이다. 인간의 능력 중 인공지능과의 경쟁에서도 끝까지 살아남을 수 있는 것은 '창의성'뿐이기 때문이다. 앞으로는 인공지능이 사람들의 능력과 직업 대부분을 대체하거나 잠식해 버리게 될 것이다. 다만, 비정형화된 요소가 많거나 가치 판단과 창의성이 요구되는 사안들만이 인간의 영역으로 남아 있을 것으로 전망되고 있다.

그러면 창의성이란 무엇일까? 창의성에 대한 여러 가지 정의들이 있지만 일반적으로 새롭고 독창적인 무언가를 만들어내는 능력을 의미한다. 합리적 추론화 과정을 거쳐 사람들이 원하는 것을 발견해 내는 문제해결 능력이 새로운 시대가 원하는 능력이 될 것이다. 동일한 데이터로 다른 사람들이 보지 못하는 것을 볼 수 있는 것이 능력이며 경쟁력의 요체이다.

또 창의성은 기존 관습이나 틀에 얽매이지 않고 무엇인가 새로운 것을 추구하는 상상력 같은 것을 의미하기도 한다. 이렇게 볼 때 상상력이 풍부할수록 창의적이고 창의적일수록 상상력이 높다. 아인슈타인 박사는 "상상력이 지식보다 더 중요하다. 왜냐하면 지식은 우리가 현재 알고 있고 이해하고 있는 것에만 국한된 반면, 상상력은 앞으로 알려지고 이해해야 할 모든 세계를 포용하기 때문이다."라고 말했다.

그런데 이제 더 이상 세상에 없던 것을 새로이 만들어내는 것만을 창의성으로 간주하지 않는다. 기존에 있던 다양한 경험과

한국 경제 미래 담론

지식을 연결해 기능과 디자인이 업그레이드된 또 하나의 변형된 제품을 만들어내는 것도 창의성에 해당한다. 이는 이제 세상은 전문지식보다 연결지성 즉 융복합 능력을 오히려 더 중요시한다는 의미이다. 무엇인가를 창의적으로 만들어 내기 위해서는 전문지식이 중요한 전제요건이 되는 것이 사실이다. 그러나 초연결성을 핵심으로 하는 4차 산업혁명 시대에는 다양한 분야의 지식과 경험과 함께, 이들을 융복합할 수 있는 능력이 오히려 더 중요해질 것이다.

스티브 잡스는 '창의적인 것은 연결에서 나온다(Creativity is just connecting things)'는 말을 남겼다. 그의 말대로 2007년 세상을 뒤흔들어 놓은 아이폰은 핸드폰과 MP3, 노트북이 결합된 제품이다. 기존의 것들을 융복합하고 변주해 새로운 것을 창조해낸 것이다. 잡스와 아이폰을 통해 알 수 있는 것처럼 이제 창의성은 사전적 의미대로 세상에 없던 것을 새로이 만들어내는 것만을 의미하지는 않는다. 기존에 있던 다양한 경험과 지식을 연결해 기능과 디자인이 업그레이드된 또 하나의 변형된 제품을 만들어내는 것도 창의성에 해당한다.

이런 사조에 따라 세계의 저명한 대학들은 점차 교과목을 융합해나가는 추세를 보이고 있다. 세계 최고의 공과대학인 MIT는 공학 못지않게 인문예술 수업을 강조하고 있다. MIT엔 역사학·철학·언어학·문학 등 각 분야의 훌륭한 교양 프로그램이 있고, 학생들은 의무적으로 인문학 수업을 들어야 한다. 이와는 반대로 전통적으로 인문사회과학 중심이던 프린스턴대, 하버드대 등은 이공계 중심의 발전전략을 짜고 나아가 학생들의 창업 지원에까지 팔을 걷어붙이며 나서고 있다.

그런데 창의성 이상으로 인공지능 시대가 요구하는 중요한 인간의 자질요소는 다름 아닌 바른 윤리관과 인성이라 할 것이다. 만약 권력자가 인공지능을 악용해서 국민들의 삶을 감시하고 지배하는 '빅브라더'로 군림하려 든다면, 또는 영화에서 보듯이 사악한 천재 과학자가 킬러로봇을 만들어 악행을 저지른다면 인공지능은 인류에게 행복이 아니라 재앙이 될 수도 있다.

이런 관점에서 좋은 인성이란 어느 시대 어떤 환경에서도 요구되는 덕목이지만 인공지능 시대에는 더욱 필요하고 중요한 덕목이 될 것이다. 앞으로 인성은 권장만 하는 덕목이 아니라 필수로 갖춰야 할 능력이자 경쟁력이 될 것이다. 즉 전문지식과 스펙보다도 협업과 공감, 예절과 같은 인성역량이 더 중요한 요소가 될 것이라는 이야기다. 이는 인간이 만들어내는 인공지능이 윤리성을 갖추고 또 인간이 인공지능에 지배당하는 무서운 일이 일어나지 않도록 하기 위해서도 그렇다.

우리 사회의 가치관과 교육의 기준도 이제는 달라져야 한다. 성적과 스펙 등 개인의 똑똑함만을 강조해 이기심으로 가득한 아이를 키우는 교육이 아니라, 타인을 배려하고 함께 어울릴 수 있는 인재를 양성하는 교육에 힘써야 할 것이다. 개인의 욕구실현을 위한 능력뿐만 아니라, 공동체의 이익과 공공선을 조화시킬 수 있는 능력도 함께 길러야 한다는 것이다.

이러한 교육의 혁신과 함께 적성과 능력에 상관없이 무조건 대학을 가야만 하는 사회풍조도 바꾸어 나가야 한다. 기업의 채용기준 또한 학력과 스펙보다는 인성과 적성을 더 중시하는 방식으로 전환되어야 할 것이다.

미래로 향한 두 갈래길,
유토피아와 디스토피아

인공지능은 인터넷이나 모바일이 그랬던 것처럼 우리의 경제와 사회, 그리고 문화를 크게 변화시킬 것으로 예상된다. 오히려 이들을 훨씬 뛰어넘는 충격을 줄 수 있다. 우리의 소통 방식을 변화시키는 것은 물론 문화 자체가 바뀐다. 모든 산업 부문에도 인공지능이 연결되어 산업의 지형을 바꿀 것이다. 이제 미래상품들의 경쟁력은 인공지능의 기능에 따라 그 성패가 갈릴 것으로 보인다.

이 인공지능 기술이 초래할 미래는 크게 두 가지 방향으로 예측되고 있다. 하나는 인류가 노동에서 해방되어 모든 사람들이 인공지능이 제공하는 무제한에 가까운 재화를 마음껏 누리는 장밋빛 미래, 즉 유토피아(Utopia)이다. 그리고 다른 하나는 영원히 끝나지 않은 끔찍한 대공황에 시달리면서 세계 인구의 대부분이 극빈층으로 전락하는 암울한 미래, 즉 디스토피아(Dystopia)이다. 그런데 미래 경제사회가 유토피아가 될지 아니면 디스토피아가 될지 여부는 결국 우리의 대응이 어떠한지에 달려 있다.

인공지능은 분명 우리의 일상생활을 편리하게 해줄 것이다. 우리는 이제 손가락만 까딱하면 모든 것이 가능한 세상에 살게 될 것이다. 손가락도 까딱하기 귀찮아지면 말 한마디로 아니면 눈만 깜박함으로써 하고자 하는 바를 이룰 수 있게 된다. 집안에서 인공지능 스피커를 통해 분위기에 적합한 음악을 들을 수 있다. 또 자율주행 자동차로 편안히 잠을 자면서 가고자 하는 곳에 갈수 있게 될 것이다. 그리고 기분이 울적하거나 무료할 경우에는 가상공간(VR)에 들어가 즐거운 영상을 보거나 게임을 할 수도 있다.

반면, 많은 문제들도 새로이 만들어 낼 것이다. 가장 큰 문제는 역시 로봇이 인간이 하던 일을 대체함에 따라 일자리가 크게 줄어드는 등 고용에 큰 충격을 준다는 점이다. 빅브러더 현상의 발생 가능성 또한 걱정거리다. 나아가 좀 더 시간이 지나 인공지능이 인간의 능력을 넘어서는 시점이 도래하면 인간이 로봇에게 지배당할 우려도 없지 않다. 이처럼 사회를 어지럽히는 기술로 악용될 가능성도 배제하지 못할 상황이 발생할 수 있다는 것이다.

이제 인공지능이 초래할 경제사회의 변화상을 보다 구체적으로 살펴보자. 우선 유토피아(Utopia) 측면부터 알아보자. 첫째, 새로운 경제성장 동력으로 작용함으로써 추가적인 경제적 가치를 창출한다는 것이다. 인공지능 기술은 자율주행 자동차와 드론, VR과 AR, 웨어러블(Wearable) 등 새로운 산업과 시장을 만들어 내고 있다. 또 제조업과 유통, 금융과 의료 등 기존 산업을 혁신시켜 고부가가치를 창출해 내고 있다. 이로 인한 경제적 가치는 수천억을 넘어 수조 달러에 달한다. 아울러 인공지능 기술을 활용하는 산업은 편의와 안전에 방점을 둔 인간중시 가치산업으로 부상하고 있다.

둘째, 사람들이 꺼리는 육체노동과 여러 가지 일거리를 대체할 수 있는 노동력이 된다. 사람이 일을 하면 부상이 생기거나 완벽하게 해결되지가 않았다. 그러나 산업용 로봇들 덕분에 우리는 더 편하고 완벽한 제품들을 생산할 수가 있게 되었다. 이로 인해 인건비 또한 줄일 수 있게 됨은 물론이다. 단순 육체노동, 위험한 일 등 소위 3D에 속하는 일들이 아무런 문제없이 처리 가능하기 때문에 인간의 삶의 질이 높아질 수 있게 되었다. 아울러 저출산·고령화에 따른 생산인구 감소 문제에 대응할 수 있는 대안으로도 제시되고 있다.

셋째, 모두가 수긍하는 합리적 결과를 도출할 수 있게 되어 사회적 비용을 크게 줄일 수 있게 된다. 이는 인공지능은 감정이 없

340   한국 경제 미래 담론

기 때문에 일을 처리함에 있어 합리적이고 공평한 사고를 하기 때문이다. 모든 인간들은 실수하기 마련이지만, 인공지능은 오작동만 없다면 실수 없이 움직이게 된다. 따라서 보다 정확하고 편견 없는 솔루션을 가져올 수 있게 된다.

넷째, 편리함과 쾌적함을 누릴 수 있다. 인공지능은 5G 이동통신, 사물인터넷(IoT)기술들과 연결되면서 우리는 자율주행 자동차를 타고 다닐 수 있게 되고, 외부에서 집 안의 전자기기, 보안시설 등 대부분을 컨트롤할 수 있게 된다. 또 지능형 로봇, 무인항공기 등의 발전을 통해 인간의 접근이 어려운 위험 지역에서 활용 가능성이 확대되고 있다.

그러면 인공지능의 발전이 초래할 바람직하지 못한 영향, 즉 디스토피아(Dystopia) 측면은 어떤 것이 있을까? 우선, 무엇보다도 인공지능의 발전은 우리 인간의 일자리를 감소시키고 빈부격차를 확대시킬 우려가 크다. 정형화된 업무로 기술 대체가 용이하고 소요비용이 인건비보다 저렴한 분야에서 우선적으로 일자리가 줄어들 것이다. 특히 암기와 계산, 단순작업의 경우 대체 가능성이 매우 높은 것으로 나타나고 있다. 물론 인공지능 기술과 산업은 인간의 일자리를 대체하면서도 동시에 그와 연관된 많은 일자리를 만들어낼 것이다. 하지만 여전히 인공지능 확산으로 고용의 불안정성이 커질 거라는 전망이 더 힘을 받고 있다.

이처럼 인공지능 기술을 소유한 소수와 그렇지 못해 일자리를 빼앗긴 다수 간의 빈부격차가 커지게 마련이다. 여기에 더해 '인공지능 격차(AI divide)'는 한층 더 빈부격차를 심화시킬 것으로 예상된다. 4차 산업혁명과 인공지능의 시대에서는 석유나 석탄보다 정보와 지식이 훨씬 더 가치 있는 자원이 되고 있다. 그렇기 때문에 인공지능 기술을 통해 정보와 지식을 확보한 사람과 그렇지 않은 사람의 빈부격차는 더 커질 수밖에 없다.

둘째, 인간관계가 단절되고 소외 현상이 심화될 가능성이 크다. 1차, 2차, 3차 산업혁명을 거치면서 사람들의 삶은 예전보다 풍요롭고 편리해졌지만 그만큼 개인주의 성향도 더 커졌다. 그로 인해 대화도 많이 줄어들었다. 부부 3쌍 중에 1쌍은 하루에 10분도 대화하지 않는다고 한다. 또 부부 간의 대화가 원활하지 않은 경우 15년 내에 이혼을 할 가능성이 90%를 상회한다고 한다. 인공지능이 발전함에 따라 우리는 점점 집안에서 활동을 할 가능성이 크다. 이에 따라 다른 사람들과 대화하는 시간이 훨씬 더 줄어들 것이다. 만약 그렇게 된다면 지금보다 더 인간관계가 단절되고 소외되는 사람이 늘어나게 될 것이다.

셋째, 빅브라더의 출현과 이로 인한 개인의 사생활 침해 우려가 크다. '빅브라더(Big Brother)'란 정보를 독점해 사회를 통제하는 거대 권력자 또는 그러한 사회체제를 일컫는다. 인공지능 기술이 작동하는 과정에서 생성되는 다양한 정보들이나 혹은 드론 등 인공지능 기기들이 부정적으로 사용된다면 개인 사생활이 침해받을 가능성이 매우 커진다.

넷째, 인공지능이 범죄와 군사적 목적으로 이용되어 인류에게 위협적인 존재가 될 수 있다. 범죄 의도를 가진 사람이 드론이나 얼굴인식 기술을 악용해 특정인에게 테러를 가할 수 있다. 또 해커가 악용하면 기존 보안 시스템을 완벽하게 무력화시킬 수 있다. 가짜뉴스를 생산해 여론을 조작하고 음성·영상 합성 기술로 동영상을 조작해 선거나 정치에 영향을 미치는 일도 가능하다.

아울러 감정이 없는 로봇을 살인과 전쟁 등에 악용할 수도 있다. 윤리와 도덕, 양심 같은 인간만이 갖는 심성을 인공지능에 적용하는 것은 매우 어렵기 때문이다. 2018년 미국 MIT 대학은 인공지능이 잘못된 학습을 거듭하면 사이코패스 성향을 띄게 된다는 연구 결과를 내놓았다. 인공지능이 20년 안에 핵전쟁을 유발할 수도 있다는 섬뜩한 분석도 나와 있다. 인간은 전쟁은 공멸이라는 공포가 있어 전쟁을 망설이지만, 인공지능은 데이터만을 근거로 전쟁을 부추길 수 있다는 것이다.

인간과 기계가 평화롭게 공존하는
세상의 구현

인공지능 기술은 앞으로도 계속 발전해 나갈 것으로 예상되고 있다. 다수의 전문가들은 머지않아 사람처럼 자유로운 사고가 가능한 자의식을 지닌 강(強)인공지능이 탄생할 것으로 내다보고 있다. 또 인간의 지적능력뿐만 아니라 사회성과 감성능력까지도 뛰어넘는 초(超)인공지능의 출현 시기, 이른바 '특이점(singularity)' 현상이 2040~50년경 도래할 것으로 전망하고 있다.

그런데 앞으로 모든 면에서 인간의 능력을 뛰어넘는 이 초 지능 인공지능이 등장한다면, 이는 인간에게 축복일까 혹은 아니면 재앙일까? 이에 대한 논쟁은 꽤 오래 전부터 진행되어 오고 있다. 결론부터 말한다면 놀랍게도 부정적인 견해를 가진 사람이 훨씬 더 많은 편이다. 그들의 생각은 인간이 인공지능을 통제하기는커녕 오히려 지배를 받게 될 가능성이 크다는 것이다. 또 인공지능을 다루는 인간의 오작동과 미숙함에서 비롯되는 문제들도 우려된다. 여기에 비윤리적인 인공지능이 탄생한다면 문제의 심각성은 상상을 초월할 것으로 내다보고 있다. 실제로 저명한 과학자들 중 이런 우려를 제기하는 사람이 적지 않다. 얼마 전 작고한 스티븐 호킹과 전기자동차 테슬라의 창업자인 일론 머스크가 그 대표적인 인물들이다.

만약 인간 및 인류에게 절대적으로 안전하고 호의적이며 인류의 발전을 돕는 초인공지능이 만들어진다면 문제가 없다. 하지만 초인공지능이 반드시 그렇게 만들어지리라는 보장은 없다. 인간이 만드는 인공지능도 인간의 본성이 그대로 녹아있다. 이는 다시 말해 인공지능도 인간처럼 자신을 타자와 분리해 생각하고 인간을 적으로 생각할 수 있다는 것이다. 이 경우 결국 인간과 인간보다 뛰어난 능력을 가진 인공지능 간 전쟁이 일어나게 될 것이다. 그리고 인류의 멸망이 초래될 것이다.

2018년 4월, MIT 공대 미디어랩 연구진은 사이코패스(Psychopath) AI '노먼'을 소개했다. 노먼은 알프리드 히치콕 감독의 영화 '사이코(Psycho)'에 등장하는 사이코패스 살인마의 이름이다. 연구진은 노먼에게 죽음과 살인 등 부정적인 이미지와 동영상을 나타낸 정보들만 집중적으로 학습시켰다. 사물의 가장 어두운 면만 학습할 수 있도록 훈련을 받은 것이다.

그 결과 노먼은 연구진이 보여준 그림에서 자살, 교통사고, 총살, 살인과 같은 끔찍한 표현만을 내놓았다. 이에 연구진이 내린 결론은 인공지능이 생성하는 답변이 문제를 일으키는 원인은 알고리즘이 아니라 편견에 치우치거나 그릇된 학습 자료라는 것이었다. 아울러 노먼은 그릇된 정보를 흡수한 인공지능의 위험성을 보여주는 연구 사례라고 말했다.

미국에서는 인공지능이 인간과는 달리 전쟁에 대한 공포를 인식하지 못하는 관계로 20년 안에 핵전쟁을 유발할 수도 있다는 섬뜩한 분석도 나왔다. 우리나라 KAIST도 나중에 해명이 되었지만 이 킬러로봇 생산 논란에 휘말리기도 하였다. 논란이 불거졌을 당시 세계 로봇 학자들은 스위스 제네바에서 열리는 유엔의 자율살상무기 관련 논의를 앞두고 KAIST와 앞으로 어떤 학술협력도 하지 않겠다는 선언을 했었다.

이러한 위험들을 사전에 방지하기 위해 인류는 인공지능과 로봇의 윤리관을 제고하기 위한 노력을 기울여 오고 있다. 지금까지 제시된 몇 가지 사례를 알아보자. 우선, 미국의 과학자이자 작가인 아이작 아시모프(Isaac Asimov)가 1942년 그의 공상과학 소설 〈Runaround〉에서 밝힌 '로봇 3원칙(Three Laws of Robotics)'이다. 첫째, 로봇은 인간에게 위해를 가해서는 안 되며, 인간이 위험한 상황에 처했을 때 방관해서도 안 된다. 둘째, 로봇은 첫 번째 원칙에 위배되지 않는 한 인간이 내리는 명령에 복종해야 한다. 셋째,

로봇은 첫 번째와 두 번째 원칙을 위배하지 않는 선에서 로봇 자신의 존재를 보호해야 한다.

이후 1985년, 아시모프는 〈로봇과 제국(Robots and Empire)〉을 쓰면서 첫 번째보다 더 중요한 '0 번째 법칙'을 추가하였다. 다른 세 법칙이 인간 개인에게 적용되는 것인 데 비해 이 0번째 법칙은 인류 전체를 위한 것이다. 그 내용은 "로봇은 인류에게 해를 가하거나, 행동을 하지 않음으로써 인류에게 해가 가도록 해서는 안 된다"이다.

또 2013년에는 노벨평화상 수상자인 조디 윌리엄스와 인권단체 등이 킬러로봇 반대 운동을 조직했다. 2015년에는 스티븐 호킹과 애플 공동 설립자 스티브 워즈니악을 비롯해 1,000여 명의 인공지능과 로봇공학 연구자들이 인공지능 관련 국제회의에서 인공지능 전쟁 금지를 권고하는 서한에 서명하기도 했다. 2017년에도 일론 머스크를 포함한 로봇 분야 전문가 116명은 유엔에 보낸 서한에서 "킬러 로봇이 개발될 경우 전쟁 속도가 예상하지 못할 정도로 빨라질 것"이라며, 인공지능 로봇을 군사무기로 활용하는 킬러로봇의 위험성을 경고하였다.

이와 함께 인공지능 활용의 윤리성 제고를 위한 국제사회의 노력도 강화해 나가고 있다. 2015년에 이어 2017년에도 이루어진 세계 로봇 전문가들의 킬러로봇 제작금지 취지의 서명운동은 이런 노력의 일환이다. 또한 UN과 국제앰네스티(Amnesty International),

경제협력개발기구(OECD) 등에서도 인공지능의 윤리성 제고를 위한 논의를 이어가고 있는 중이다.

그러나 이의 실효성에 있어서는 의문이 남는다. 현실 세상의 예를 보더라도 부모와 학교가 각종 사회통념과 행동규범을 가르치지만 언제나 문제아가 나오는 것을 목도하고 있다. 따라서 인공지능이나 로봇에게 도덕과 윤리를 가르친다고 안전하다고 볼 수 없다.

더욱이 일부러 나쁜 의도를 지니고 인공지능과 로봇을 만들어 내는 경우도 없지 않을 것이다. 나쁜 생각을 가진 인간이 인공지능을 조작해 다른 인간을 공격하는 것이다. 미래학자들은 기술의 발전 속도를 감안할 때 오히려 이 가설이 인공지능 스스로 반란을 일으키는 것보다 훨씬 더 실현 가능성이 크다고 보고 있다.

특히 최근에는 인공지능의 알고리즘을 교란하는 기술까지 등장하였다. 구글이 내놓은 '애드버세리얼 패치(Adversarial Patch)'가 이에 해당한다. 이 기술이 무서운 이유는 고도화할 경우 손쉽게 인공지능 기기와 각종 자동화 시스템을 마비시킬 수 있기 때문이다. 예컨대 인간을 공격하지 않도록 만들어졌지만, 해커가 AI를 해킹해서 로봇이 인간을 공격하게끔 조작할 수가 있는 것이다.

이에 보다 현실적인 대안으로 인간과 인공지능의 협력 내지 결합이 필요하다는 주장이 매우 의미심장하게 제기되고 있다. '특이점'의 도래를 제시한 레이 커즈와일은 "초인공지능이 실현되고 기술적 특이점이 도래하는 상황에서 인류가 오랫동안 삶을 유지해 나가려면 인간과 인공지능이 하나가 되어 서로 협력하고 공존하는 방안을 모색해야 할 것이다."라고 주장했다. 초 인공지능의 필연적 출현을 예고한 옥스퍼드 대학의 닉 보스트롬 교수도 인공지능의 개발을 막는 것보다는 강한 인공지능의 출현에 대비하는 것이 현실적이라는 견해를 내놓았다.

더 나아가 인간과 인공지능을 합체해야 한다는 극단적인 의견까지 제시되고 있다. "인공지능이 사람보다 수십억 배 더 똑똑해지기 전에 인류는 인공지능과 합체해야 한다." 미래학자 이언 피어슨이 세계의 정부 고위관료와 기업가, 지식인이 참여하는 2018년 '세계 정부 서밋(World Government Summit)'에서 주장한 내용이다. 뇌에 칩을 심거나 뇌를 직접 컴퓨터에 연결해야 한다는 의미다.

일론 머스크도 이 아이디어를 제시했고, 이를 실현하기 위해 해당 기술을 개발할 '뉴럴링크(Neuralink)'라는 회사를 세웠다. 인간의 기억을 컴퓨터에 저장해놓고 필요할 때 꺼내 쓸 수 있도록 하면서 용량을 무한하게 늘리겠다는 것이다. 그는 "우리의 뇌에 직접 연결하는 방법을 찾아내기 전에는 초지능 컴퓨터를 개발하는 것이 안전하지 않다." 라고 말했다.

이처럼 인공지능의 발전은 인류 경제사회의 모습을 근원적으로 그리고 다양하게 변화시켜 나가겠지만, 불변의 진리 또한 존재한다. 다름 아닌 인공지능이 아무리 진화하고 발전해도 그것은 인간의 도구일 뿐이라는 것이다. 다시 말해 인간의 운명을 인공지능에 맡겨서는 안 되며 인간 스스로 개척해 나가야 한다는 것이다. 그리고 인간이 인공지능의 주인이 되어야 한다는 것이다.

이와 함께 인공지능과 평화롭게 공존하는 세상을 만들려는 열린 마음과 자세가 중요하다. 아울러 인공지능과 적극 협력해 나가야한다. 인공지능이 일자리를 잃게 하고 생계를 위협하는 기술이 아니라, 오히려 일을 더 쉽게 만들어주고 삶을 편리하게 해주는 기술이라는 인식전환이 필요하다는 것이다.

그러나 무엇보다 중요한 점은 윤리적인 인공지능이 탄생할 수 있도록 우리 인간 자체의 인성과 도덕심을 고양해 나가는 것이다. 인공지능도 결국은 인간이 만들어 내기 때문이다. 이미 시작된 인공지능의 시대에서는 기계와의 경쟁이 아닌 협력과 공생 능력이 중요하다.